《鳥　譜》
滿文圖說校注

第六冊

莊吉發　校注

滿　語　叢　刊
文史哲出版社印行

國家圖書館出版品預行編目資料

《鳥譜》滿文圖說校注 / 莊吉發校注. -- 初版 -- 臺北市：文史哲，民 106.09
頁；　公分（滿語叢刊；30）
ISBN 978-986-314-383-3（平裝）第一冊
ISBN 978-986-314-384-0（平裝）第二冊
ISBN 978-986-314-385-7（平裝）第三冊
ISBN 978-986-314-386-4（平裝）第四冊
ISBN 978-986-314-387-1（平裝）第五冊
ISBN 978-986-314-388-8（平裝）第六冊
1. 滿語 2. 中國畫 3. 鳥類 4. 畫冊

802.91　　106016328

滿語叢刊 30

《鳥譜》滿文圖說校注 第六冊

校注者：莊吉發
出版者：文史哲出版社
http:// www.lapen.com.tw
e-mail:lapen@ms74.hinet.net
登記證字號：行政院新聞局版臺業字五三三七號
發行人：彭正雄
發行所：文史哲出版社
印刷者：文史哲出版社
臺北市羅斯福路一段七十二巷四號
郵政劃撥帳號：一六一八〇一七五
電話886-2-23511028・傳真886-2-23965656

實價新臺幣四五〇元

二〇一七（民 106）十二月初版

ISBN 978-986-314-388-8　　65130

《鳥譜》滿文圖說校注

（六）

目　　次

《鳥譜》第十一冊畫冊

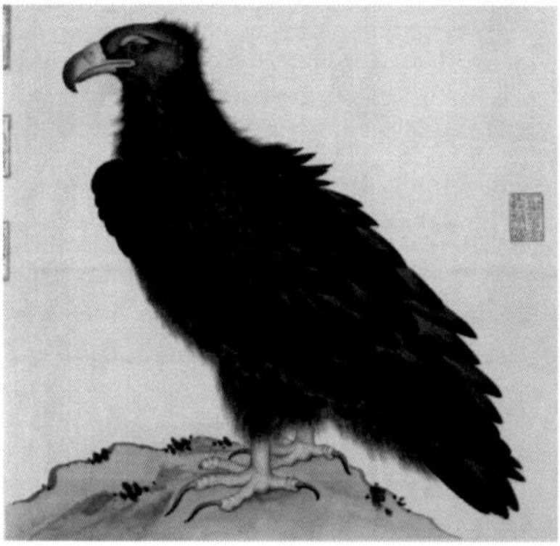

老皂鵰

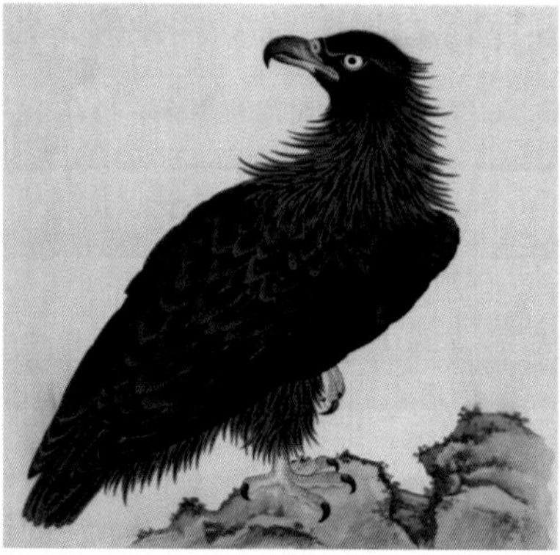

皂鵰

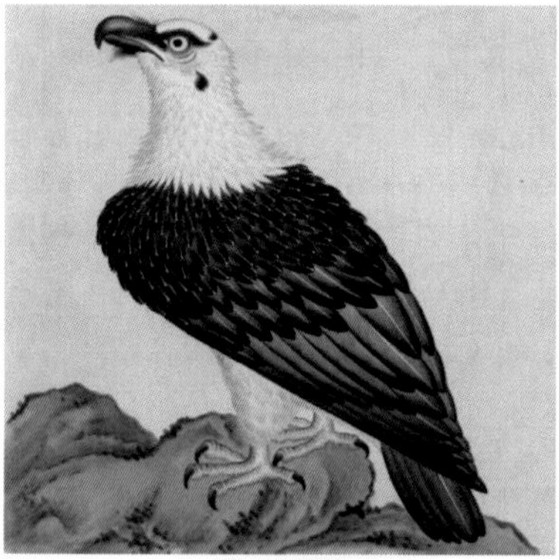

狗頭鵰

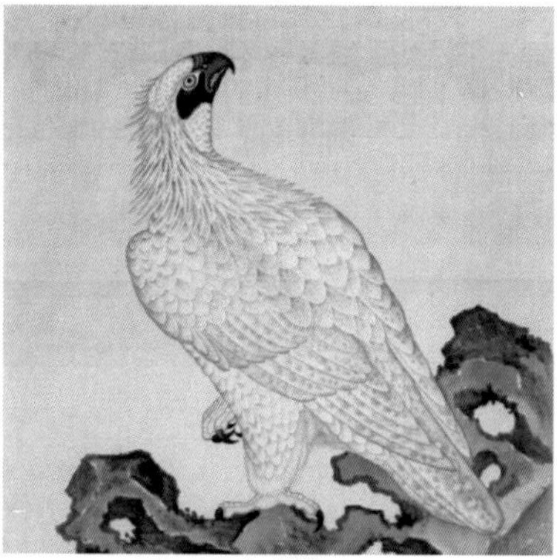

白鵰

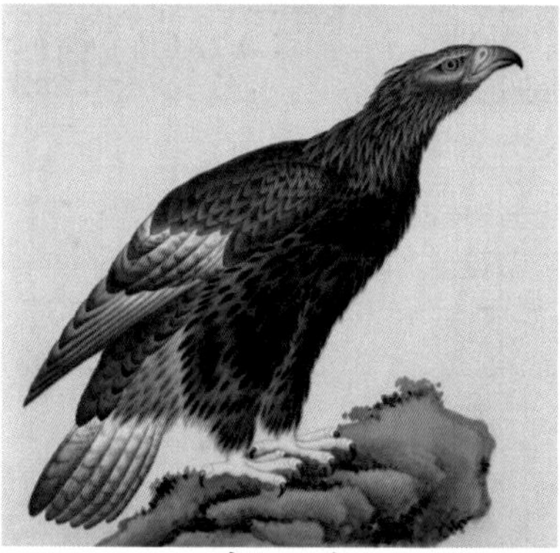

虎斑鵰

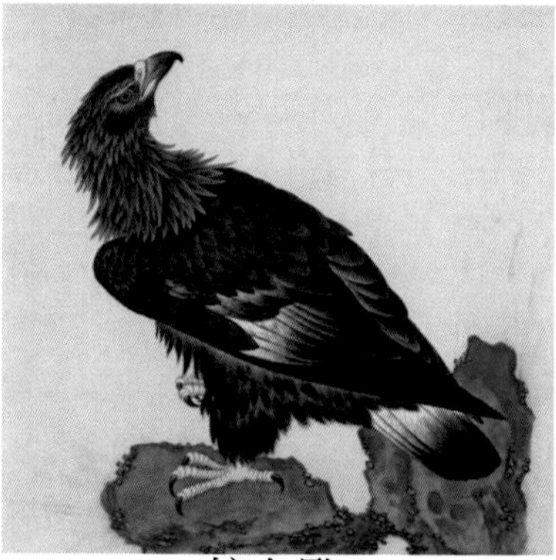

接白雕

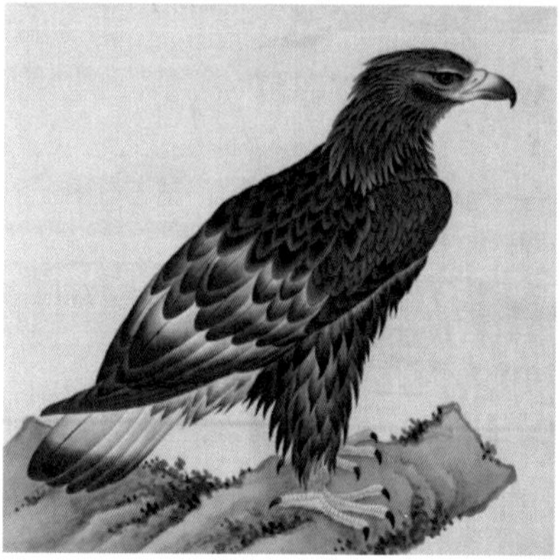
接白鵰

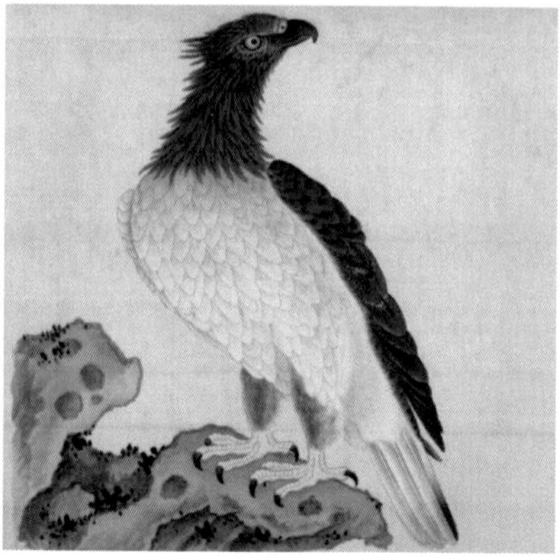
芝麻鵰

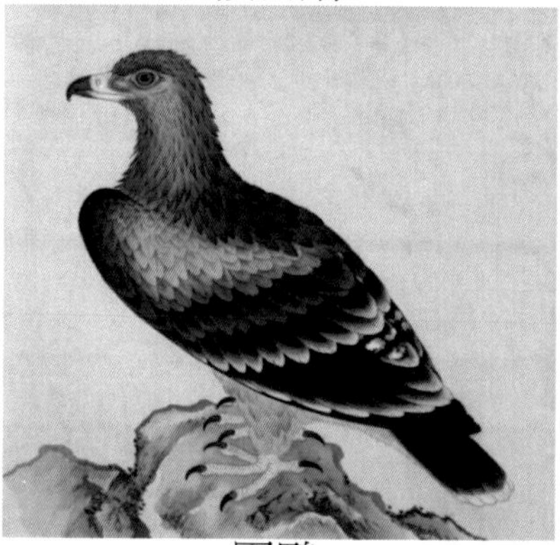
團鵰

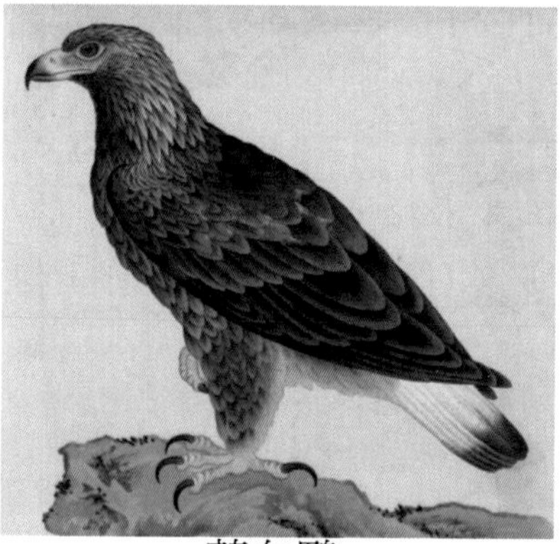
花白鵰

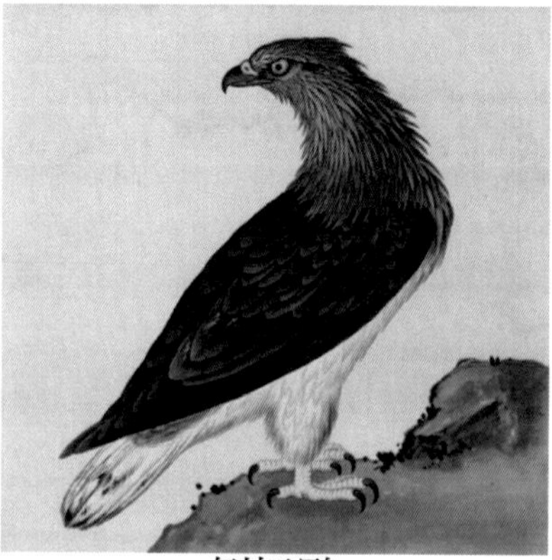
倒插鵰

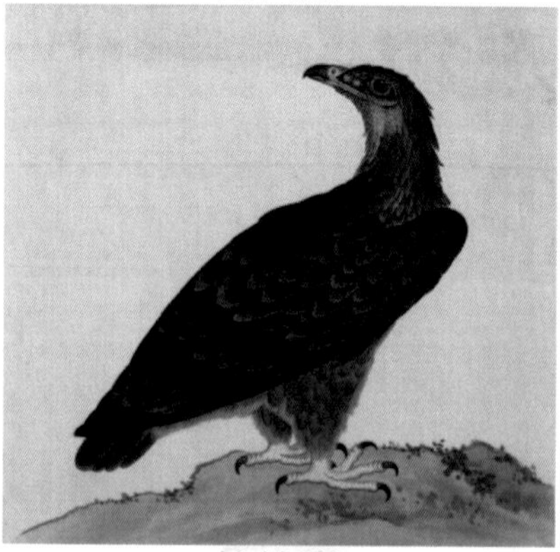
花鷂鷹

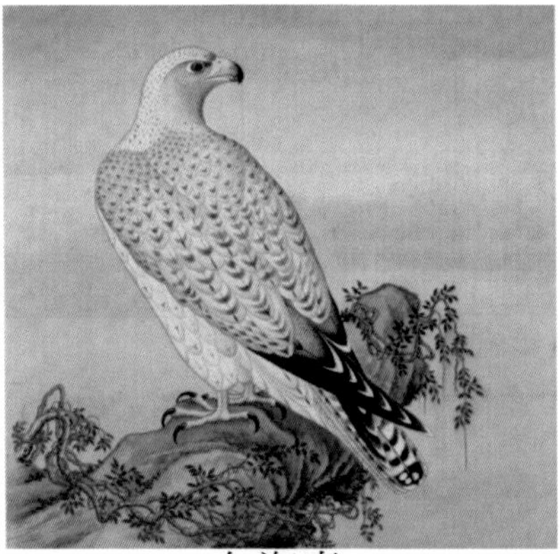
白海青

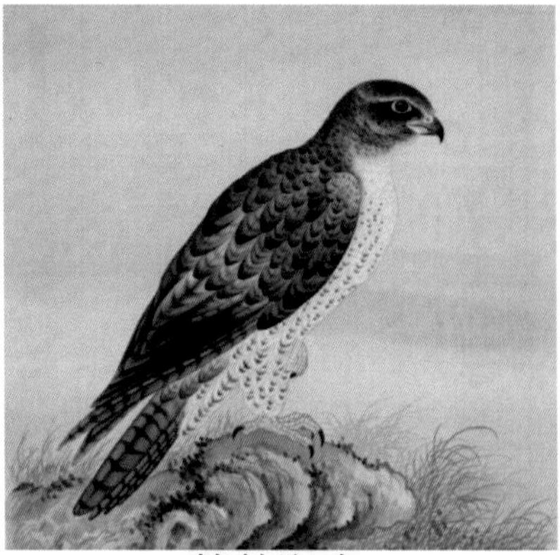
蘆花海青

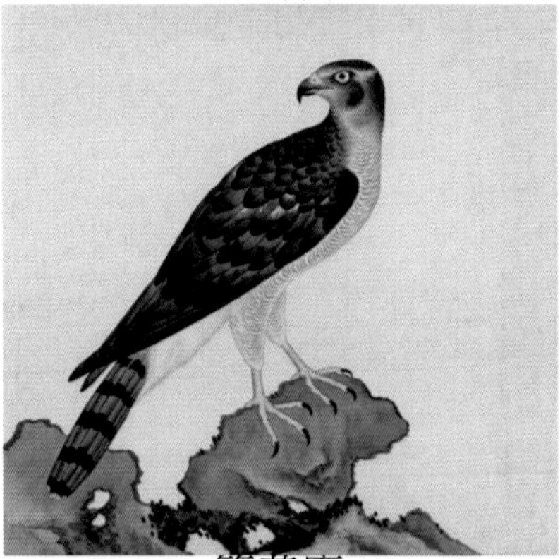
籠黃鷹

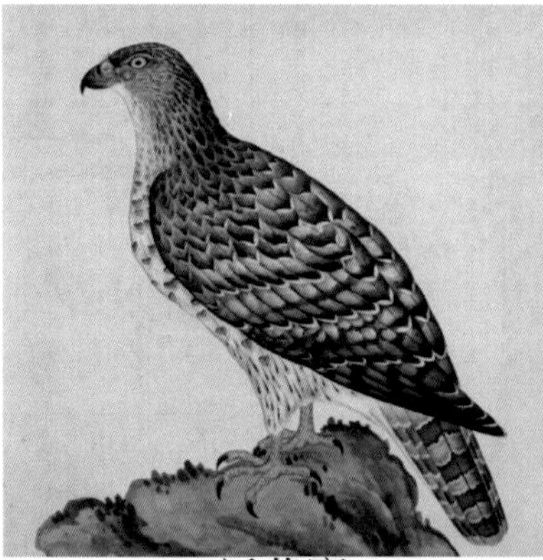
新黃鷹

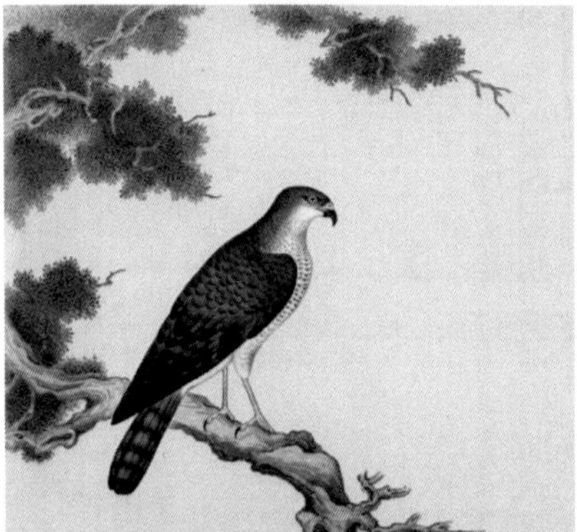
籠栢雄

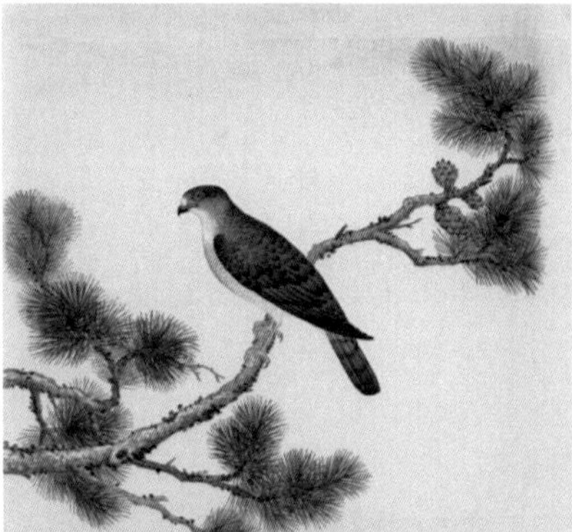
籠鶯兒

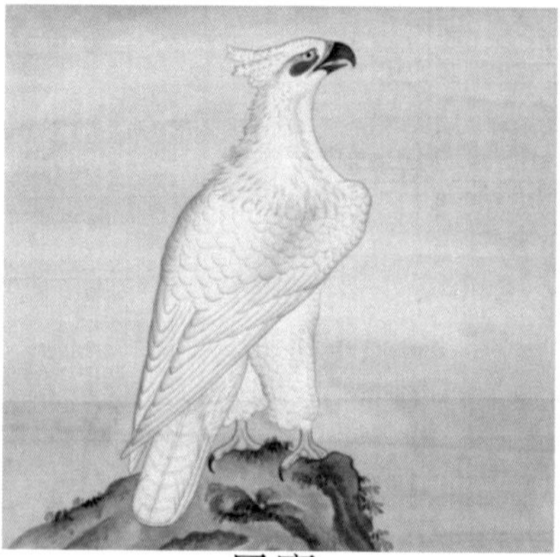
風鷹

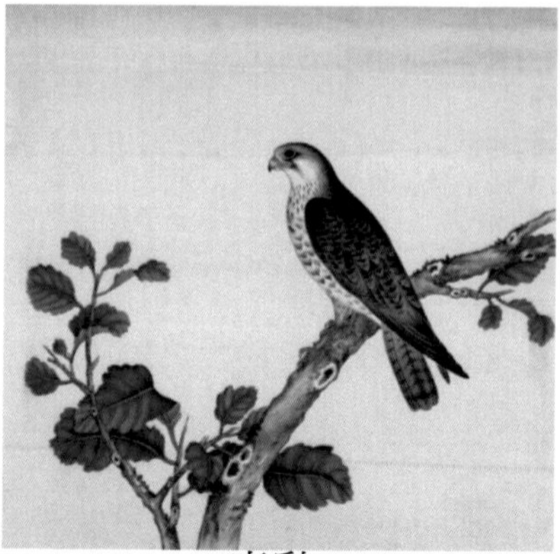
青鵰

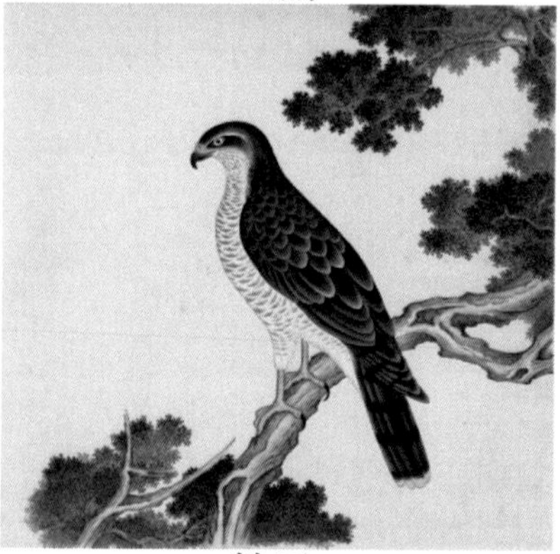
鷂子

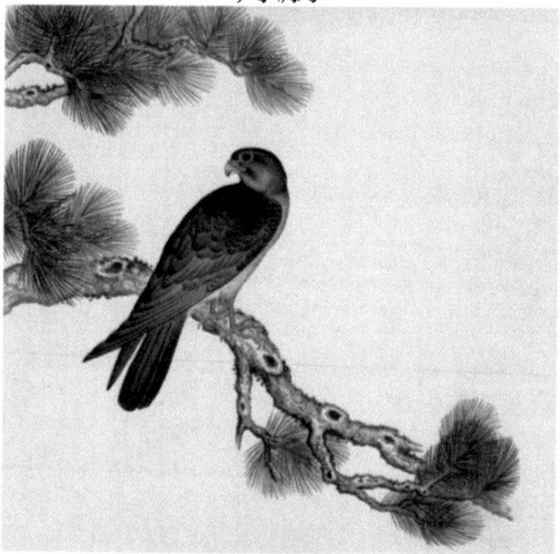
雌青鵰

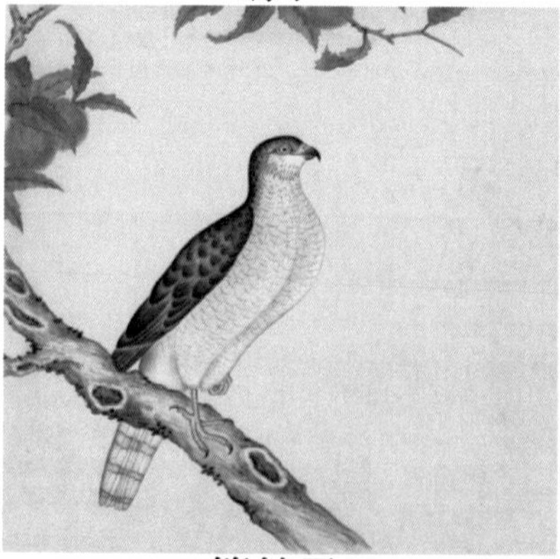
籠鷂子

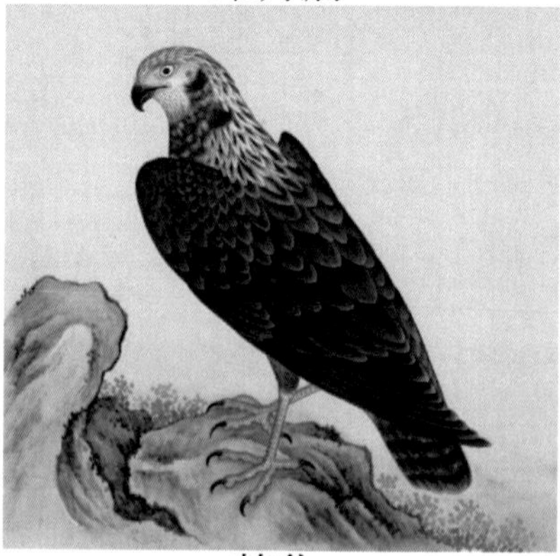
花豹

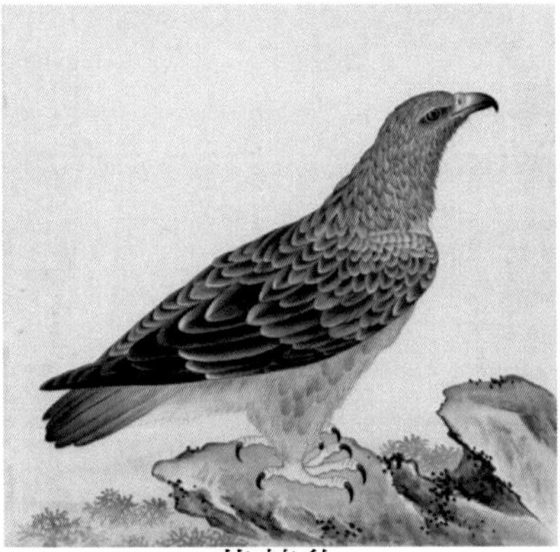
黃花豹

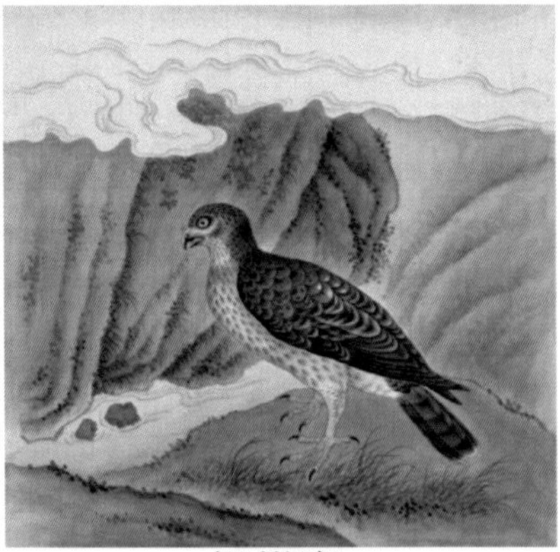
蝦蟆鷹

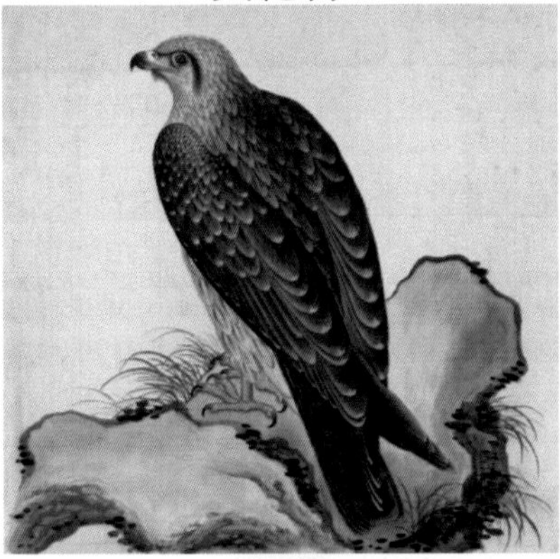
鶚鷹

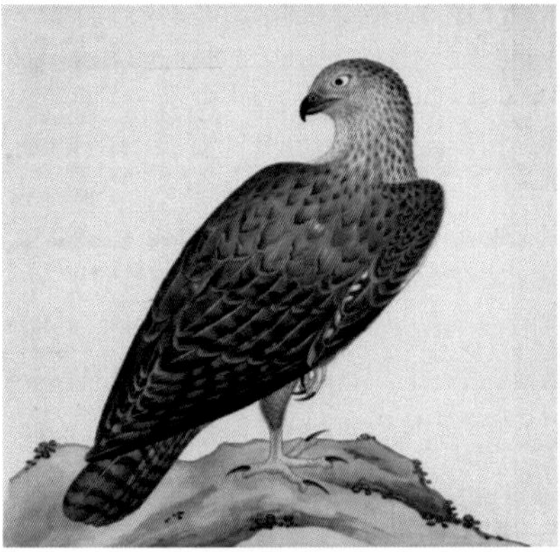
花頭鴰鷹

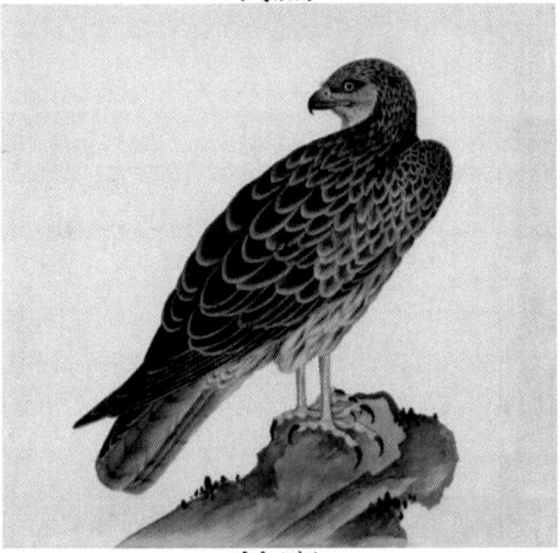
鴰鷹

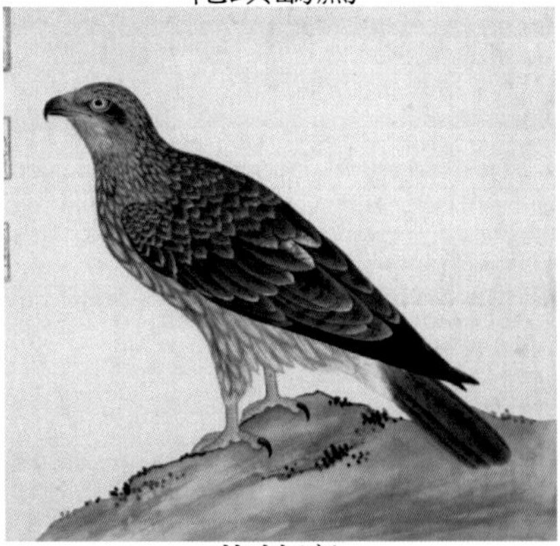
黃鴰鷹

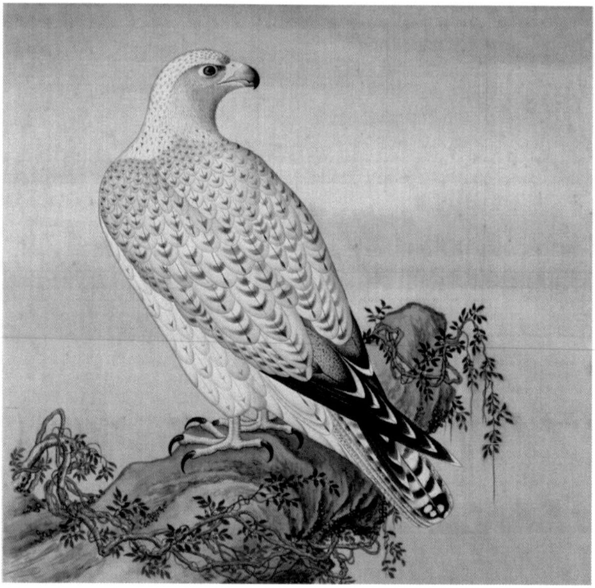

《鳥譜》第十一冊　白海青

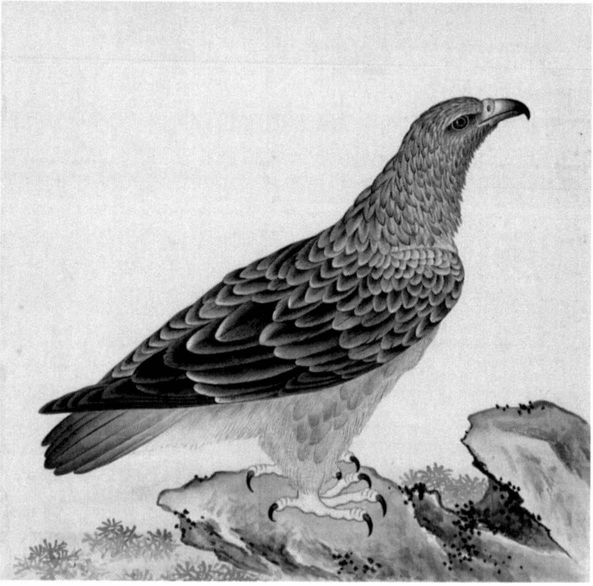

《鳥譜》第十一冊　黃花豹

鳥類漢滿名稱對照表（十一）

順次	漢文	滿文	羅馬字轉寫	備註
1	老皂鵰	ᠠᠶᠠᠨ ᡨᠠᠰᡥᠠᡵᡳ	ayan tashari	
2	皂鵰	ᡨᠠᠰᡥᠠᡵᡳ	tashari	
3	大鷲鳥	ᠠᠮᠪᠠ ᡩᠠᠰᡳᡥᡳᡥᡠ ᡤᠠᠰᡥᠠ	amba dasihihu gasha	
4	鷲	ᡨᡠᡵᠪᡝᠯᠵᡳ	turbelji	
5	鷲	ᡶᡠᡵᡠᠰᡠᠨ ᡨᠠᠰᡥᠠᡵᡳ	furusun tashari	
6	鴻	ᠪᡳᡤᠠᠨ ᡳ ᠨᡳᠣᠩᠨᡳᠶᠠᡥᠠ	bigan i niongniyaha	
7	鴝	ᠶᠠᡩᠠᠨᠠ	yadana	
8	狗頭鵰	ᠶᠣᠯᠣ	yolo	

順次	漢文	滿文	羅馬字轉寫	備註
9	白鵰	ᡳᠰᡠᡴᠠ	isuka	
10	芝麻鵰	ᠨᡳᠮᠠᡧᠠᠨ	nimašan	
11	白鶚	ᡧᠠᠨᠶᠠᠨ ᡥᡡᡧᠠᡥᡡ	šanyan hūšahū	
12	青鵰	ᠶᠠᠴᡳᠨ ᡩᠠᠮᡳᠨ	yacin damin	
13	虎斑鵰	ᡴᡠᡵᡳ ᡩᠠᠮᡳᠨ	kuri damin	
14	接白雕	ᠰᠣᡥᠣᠨ ᠰᠠᡴᠰᠠᡥᠠ ᡩᠠᠮᡳᠨ	sohon saksaha damin	
15	接白鵰	ᠰᠠᡴᠰᠠᡥᠠ ᡩᠠᠮᡳᠨ	saksaha damin	

順次	漢文	滿文	羅馬字轉寫	備註
16	團鵰	ᡨᠠᡵᠪᠠᠯᠵᡳ	tarbalji	
17	花白鵰	ᠴᠠᡴᡳᡵᡳ ᡩᠠᠮᡳᠨ	cakiri damin	
18	倒插鵰	ᠮᠠᠣᡴᠠᠯᠠ	maokala	
19	花鷂鷹	ᡴᠠᡵᠴᡳᠨ	karcin	
20	白海青	ᡧᠠᠨᠶᠠᠨ ᡧᠣᠩᡴᠣᠨ	šanyan šongkon	
21	海東青	ᡧᠣᠩᡴᠣᡵᠣ	šongkoro	
22	鷹	ᡤᡳᠶᠠᡥᡡᠨ	giyahūn	
23	鶻	ᡳᠯᡨᡠᡥᡝᠨ	iltuhen	

順次	漢文	滿文	羅馬字轉寫	備註
24	天鵝	ᡤᠠᡵᡠ	garu	
25	海青鳥	ᡧᠣᠩᡴᠣᠨ ᡤᠠᠰᡥᠠ	šongkon gasha	
26	蘆花海青	ᠴᠠᡴᡳᡵᡳ ᡧᠣᠩᡴᠣᠨ	cakiri šongkon	
27	籠黃鷹	ᡥᡠᡴᡧᡝᠨ ᡤᡳᠶᠠᡥᡡᠨ	hukšen giyahūn	
28	新黃鷹	ᠵᠠᡶᠠᡨᠠ ᡤᡳᠶᠠᡥᡡᠨ	jafata giyahūn	
29	籠栢雄	ᡥᡠᡴᡧᡝᠨ ᡥᡳᠶᠠ ᠰᡳᠯᠮᡝᠨ	hukšen hiya silmen	
30	籠鷂兒	ᡥᡠᡴᡧᡝᠨ ᠠᠵᡳᡤᡝ ᡥᡳᠶᠠ ᠰᡳᠯᠮᡝᠨ	hukšen ajige hiya silmen	

順次	漢文	滿文	羅馬字轉寫	備註
31	虱鷹	ᡧᡝ	še	
32	角鷹	ᡤᡠᠩᡤᡠᠯᡠᠩᡤᡝ ᡧᡝ	gunggulungge še	
33	青鷂	ᠪᠠᠯᡩᠠᡵᡤᠠᠨ	baldargan	
34	鷂子	ᠰᡳᠯᠮᡝᠨ	silmen	
35	題鷂	ᡨᠠᠯᡩᠠᡵᡤᠠᠨ	taldargan	
36	鷂子	ᠰᡠᡴᠰᡠᡥᡠ	suksuhu	
37	青鸗	ᠶᠠᠯᡩᠠᡵᡤᠠᠨ	yaldargan	
38	青鵟	ᠰᡠᠯᡩᠠᡵᡤᠠᠨ	suldargan	
39	鸇	ᠶᡝᠯᠮᡝᠨ	yelmen	
40	瞭	ᡴᠠᡵᠠᠯᡨᡠ	karaltu	

順次	漢文	滿文	羅馬字轉寫	備註
41	雌青鵰	ᡝᠮᡳᠯᡝ ᠪᠠᠯᡩᠠᡵᡤᠠᠨ	emile baldargan	
42	籠鷂子	ᡥᡠᡴᡧᡝᠨ ᠰᡳᠯᠮᡝᠨ	hukšen silmen	
43	花豹	ᡥᡠᠸᡝᡨᡝᠨ	huweten	
44	蝦蟆鷹	ᡴᡝᡳᡴᡠᡥᡝᠨ	keikuhen	
45	黃花豹	ᠰᡠᠸᠠᠶᠠᠨ ᡥᡠᠸᡝᡨᡝᠨ	suwayan huweten	
46	鷂鷹	ᡴᡳᠶᠠᡴᡡᡥᠠ	kiyakūha	
47	花頭鵃鷹	ᠠᠯᡥᠠ ᡠᠵᡠᠩᡤᠠ ᡥᡳᠶᡝᠪᡝᠯᡝ	alha ujungga hiyebele	

順次	漢文	滿文	羅馬字轉寫	備註
48	鵠鷹	ᡥᡳᠶᡝᠪᡝᠯᡝ	hiyebele	
49	風禽	ᡝᡩᡠᠩᡤᡝ ᡤᠠᠰᡥᠠ	edungge gasha	
50	鳶	ᡧᡝ	še	
51	風伯	ᡝᡩᡠᠩᡤᡝ ᡥᡳᠶᡝᠪᡝᠯᡝ	edungge hiyebele	
52	黃鵠鷹	ᠰᡠᠸᠠᠶᠠᠨ ᡥᡳᠶᡝᠪᡝᠯᡝ	suwayan hiyebele	

資料來源：《清宮鳥譜》，北京，故宮出版社，2014 年 10 月，第十一冊。

《鳥譜》第十一冊，共計三十幅，所標鳥類名稱，包括：老皂鵰（ayan tashari）、皂鵰（tashari）、狗頭鵰（yolo）、白鵰（isuka）、虎斑鵰（kuri damin）、接白雕（sohon saksaha damin）、接白鵰（saksaha damin）、芝麻鵰（nimašan）、團鵰（tarbalji）、花白鵰（cakiri damin）、倒插鵰（maokala）、花鵠鷹（karcin）、白海青（šanyan šongkon）、蘆花海青（cakiri šongkon）、籠黃鷹（hukšen giyahūn）、

新黃鷹（jafata giyahūn）、籠栢雄（hukšen hiya silmen）、籠鶖兒（hukšen ajige hiya silmen）、風鷹（še）、青鷂（baldargan）、鷂子（silmen）、雌青鷂（emile baldargan）、籠鷂子（hukšen silmen）、花豹（huweten）、黃花豹（suwayan huweten）、蝦蟆鷹（keikuhen）、鸈鷹（kiyakūha）、花頭鷂鷹（alha ujungga hiyebele）、鷂鷹（hiyebele）、黃鷂鷹（suwayan hiyebele）等三十種鳥類名稱，此外還有各種別名，表十一所列鳥類名稱，多達五十二種。

鵰（damin），似鷹而大，是大鷙鳥（amba dasihihu gasha），一名鷲（turbelji），又名鷲（furusun tashari），鵰之黑色者，俗呼皂鵰（tashari）。老皂鵰（ayan tashari）翅翮甚大。狗頭鵰（yolo），其身與皂鵰相等。白鵰（isuka），通身白毛，是不易得的珍禽。此外，遼東出青白鵰（yacin šanyan bocoi damin）。虎斑鵰（kuri damin），因其翅有橫紋如虎斑而得名。接白鵰，計二幅：一幅，滿文作“sohon saksaha damin”，意即「淡黃接白鵰」；一幅，滿文作“saksaha damin”），意即「一、二年之鵰」。芝麻鵰（nimašan），小於皂鵰。團鵰（tarbalji），自鼻以上深黃色，翅毛上節黃黑色，黃足。花白鵰（cakiri damin），頭、項蒼、赭、白三色相暈。倒插鵰（maokala），背、膊、翅、翮俱蒼黑，腹毛微白帶蒼，白尾黑花斑。團鵰之小者，稱為花鷂鷹（karcin）。

白海青（šanyan šongkon），似鷹而大，善擒天鵝（garu），爪白者尤異。云自遼東海外、高麗飛渡海岸來，故一名海東青（šongkoro）。此外，還有蘆花海青（cakiri šongkon）。

滿文“giyahūn”，意即「鷹」。hukšen giyahūn，意即「籠黃鷹」。“jafata giyahūn”，意即「新黃鷹」。風鷹（še），屬於鵰類，又稱角鷹，滿文讀作“gunggulungge še”。滿文“silmen”，意即「鷂」，“hiya silmen”，意即「栢雄」。“hukšen hiya silmen”，意即「籠栢雄」。

籠鶯兒，滿文讀作“hukšen ajige hiya silmen”，意即「籠小栢雄」。句中“hukšen”，意即「老的」。鷂，江東呼之為鸇（yelmen），鷂能遠視，又名瞭（karaltu），瞭目明白。青鷂（baldargan），屬於鷂類，似鷂而不善捕雀，江南人以青鷂頷、翅似燕，亦呼青鷰（yaldargan），或呼青鶯（suldargan）。題鷂（taldargan）、鷂子（suksuhu），俱屬鷂類。滿文“hukšen silmen”，意即「籠鷂子」。

花豹（huweten），屬於鷂鷹類，捕食蝦蟆，或啄食已斃禽兔。滿文“suwayan huweten”，意即「黃花豹」，黃色為其主要特徵。蝦蟆鷹（keikuhen），屬於鷹類，不善擒鳥雀，惟食蝦蟆。鶙鷹（kiyakūha），屬於鷂鷹類。鷂鷹（hiyebele），似鷹，不善搏擊，惟捕食蟲、田雞，又名風禽（edungge gasha），屬於鳶（še）類。越人呼為風伯（edungge hiyebele）。花頭鷂鷹（alha ujungga hiyebele），其身比黃鷂鷹稍小。

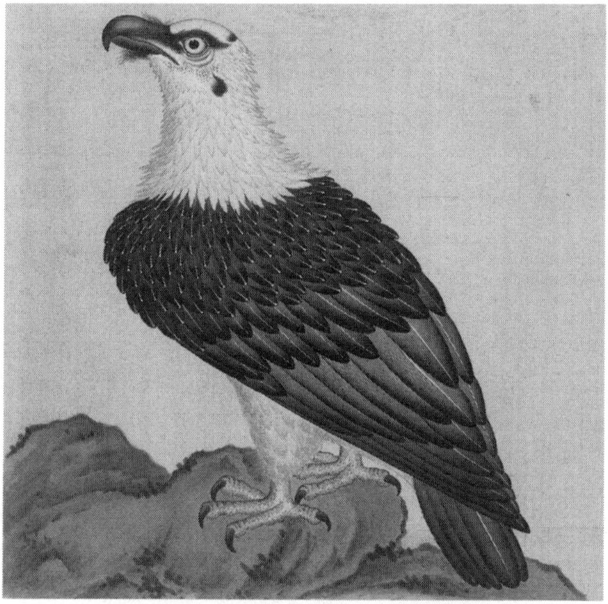

《鳥譜》第十一冊　狗頭鵰

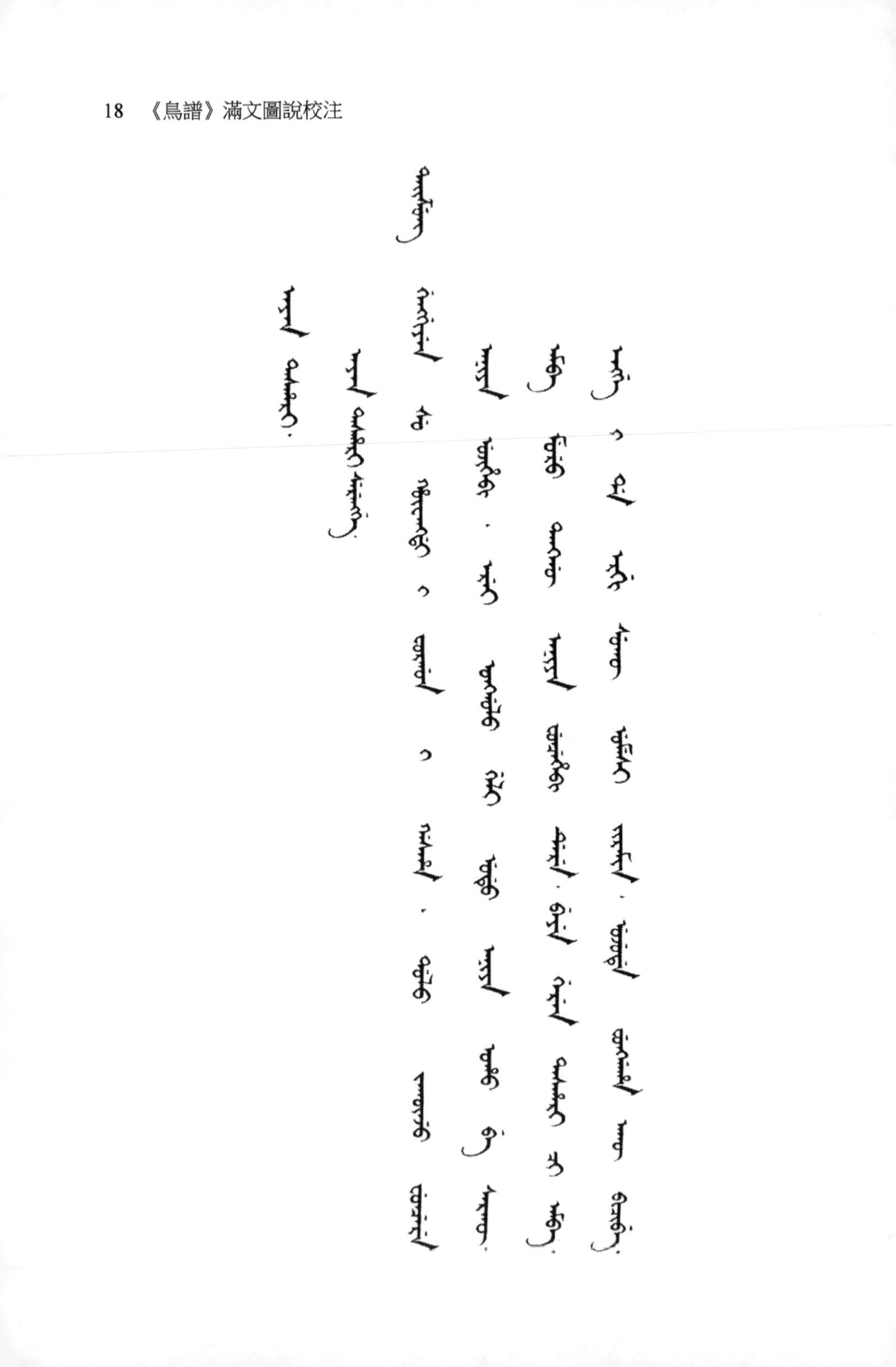

[illegible]
[illegible]
[illegible]
[illegible]
[illegible]
[illegible]

ayan tashari.

ayan tashari serengge, taidzung genggiyen šu hūwangdi i forgon i gasha, dolo jakūnju funcere aniya ujihebi, erei onggolo geli udu aniya oho be sarkū, amba muru tanggū aniya funcehebi dere. beye geren tashari ci amba, engge i da ergi sukū umesi jiramin, ujude funggaha akū bicibe,

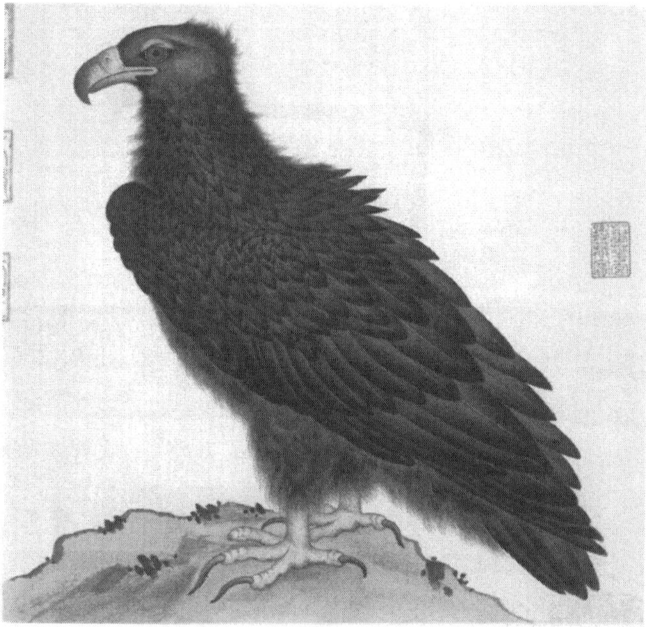

老皂鵰

老皂鵰，太宗文皇帝時物[1]，養畜內苑已八十餘年，前此又不知幾何年，大約百歲以外矣。身大於諸皂鵰，觜根皮甚厚，頭頂毛禿，

---

1 太宗文皇帝時物，滿文讀作“taidzung genggiyen šu hūwangdi i forgon i gasha”，意即「太宗明文皇帝時鳥」。

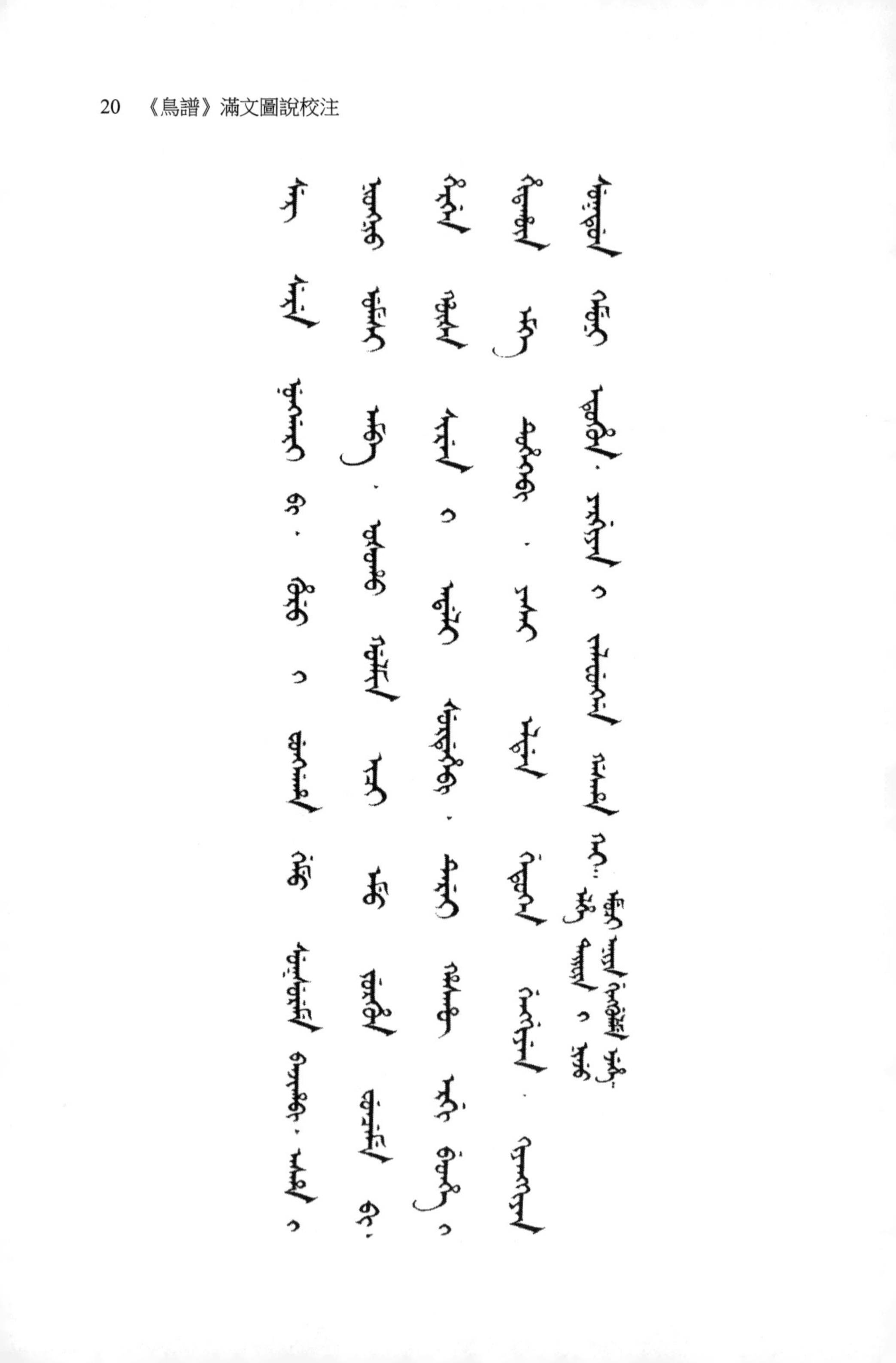

ser sere nunggari bi, huru i funggaha gemu suksureme banjihabi, asha i niongnio umesi amba, ošoho golmin ici emu jurhun funceme bi, hergen hūša siren i adali šurdehebi, terei hashū ergi bethe i hitahūn emke tuhekebi, yasai elden getuken genggiyen, kiyangkiyan sukdun kemuni etuhun, yargiyan i jalafungga gasha kai. (elhe taifin i ninju emuci aniya gingguleme ejehe.)

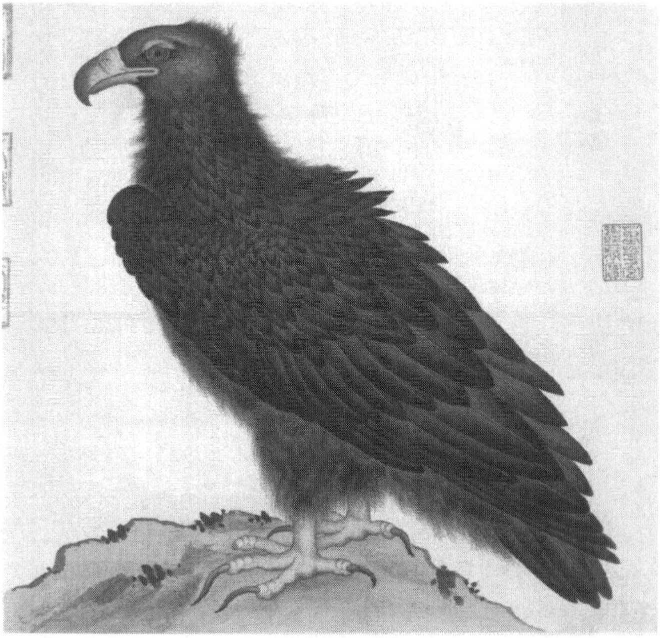

間有茸毛，背毛皆傑起，翅翮甚大，爪長一寸餘，紋轉如藤，其左足已脫一爪[2]，目光炬爍，雄氣尚盛，真壽鳥也。（康熙六十一年敬誌。）

2 其左足已脫一爪，滿文讀作“terei hashū ergi bethe i hitahūn emke tuhekebi”，意即「其左足已脫一趾甲」。

[illegible]

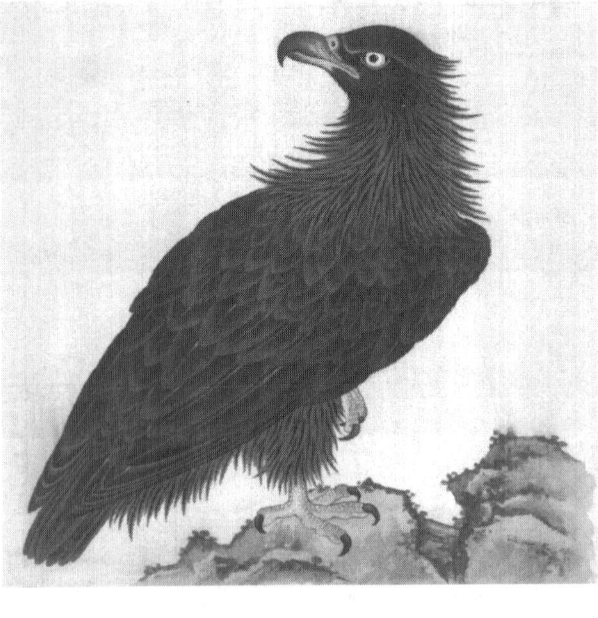

tashari.

tashari i yasai faha sahaliyan, yasai šurdeme suwayakan šanyan boco kūwarahabi, engge i dube sahaliyan bime gohonggo, engge i da ergi boihon boco, gubci beyei funggaha tumin sahaliyan, bethe yacikan suwayan, ošoho sahaliyan, sira de sahaliyan funggaha bi, beyei den ici juwe jušuru, golmin ici duin jušuru isime bi, uju tukiyeci den ici ilan jušuru funceme bi, asha saraci onco ici duin jušuru isime bi, ere damin i dorgi amba ningge. dartai šanggabuha fiyelen de, tashari serengge, amba dasihihu gasha inu, emu gebu turbelji sembi sehebi. han gurun i bithei suhen de, tashari emu gebu furusun tashari sembi, terei dethe sirdan idure de baitalaci ombi sehebi. ainci damin giyahūn i ninggun dethe deyeci weihuken bime dacun

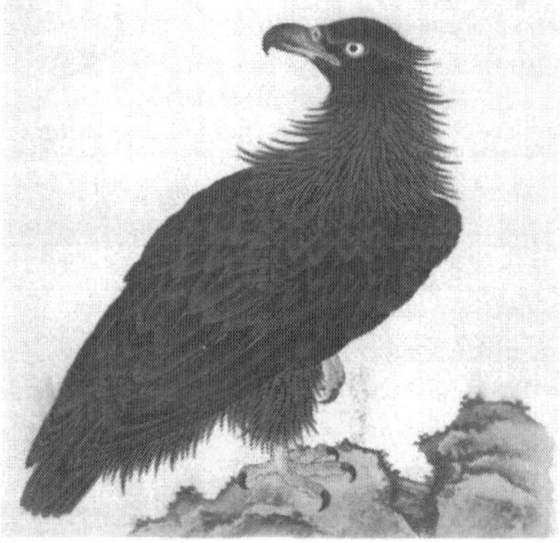

皂鵰

皂鵰，黑睛，黃白暈，黑勾喙，觜根土黃色，通身毛皂黑色，青黃足，黑爪，脛有黑毛，身高二尺，長幾四尺，昂頭高三尺餘，展翅廣幾四尺，鵰之大者也。《急就篇》云：鵰，大鷙鳥也，一名鷲。《漢書》注云：鵰，一名鷲，其翮可用為箭羽。蓋鵰隼六翮[3]，乘風輕勁，

3 鵰隼六翮，滿文讀作"damin giyahūn i ninggun dethe"，意即「鵰隼六翎」，滿漢文義不合。

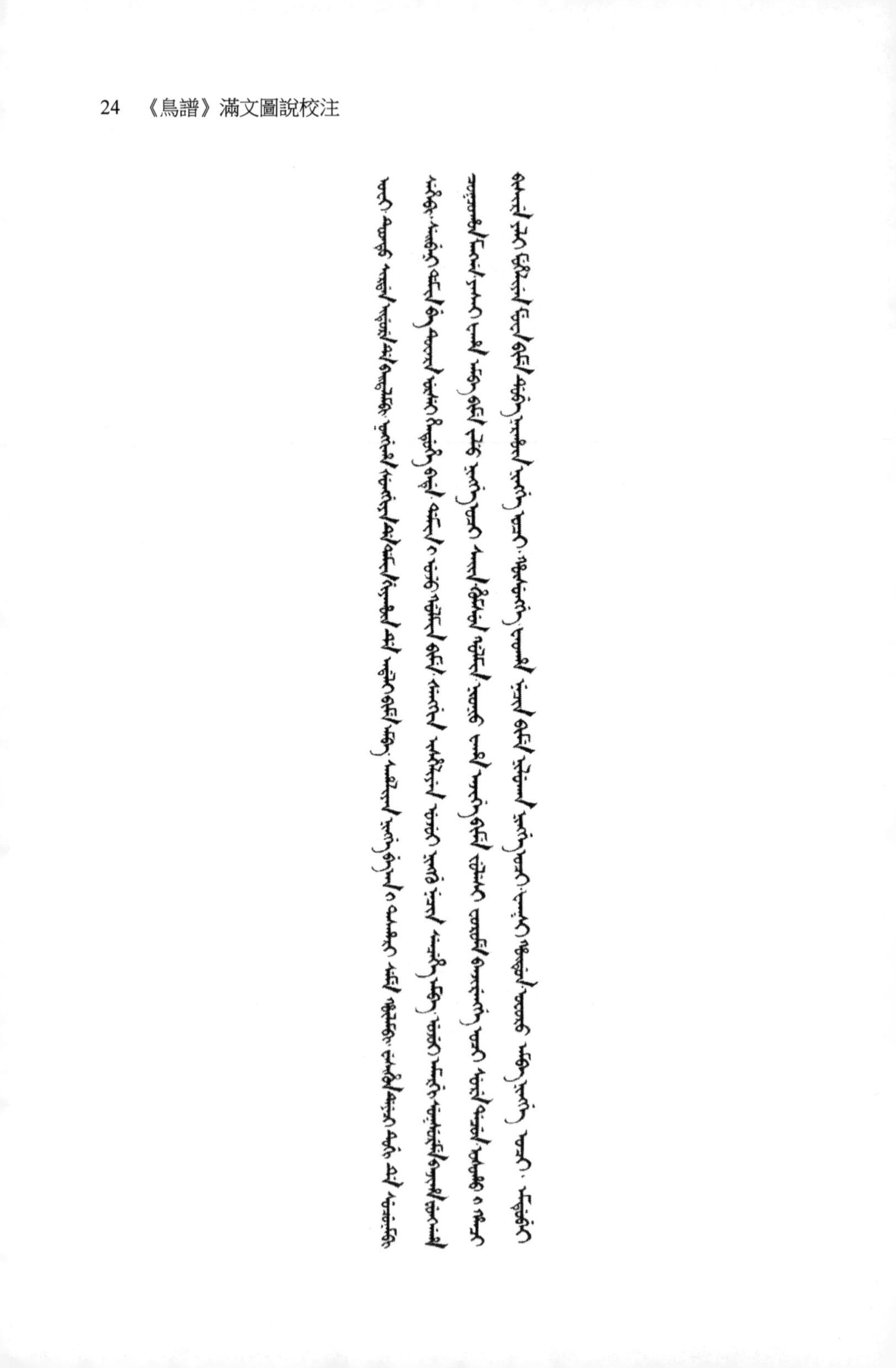

[illegible]

[illegible]

[illegible]

[illegible]

ofi, tuttu sirdan idure de baitalambi. nonggiha šunggiya de, damin giyahūn de adali bime amba, sahaliyan ningge be an i tashari seme hūlambi, wesihun deyeci tugi de sucunambi sehebi. seibeni damin be tuwara ursei henduhe bade, damin i uju golmin bime, šenggin isheliyen, ujui ninggu necin, sencehe amba, ujui amargi suksureme banjiha funggaha cokcohon mangga, yasai faha amba bime jalu ningge oci sain, humsun golmin, nionio faha ajige bime julesi forome banjirengge oci, sure dacun, ošoho i hanci bisire yali muheliyen muwa bime dube narhūn ningge oci, hūsungge, fatha necin bime nilukan ningge oci, faksi hūdun, oforo amba ningge oci, emdubei

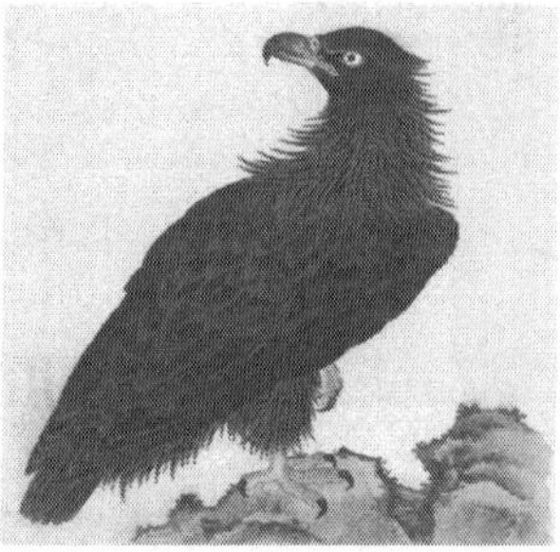

故堪以為箭。《埤雅》云：鵰，似鷹而大，黑色，俗呼皂鵰，其飛上薄雲漢，昔之相鵰者以為，鵰首欲長而額狹，頂平，頷大，項後毛磔生勁疾[4]，目睛大滿[5]，臉長[6]，眸子小而近前，主明慧；爪近肉麤圓，其末纖細，主多力；蹠平潤，主巧捷；鼻大，

4 項後，滿文讀作“ujui amargi”，意即「頂後」，此「項」，當作「頂」，亦即「頭」。

5 目睛大滿，滿文讀作“yasai faha amba bime jalu ningge oci sain”，意即「目睛大而滿者主吉」，此脫「主吉」字樣。

6 臉長，滿文讀作“humsun golmin”，意即「瞼長」，亦作「眼皮長」，此作「臉長」，誤。

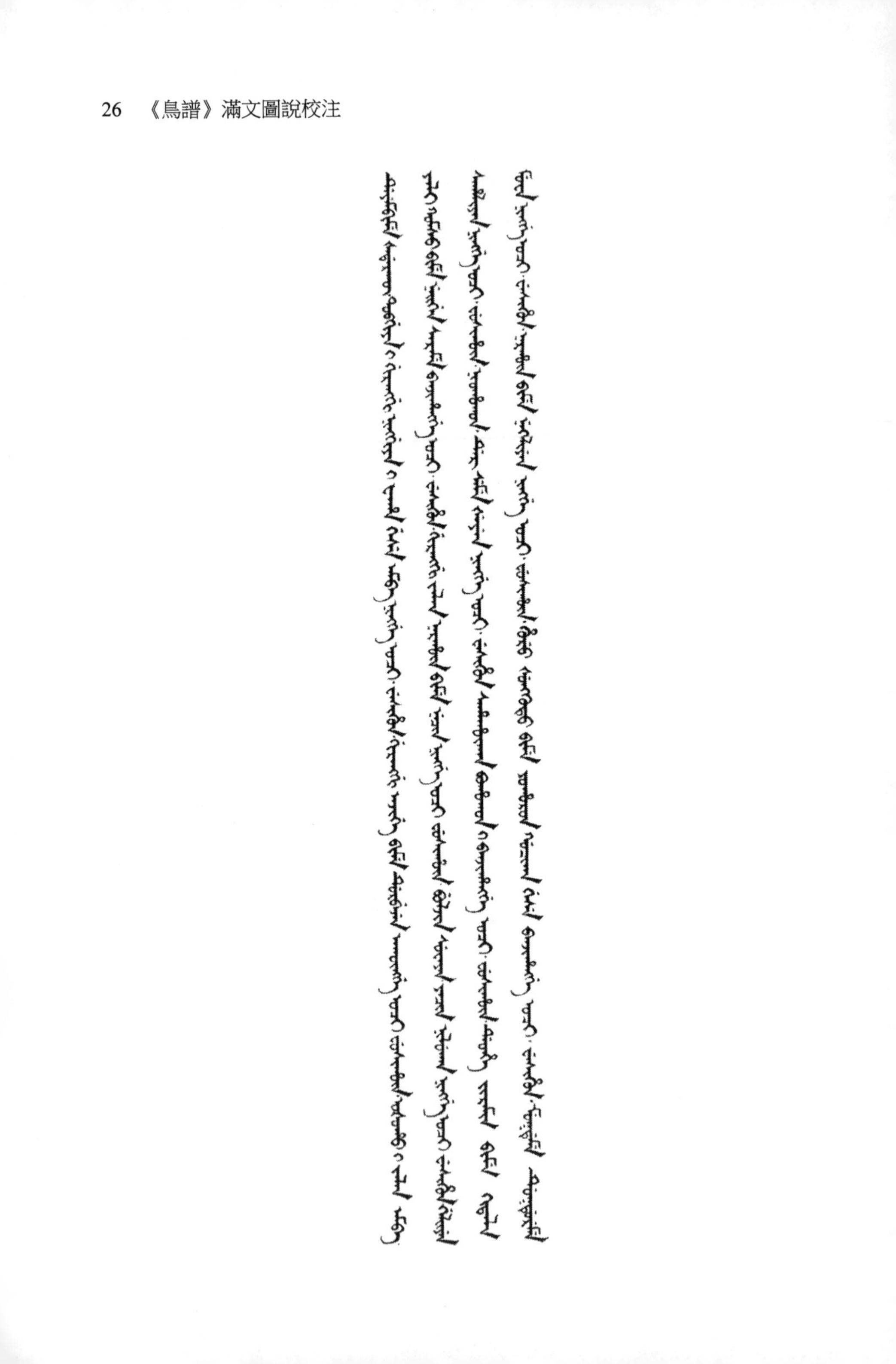

[illegible]

[illegible]

[illegible]

[illegible]

deyembime šadarakū, tobgiya i giranggi ninggiya i faha gese amba ningge oci, wesihun, giranggi ajige bime durbejen akūngge oci fusihūn, ošoho i jalan amba yali komso bime neigen sarame banjihangge oci, wesihun, giranggi jalan narhūn bime necin ningge oci, fusihūn, buljin suwayan yacin nilukan ningge oci, wesihun, gelfiyen sahaliyan ningge oci, fusihūn, niohokon, der seme šeyen ningge oci, wesihun, sahahūkan bohokon i banjihangge oci, fusihūn, dethe jiramin bime kitala muwa ningge oci, wesihun, narhūn bime nekeliyen ningge oci, fusihūn, huru šungkutu bime yohoron gocika gese banjihangge oci, wesihun, mukdeme dukdureme

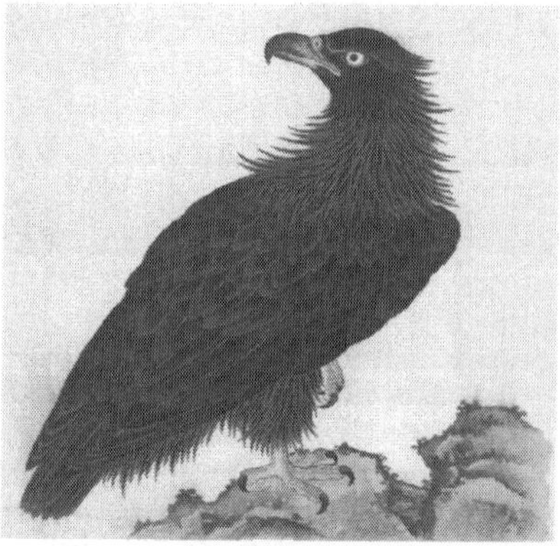

主長飛不乏。膝骨大如蒺藜實者上相，骨小無圭角者下也[7]；指節大肉少分成十字上相，骨節細平者下也；純金色青潤者上相，淺黑者下也；叢林色靜白者上相，黑膩者下也；封厚而管粗者上相[8]，細薄者下也；背偃而溝深者上相，

7 圭角，滿文讀作“durbejen”，係蒙古語“dörbeljin”借詞，意即「四方形」，或作「方塊」。

8 封厚，滿文讀作“dethe jiramin”，意即「翎厚」，又作「羽厚」。

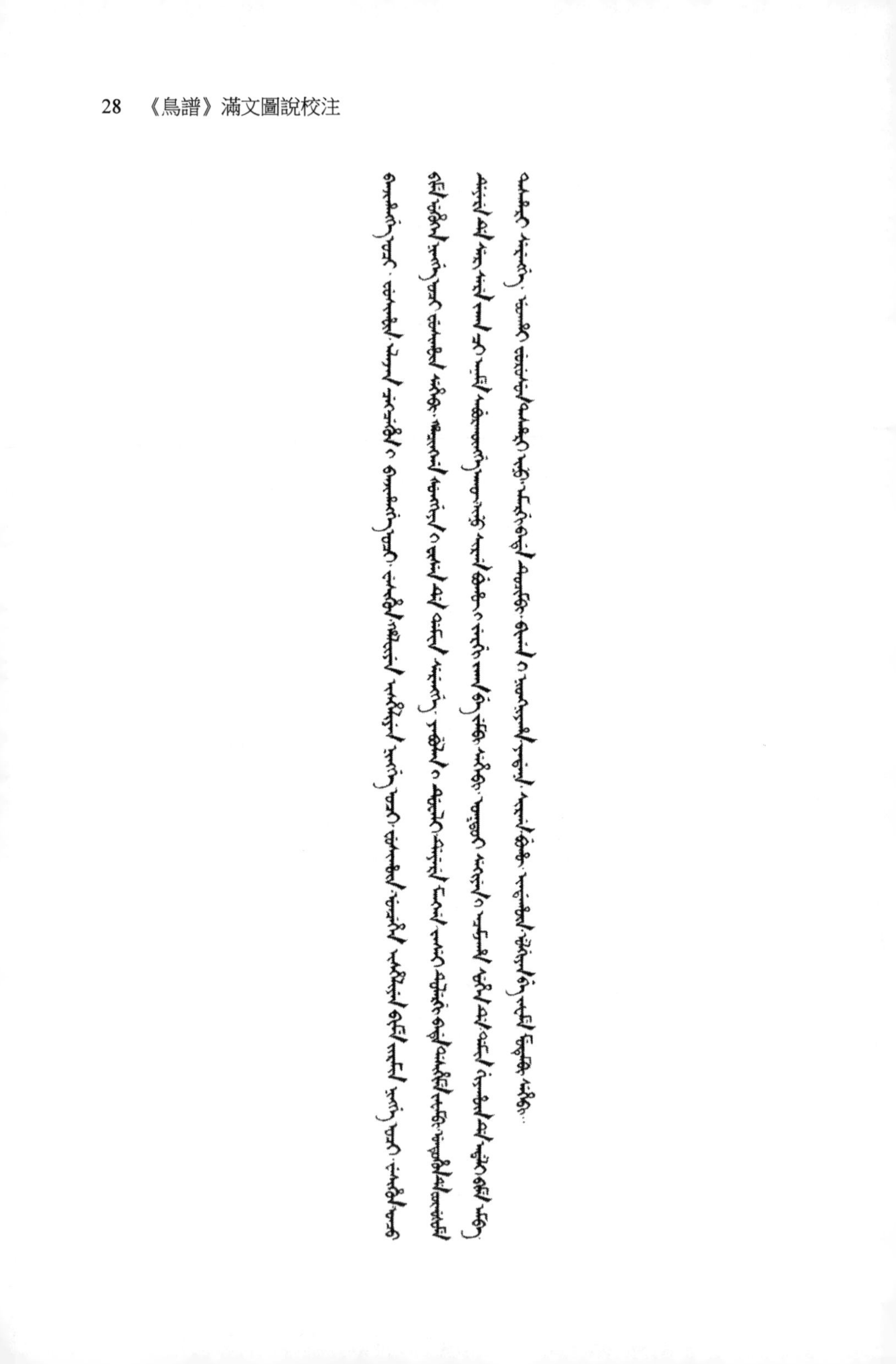

[illegible]

[illegible]

[illegible]

[illegible]

banjihangge oci, fusihūn, alajan cekcehun i banjihangge oci, wesihun, halfiyen isheliyen ningge oci, fusihūn, uncehen isheliyen bime jiramin ningge oci, wesihun, onco bime uhuken ningge oci fusihūn sehebi. hancingga šunggiya i fisen de, damin serengge, yabulan i duwali, deyere mangga, jasei tulergi bade dasihime jafambi, untuhun de forgošome deyere de ser sere jaka ci aname saburakūngge akū, inu sirga, buhū i jergi jaka be jembi sehebi. oktoi sekiyen i acamjaha suhen de, damin giyahūn de adali bime amba, tashari serengge, uthai furusun tashari inu, amargi bade tucimbi, bigan i niongniyaha, yadana, sirga, buhū, indahūn, ulgiyan be jafame mutembi sehebi.

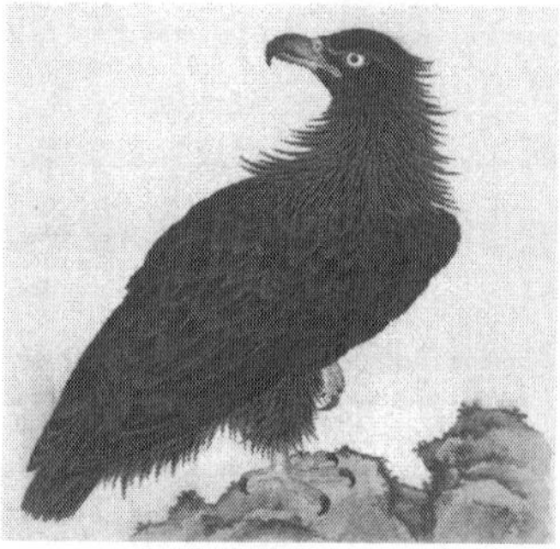

隆起者下也；臆圓趺為上相，側狹為下相[9]；尾狹厚為上相，闊軟為下相。《爾雅翼》云：鵰者，鶚之類，健飛擊沙漠中[10]，空中盤旋，無細不覩，亦食獐、鹿之屬。《本草集解》云：鵰似鷹而大，皂鵰即鷲也，出北地，能搏鴻、鵠、獐、鹿、犬、豖。

9 側狹為下相，句中「側狹」，滿文讀作"halfiyen isheliyen"，意即「褊狹」。漢文「扁平」，滿文讀作"halfiyan"，此作"halfiyen"，誤。
10 沙漠，滿文讀作"jasei tulergi bade"，意即「口外地方」，滿漢文義不合。

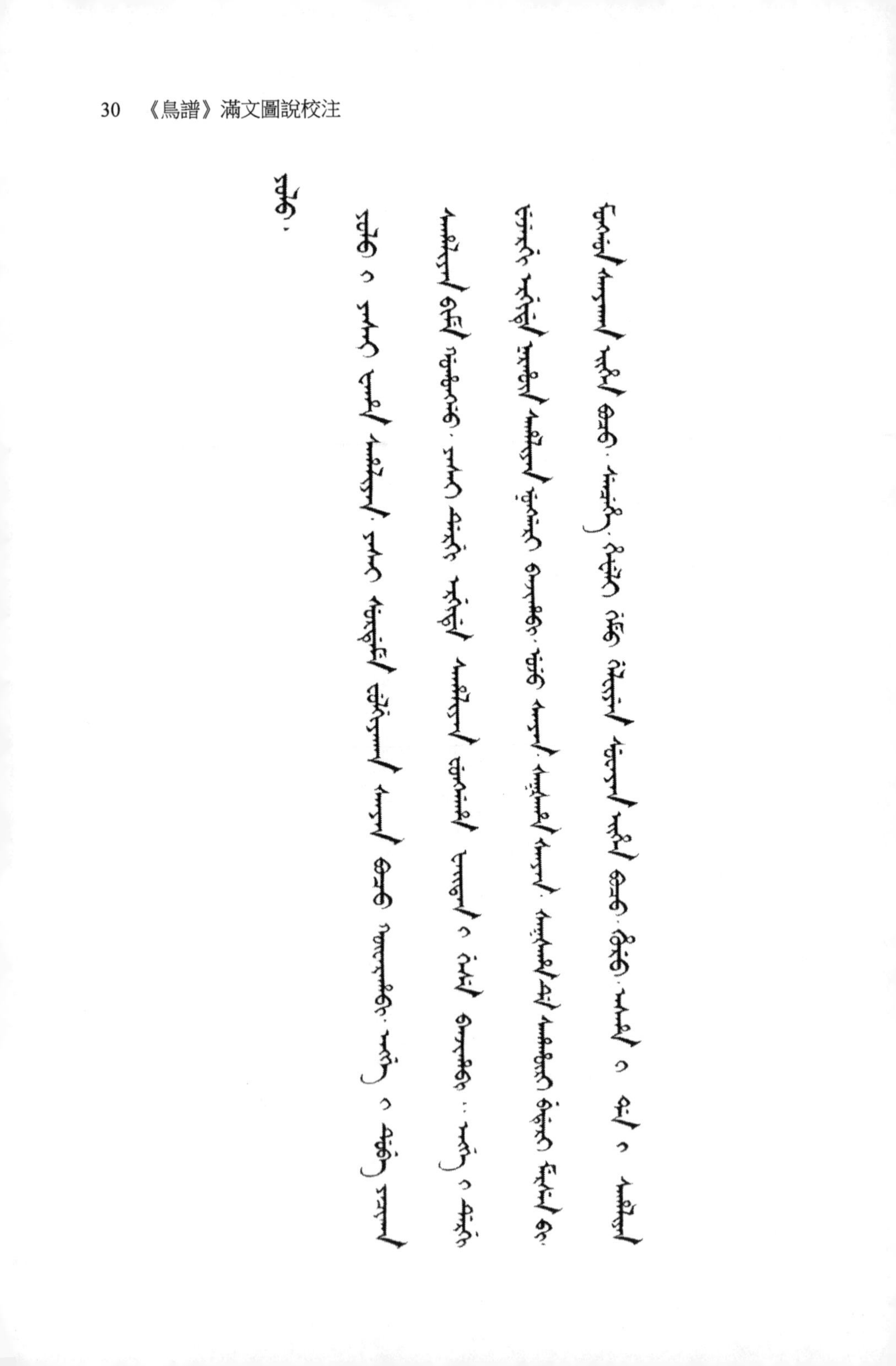

yolo.

yolo i yasai faha sahaliyan, yasai šurdeme fulgiyakan šanyan boco kūwarahabi, engge i dube yacikan sahaliyan bime gohonggo, yasai dergi ergide sahaliyan funggaha faitan i gese banjihabi, engge i dergi fejergi ergide narhūn sahaliyan nunggari banjihabi, uju šanyan, šakšaha šanyan, šakšaha de sahahūri bederi mersen bi, monggon šanyakan eihen boco, sencehe, hefeli gemu gelfiyen suwayan eihen boco, huru, asha i da i sahaliyan

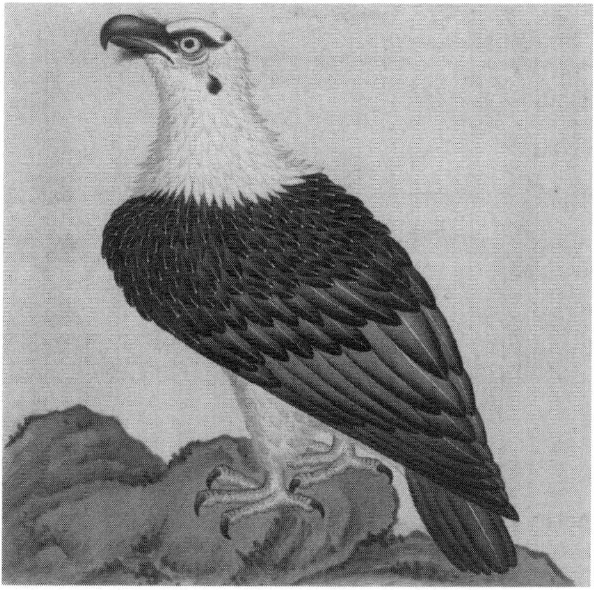

狗頭鵰

狗頭鵰，黑睛，紅白重暈，青黑勾喙，目上黑毛如眉，觜上下細黑毛茸生，白頂，白頰，頰有蒼黑斑點，赭白項，頷、腹俱淺赭黃色，背、膊黑

ᡠᠨᠴᡝᡥᡝᠨ ᡩᡝ ᠰᠠᡥᠠᠯᡳᠶᠠᠨ ᡶᡠᠯᡤᡳᠶᠠᠨ ᠪᡳ᠈ ᡩᡝ ᠶᡝᠶᡝ ᡤᡝᡵᡝᠨ᠈ ᠪᡝᡵᡝᡴᡝ ᠶᡝᠶᡝ ᡧᠠᠩᡤᡳᠶᠠᠨ᠈ ᡶᡠᡴᠵᡳᠨ ᡤᡝᡵᡝᠨ ᠰᠠᡥᠠᡵᡳᠩᡤᡝ
ᡧᠠᠩᡤᡳᠶᠠᠨ ᠰᡠᡥᡝᠨ ᠪᠣᠴᠣᡳ᠈ ᠰᠠᡥᠠᠯᡳᠶᠠᠨ ᡨᠣᠮᠣᡥᠣ ᠰᠠᡥᠠᠯᡳᠶᠠᠨ ᠰᠠᡥᠠᡥᡡᡴᠠᠨ᠈ ᠰᠠᡥᠠᡥᡡᡴᠠᠨ ᡧᠠᠨᠶᠠᠨ ᠪᠣᠴᠣ ᠨᡳᠣᠸᠠᠩᡤᡳᠶᠠᠨ ᠪᡳ
ᡠᠵᡠ ᠰᠠᡥᠠᠯᡳᠶᠠᠨ ᠪᡝᡩᡝᡵᡳ ᠪᡝ᠈ ᡶᡠᠯᡤᡳᠶᠠᠨ ᡶᡠᠯᡤᡳᠶᠠᠨ ᠪᠣᠴᠣ᠈ ᡨᠣᠮᠣᡥᠣ ᠰᠠᡥᠠᡥᡡᡴᠠᠨ᠈ ᠰᠠᡥᠠᠯᡳᠶᠠᠨ ᡩᡝ ᠰᠠᡥᠠᠯᡳᠶᠠᠨ ᡨᡝᠪᡝᠯᡳᠶᡝᠨ
ᠪᠣᡳᡥᠣᠨ ᡠᠴᡠᡥᡠᠨ ᠪᡝ᠈ ᡨᡝᠪᡝᠯᡳᠶᡝᠨ ᠪᡳ ᡨᠣᠣᡥᠠᠨ ᡩᡝ ᡨᠣᠮᠣᠮᠪᡳ᠉

funggaha de šanyan bederi bi, da ergi narhūn, dube ergi muwa, tuhebure nicuhe lakiyara silenggi adali banjihabi, asha, niongnio yacikan sahaliyan, sahaliyakan eihen bocoi uncehen de gemu šanyan kitala bi, bethe kuwecihe boco, ošoho sahaliyan, sira de šanyakan eihen bocoi funggaha bi, terei beye tashari de teherembi.

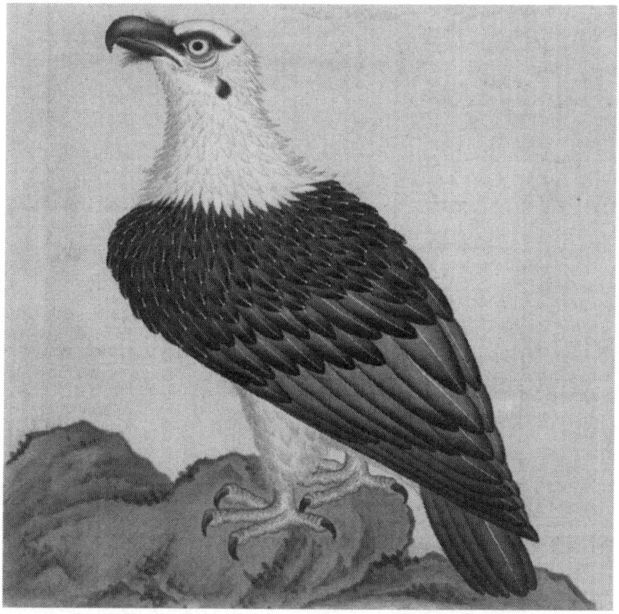

毛中白紋，上細末粗[11]，如垂珠懸露。青黑翅、翮，赭黑尾，俱有白莖[12]，縹青足[13]，黑爪，脛有赭白毛，其身與皂鵰相等。

11 上細末粗，滿文讀作"da ergi narhūn, dube ergi muwa"，意即「本細末粗」，或「根細尖粗」。

12 白莖，滿文讀作"šanyan kitala"，意即「白翎管」。

13 縹青足，滿文讀作"bethe kuwecihe boco"，意即「月白色足」，又作「鴨蛋青色足」。

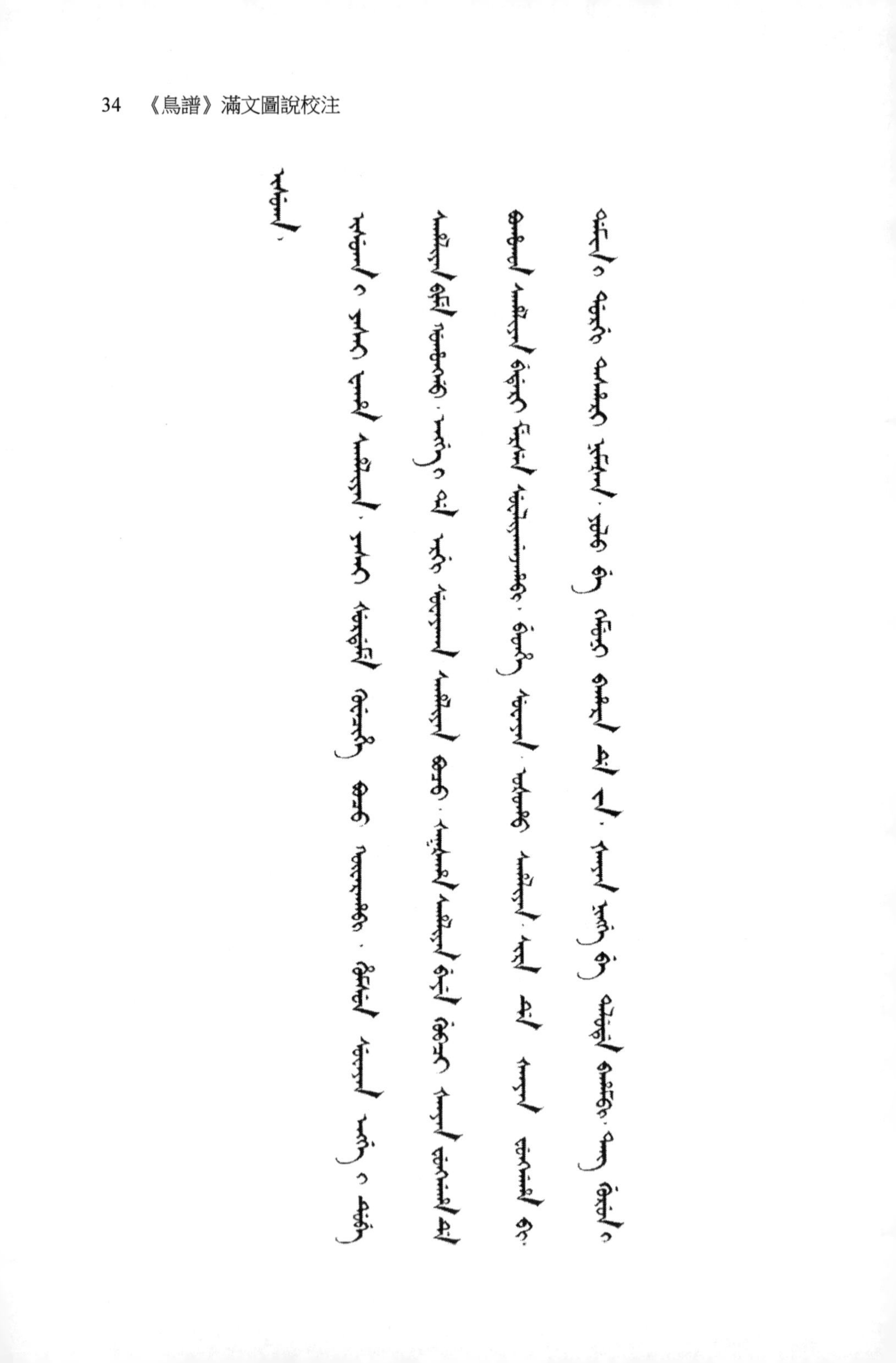

[illegible]

[illegible]

[illegible]

[illegible]

[illegible]

isuka.

isuka i yasai faha sahaliyan, yasai šurdeme kuwecihe boco kūwarahabi, humsun suwayan, engge i dube sahaliyan bime gohonggo, engge i da ergi suwayakan sahaliyan boco, šakšaha sahaliyan, beye gubci šanyan funggaha de bohokon sahaliyan bederi mersen suwaliyaganjahabi, bethe suwayan, ošoho sahaliyan, sira de šanyan funggaha bi, damin i dorgi tashari nimašan, yolo be kemuni bahara de ja, šanyan ningge be talude bahambi, tang gurun i

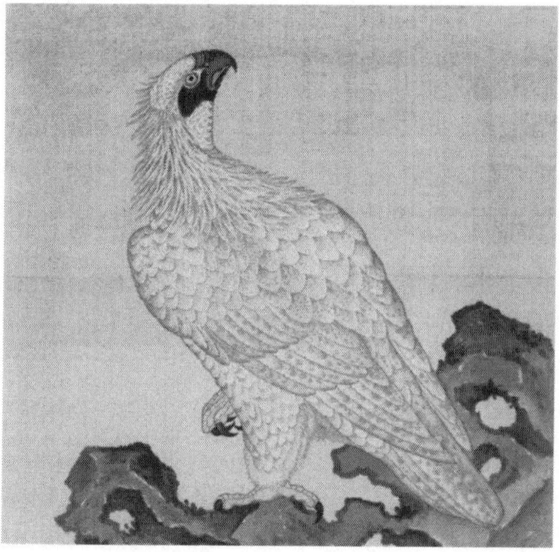

白鷗

白鷗，黑睛，縹白暈，黃瞼[14]，黑勾喙，觜根黃黑色，黑頰，通身白質帶暗黑斑點，黃足，黑爪，脛有白毛，鷗類如皂鷗、芝麻鷗、狗頭鷗易得[15]，白者間有之。

14 黃臉，滿文讀作“humsun suwayan”，意即「黃瞼」，或作「黃眼皮」，此「臉」，當作「瞼」。

15 易得，滿文讀作“kemuni bahara de ja”，意即「常易得」。

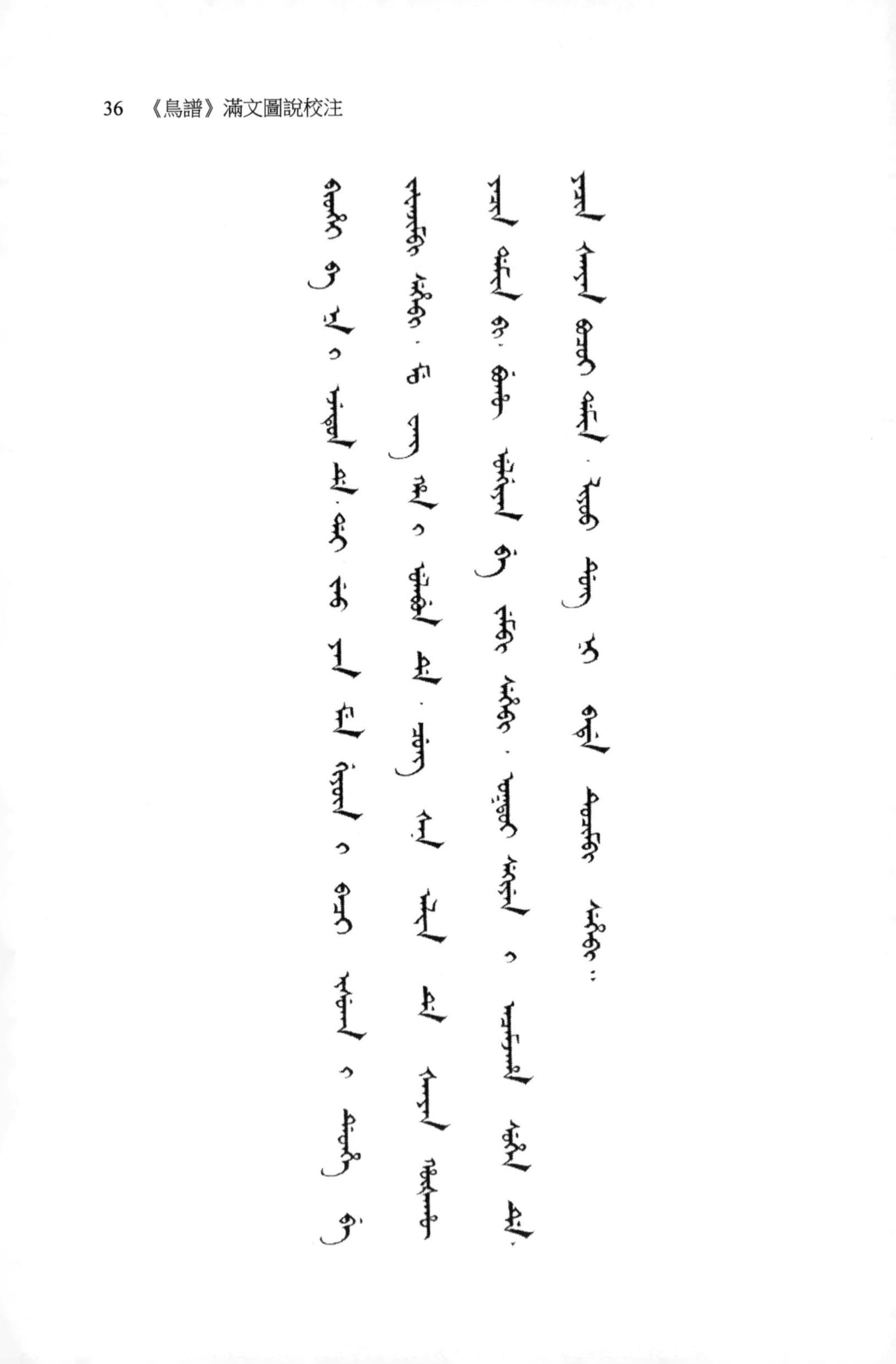

bithei ba na i ejetun de, dai jeo yan men giyūn i baci isuka i dethe be jafanjimbi sehebi. mu wang han i ulabun de, cung ša<u>n</u> alin de šanyan hūšahū, yacin damin bi, buhū, ulgiyan be jembi sehebi. oktoi sekiyen i acamjaha suhen de, yacin šanyan bocoi damin, liyoo dung ni bade tucimbi sehebi.

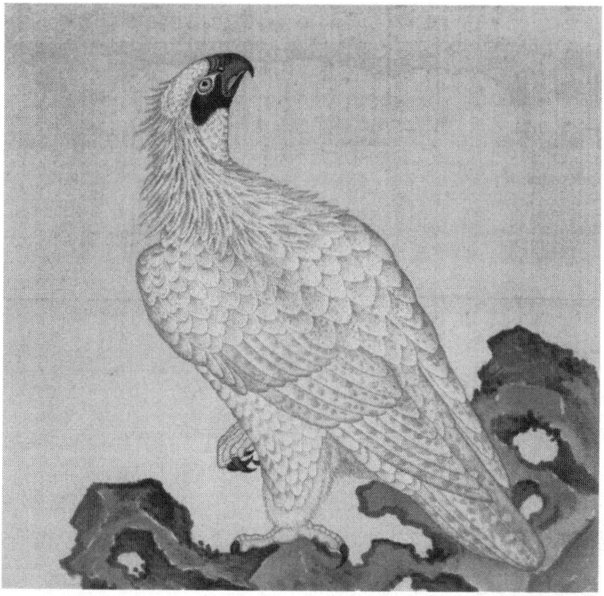

《唐書・地理志》：代州雁門郡貢白鵰羽。《穆天子傳》云：舂山爰有白鶚、青鵰，食鹿、豕。《本草集解》云：青白鵰[16]，出遼東。

16 青白鵰，滿文讀作"yacin šanyan bocoi damin"，句中"yacin"，意即「黑的」、「黝黑的」，如"yacin engge alha niyehe"，意即「黑觜花鴨」；"yacin"，又作「青的」解，如"yacin kurume"，意即「青褂」；"yacin"，又作「灰的」解，如"yacin ulhu"，意即「灰鼠皮」。此作「青的」解，"yacin šanyan bocoi damin"，意即「青白色的鵰」。

ᡠᠵᡠ [illegible]

[illegible] ᡳ [illegible] ᠰᠠᡥᠠᠯᡳᠶᠠᠨ ᠪᠣᠴᠣ [illegible] ᡳ [illegible]

ᠪᡝᡨᡥᡝ [illegible] ᡳ [illegible] ᠰᠠᡥᠠᠯᡳᠶᠠᠨ [illegible]

[illegible] ᡳ [illegible] ᠰᠠᡥᠠᠯᡳᠶᠠᠨ [illegible] ᡳ [illegible]

[illegible] ᠰᠠᡥᠠᠯᡳᠶᠠᠨ ᠪᠣᠴᠣ᠈ ᠪᡝᡨᡥᡝ [illegible] ᠪᠣᠴᠣ [illegible]

[illegible] ᡳ [illegible] ᡳ [illegible]

[illegible] ᠉

kuri damin.

kuri damin i yasai faha sahaliyan, yasai šurdeme sahahūkan boco kūwarahabi, engge i dube sahaliyan bime gohonggo, engge i da ergi gelfiyen suwayan, uju, meifen, huru, asha i da sahaliyakan eihen boco, dethe, asha i funggaha gemu da šanyan, dube sahaliyan, asha de tasha i adali kuri hetu banjihabi, uncehen gelfiyen sahahūkan boco bime, dergi dulin šanyan boco de inu hetu kuri bi, sencehe, hefeli i funggaha i da gemu sahaliyan bime šanyan funggaha suwaliyaganjahabi, bethe suwayan, ošoho sahaliyan.

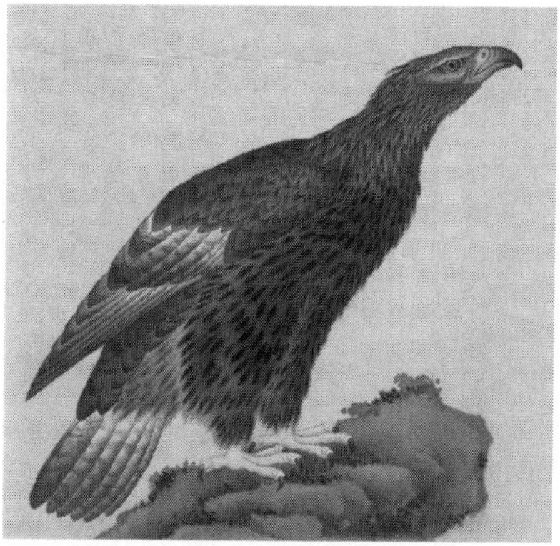

虎斑鵰

虎斑鵰，黑睛，蒼暈[17]，黑勾喙，觜根淺黃，頭、項、背、膊黑赭色，翮、翅毛皆白根、黑尖，翅有横紋如虎斑。淺蒼尾，上半白色，亦有横斑，頷、腹俱黑根毛帶白，黃足，黑爪。

17 蒼暈，滿文讀作“yasai šurdeme sahahūkan boco kūwarahabi”，意即「眼的周圍圈著淡黑色」。

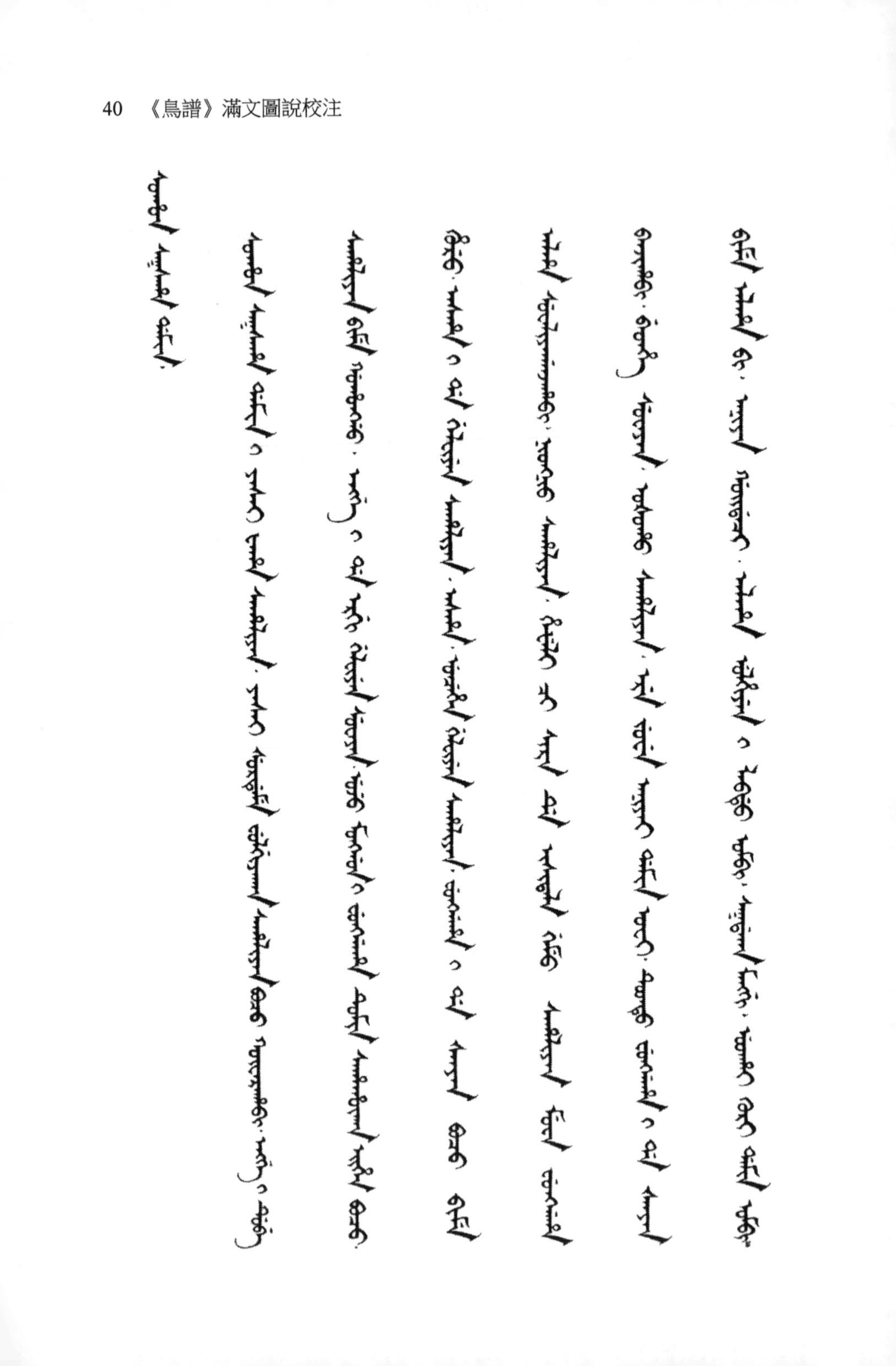

[illegible]

sohon saksaha damin.

sohon saksaha damin i yasai faha sahaliyan, yasai šurdeme fulgiyakan sahaliyan boco kūwarahabi, engge i dube sahaliyan bime gohonggo, engge i da ergi gelfiyen suwayan, uju, monggon i funggaha tumin sahahūkan eihen boco, huru, asha i da gelfiyen sahaliyan, asha, uncehen gelfiyen sahaliyan, funggaha i da šanyan boco bime alha suwaliyaganjahabi, niongnio sahaliyan, hefeli ci sira de isitala gemu sahaliyan muwa funggaha banjihabi, bethe suwayan, ošoho sahaliyan, ere juwe aniyai damin ofi, tuttu funggaha i da šanyan bime alha bi, aniya goidaci, alha ulhiyen i labdu ombi, sakdaka manggi, uthai kuri damin ombi.

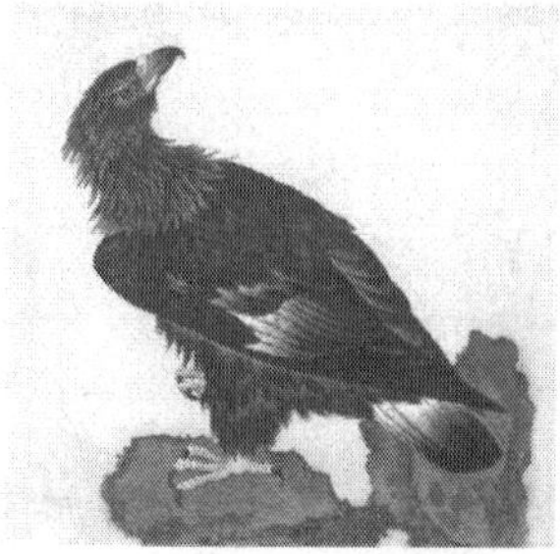

接白雕[18]

接白雕，黑睛，蒼赤暈[19]，黑勾喙，淺黃根[20]，頭、項毛深蒼赭色，淺黑背、膊，淺黑翅、尾，毛根白色帶花，黑翮，臆至脛皆粗黑毛[21]，黃足，黑爪。此二年之雕也，故白根有花，年久則花漸多，老則為虎斑雕矣。

18 接白雕，滿文讀作“sohon saksaha damin”，意即「淡黃接白鵰」，滿漢文義不合。

19 蒼赤暈，滿文讀作“yasai šurdeme fulgiyakan sahaliyan boco kūwarahabi”，意即「眼的周圍圈著赤黑色」。

20 淺黃根，滿文讀作“engge i da ergi gelfiyen suwayan”，意即「淺黃觜根」。

21 臆至脛皆粗黑毛，句中「臆」，滿文讀作“hefeli”，意即「腹」，滿漢文義不合。

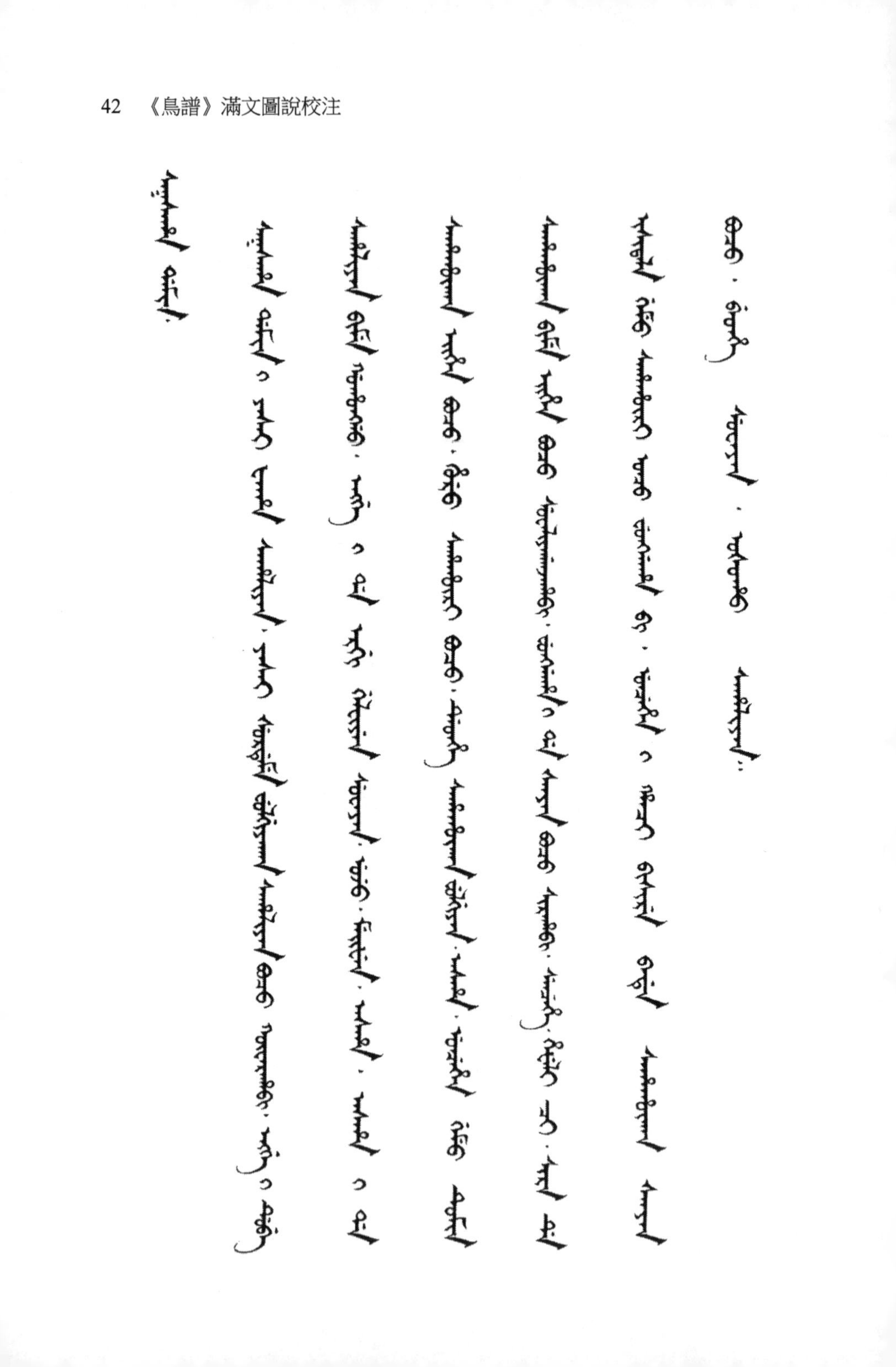

[illegible]

saksaha damin.

saksaha damin i yasai faha sahaliyan, yasai šurdeme fulgiyakan sahaliyan boco kūwarahabi, engge i dube sahaliyan bime gohonggo, engge i da ergi gelfiyen suwayan, uju, meifen, asha, asha i da sahahūkan eihen boco, huru sahahūri boco, dethe sahahūkan fulgiyan, asha, uncehen gemu tumin sahahūkan bime eihen boco suwaliyaganjahabi, funggaha i da šanyan boco sirahabi, sencehe, hefeli ci, sira de isitala, gemu sahahūri onco funggaha bi, uncehen i hanci bisire bade sahahūkan šanyan boco, bethe suwayan, ošoho sahaliyan.

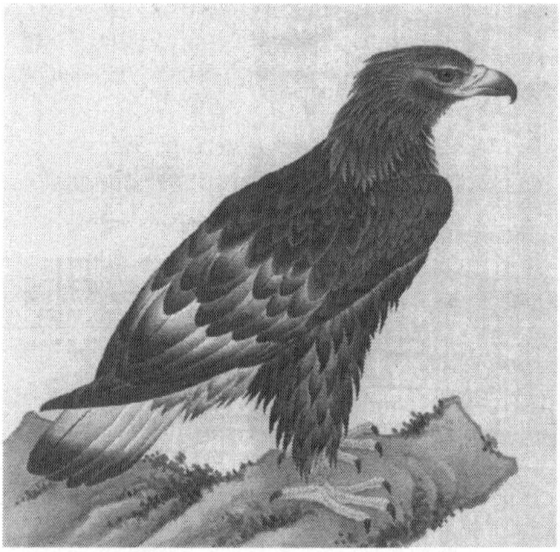

接白鵰

接白鵰，黑睛，赤黑暈，黑勾喙，觜根淺黃，頭、項、肩、膊蒼赭色[22]，蒼黑背，蒼赤翮，翅、尾皆深蒼帶赭，毛根接以白色，頷、腹至脛俱蒼黑闊毛，近尾處蒼白色，黃足，黑爪。

22 頭、項、肩、膊，句中「肩」，滿文讀作“asha”，意即「翅」，滿漢文義不合。

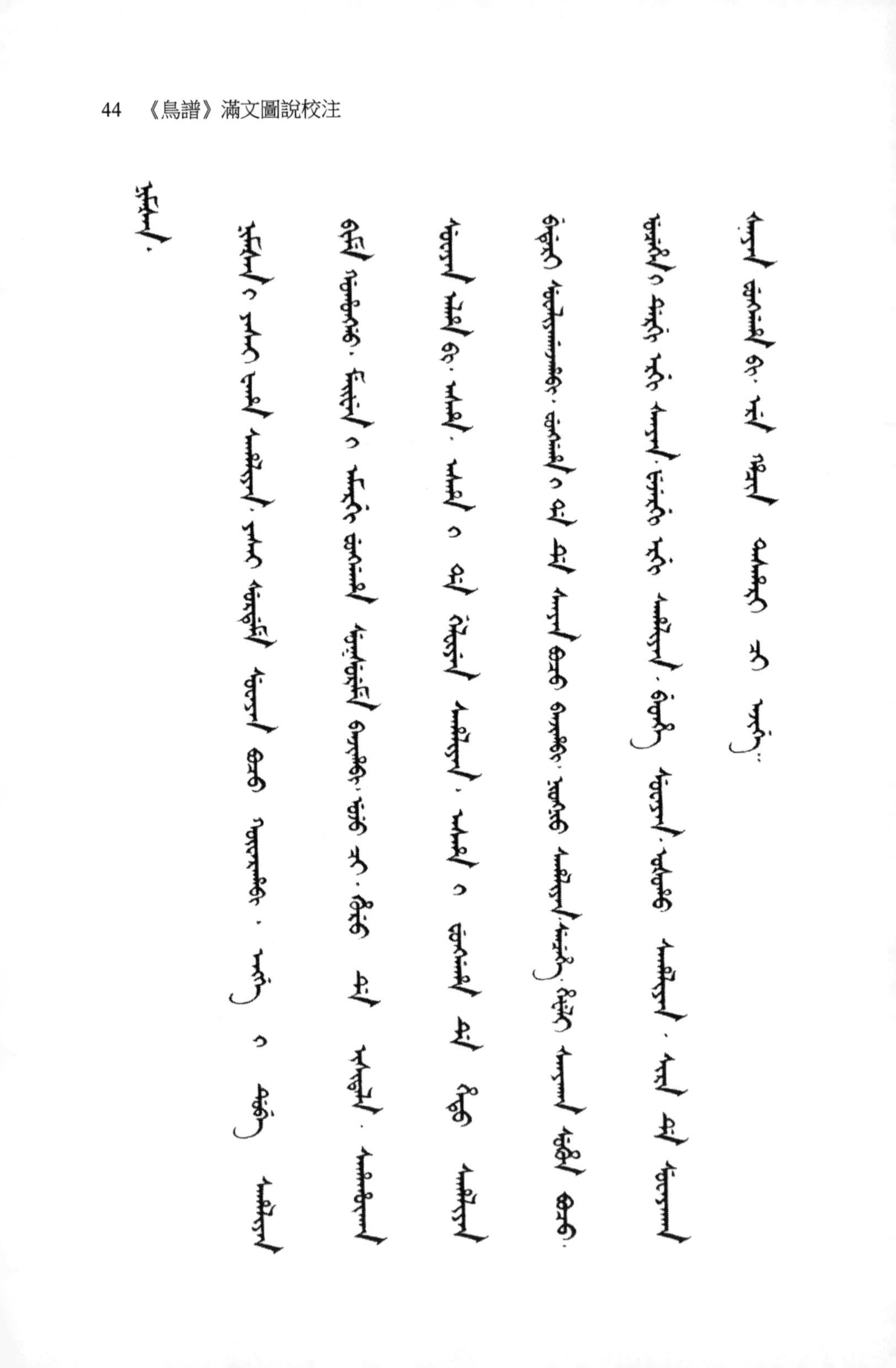

[illegible]

[illegible]

[illegible]

[illegible]

[illegible]

[illegible]

[illegible]

nimašan.

nimašan i yasai faha sahaliyan, yasai šurdeme suwayan boco kūwarahabi, engge i dube sahaliyan bime gohonggo, meifen i amargi funggaha suksureme banjihabi, uju ci, huru de isitala, sahahūkan suwayan alha bi, asha, asha i da gelfiyen sahaliyan, asha i funggaha de hetu sahaliyan bederi suwaliyaganjahabi, funggaha i da de šanyan boco banjihabi, niongnio sahaliyan, sencehe, hefeli šanyakan suhun boco, uncehen i dergi ergi šanyan, fejergi ergi sahaliyan, bethe suwayan, ošoho sahaliyan, sira de suwayakan šanyan funggaha bi, ere hacin tashari ci ajige.

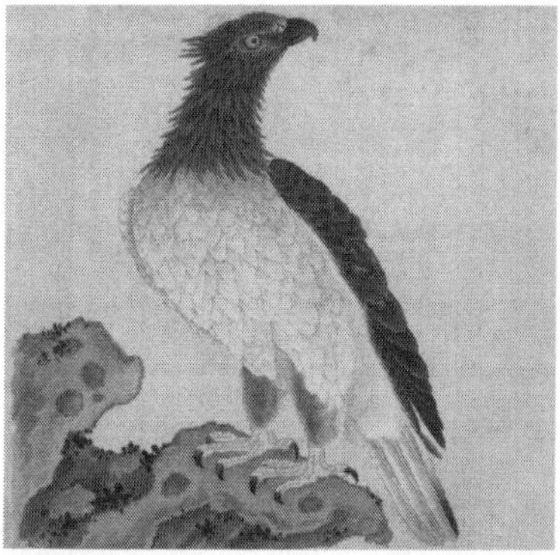

芝麻鵰

芝麻鵰，黑睛，黃暈，黑勾喙，頂後有毛傑出[23]，頭、項至背蒼黃花色[24]，淺黑肩、膊[25]，翅毛帶黑橫斑，根露白毛，黑翮。米白頷、腹，尾上白下黑，黃足，黑爪，脛有黃白毛，此種小於皂鵰。

23 頂後有毛，滿文讀作“meifen i amargi funggaha”，意即「項後有毛」，此「頂」，當作「項」。

24 頭項至背，滿文讀作“uju ci, huru de isitala”，意即「自頭至背」，滿漢文義不合。

25 淺黑肩、膊，句中「肩」，滿文讀作“asha”，意即「翅」，滿漢文義不合。

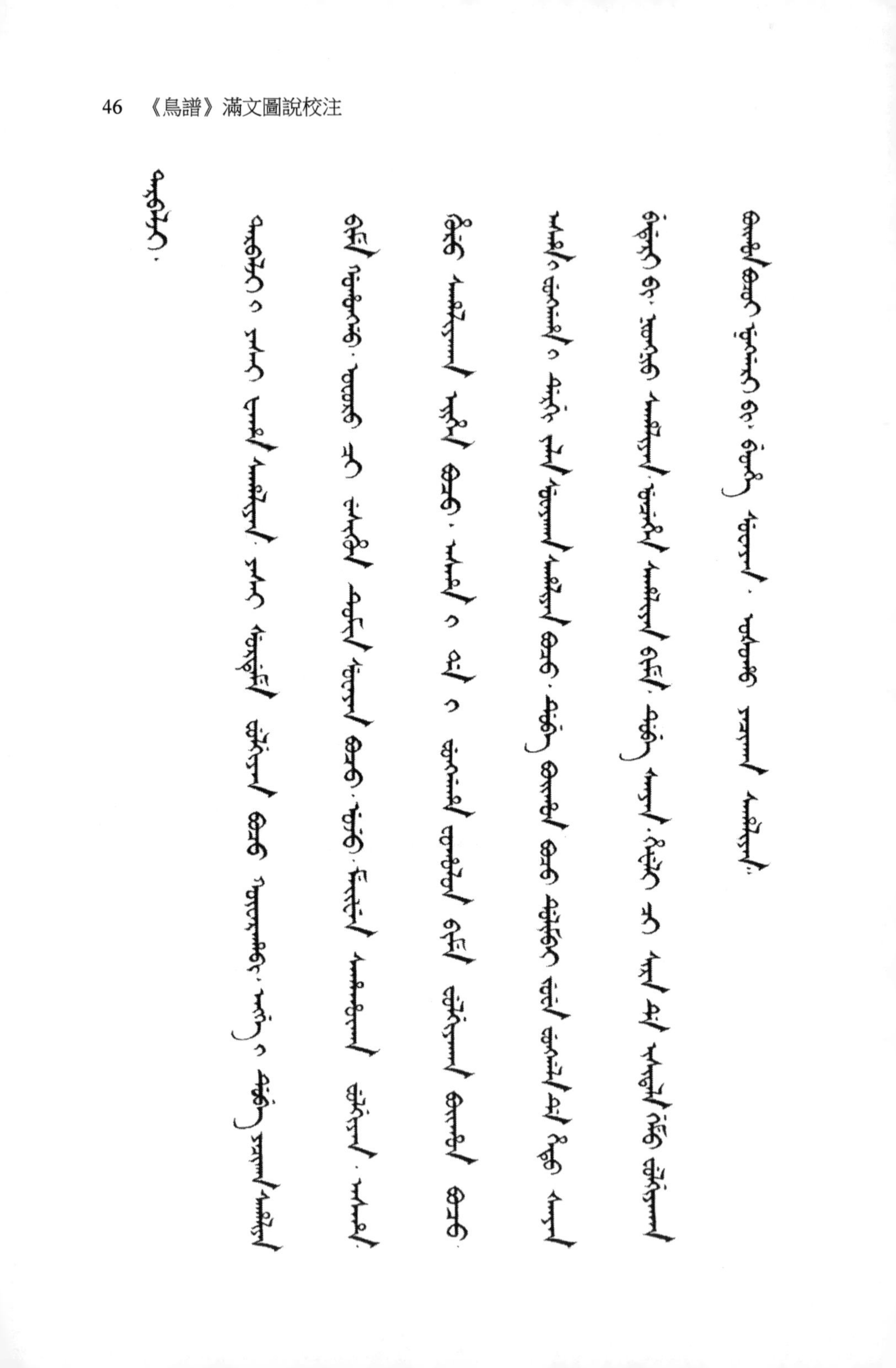

tarbalji.

tarbalji i yasai faha sahaliyan, yasai šurdeme fulgiyan boco kūwarahabi, engge i dube yacikan sahaliyan bime gohonggo, oforo ci wesihun tumin suwayan boco, uju, meifen sahahūkan fulgiyan, asha, huru, sahaliyakan eihen boco, asha i da i funggaha foholon bime fulgiyakan boihon boco, asha i funggaha i dergi jalan suwayakan sahaliyan boco, dube boihon boco dulimbai juwe funggala de hetu šanyan bederi bi, niongnio sahaliyan, uncehen sahaliyan bime, dube šanyan, hefeli ci sira de isitala, gemu fulgiyakan boihon bocoi nunggari bi, bethe suwayan, ošoho yacikan sahaliyan.

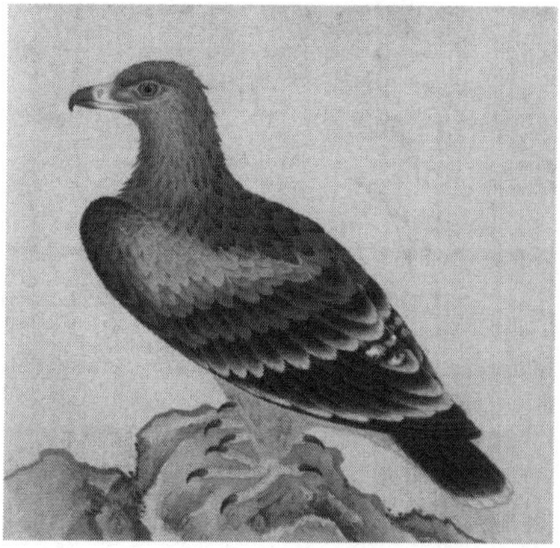

團鵰

團鵰，黑睛，赤暈，青黑勾喙，自鼻以上深黃色，蒼赤頭、頸，黑赭肩、背，膊上短毛赭土色，翅毛上節黃黑色，土黃尖[26]，中兩翎有白橫斑，黑翮，黑尾白尖，腹至頸皆赭土色茸毛[27]，黃足，青黑爪。

26 土黃尖，滿文讀作"dube boihon boco"，意即「土色尖」。

27 腹至頸皆赭土色，滿文讀作"hefeli ci sira de isitala gemu fulgiyakan boihon bocoi"，意即「自腹至脛皆赤土色」，此「頸」，當作「脛」。

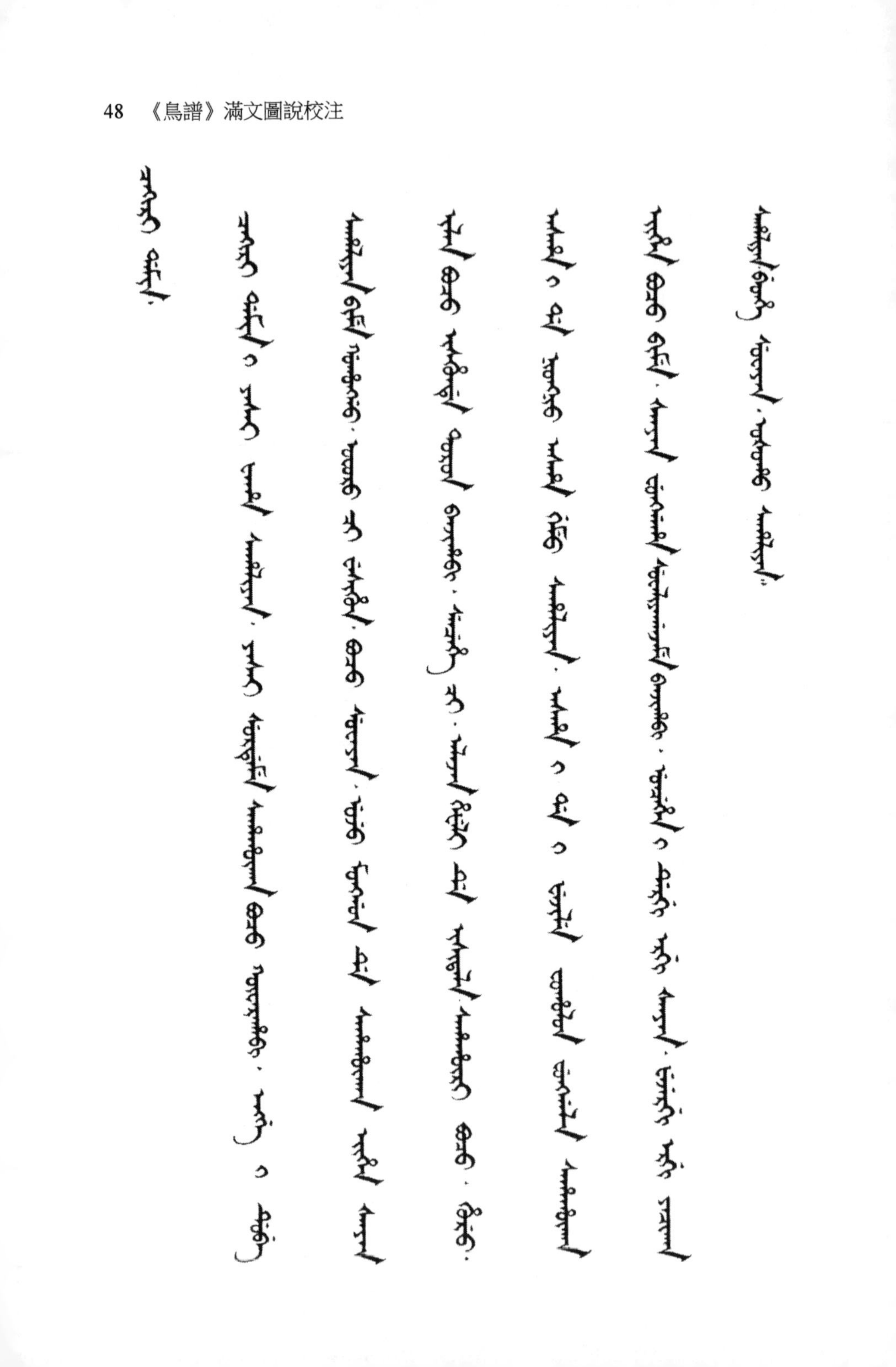

cakiri damin.

cakiri damin i yasai faha sahaliyan, yasai šurdeme sahahūkan boco kūwarahabi, engge i dube sahaliyan bime gohonggo, oforo ci wesihun, boco suwayan, uju, monggon de sahahūkan eihen šanyan ilan boco ishunde toron banjihabi, sencehe ci alajan, hefeli de isitala, sahahūri boco, huru, asha i da, niongnio, asha gemu sahaliyan, asha i da i fejile foholon funggala sahahūkan eihen boco bime, šanyan funggaha suwaliyaganjame banjihabi, uncehen i dergi ergi šanyan, fejergi ergi yacikan sahaliyan, bethe suwayan, ošoho sahaliyan.

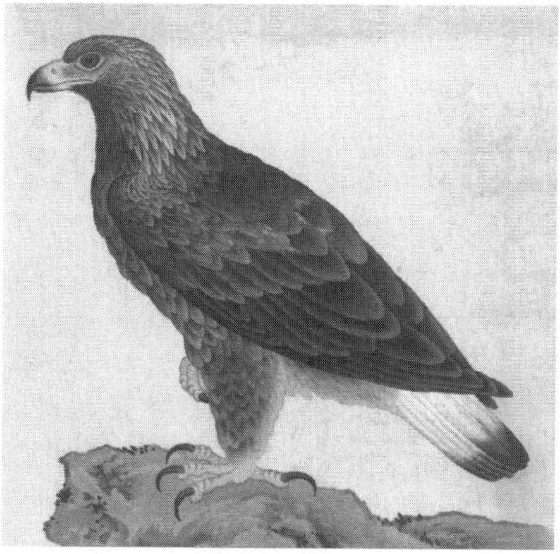

花白鵰

花白鵰，黑睛，蒼暈，黑勾喙，自鼻以上黄色，頭、項蒼、赭、白三色相暈，頷至臆、腹蒼黑色，背、膊、翮、翅俱黑，膊下短翎蒼赭色間露白毛，尾上白下青黑色，黃足，黑爪。

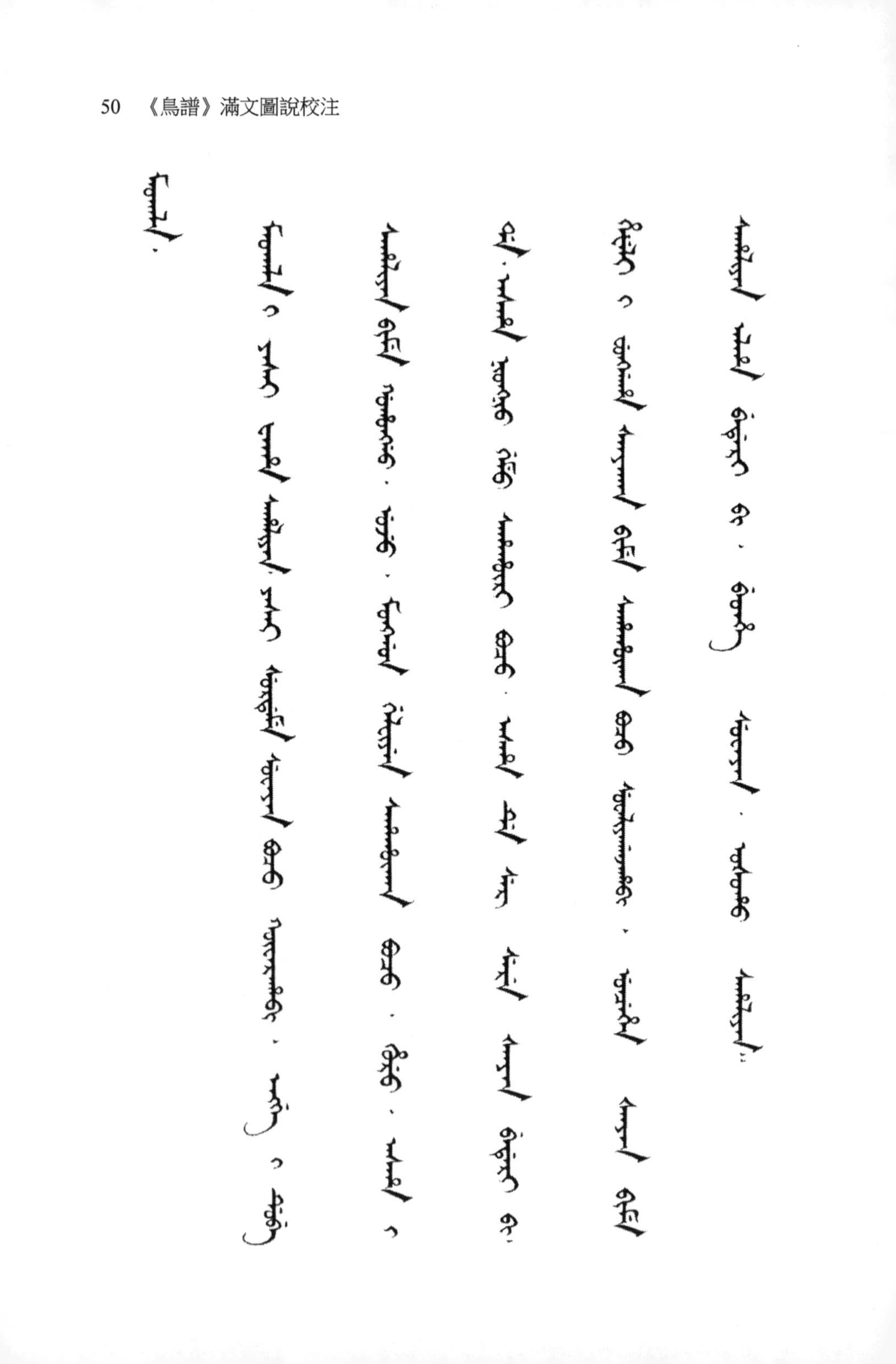

maokala.

maokala i yasai faha sahaliyan, yasai šurdeme suwayan boco kūwarahabi, engge i dube sahaliyan bime gohonggo, uju, monggon gelfiyen sahahūkan boco, huru, asha i da, asha, niongnio gemu sahahūri boco, asha de ser sere šanyan bederi bi, hefeli i funggaha šanyakan bime sahahūkan boco suwaliyaganjahabi, uncehen šanyan bime sahaliyan alha bederi bi, bethe suwayan, ošoho sahaliyan.

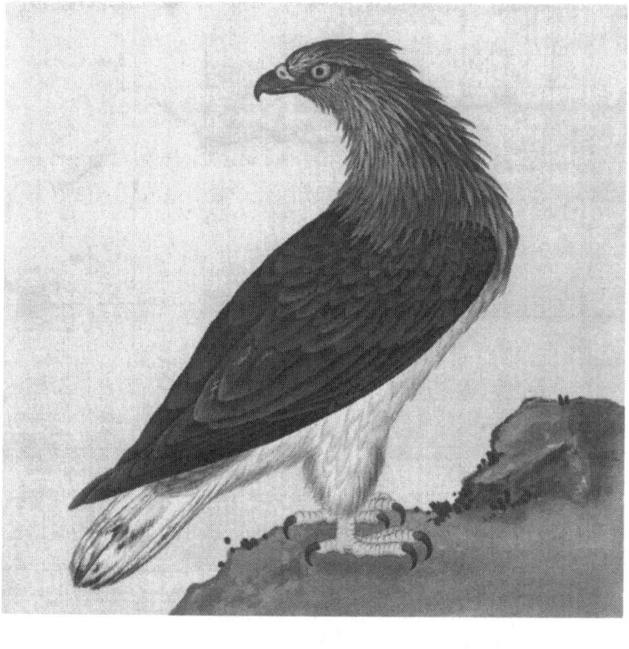

倒插鵰

倒插鵰，黑睛，黃暈，黑勾喙，頭、項淺蒼色，背、膊、翅、翮俱蒼黑，翅上間有白點，腹毛微白帶蒼，白尾黑花斑，黃足，黑爪。

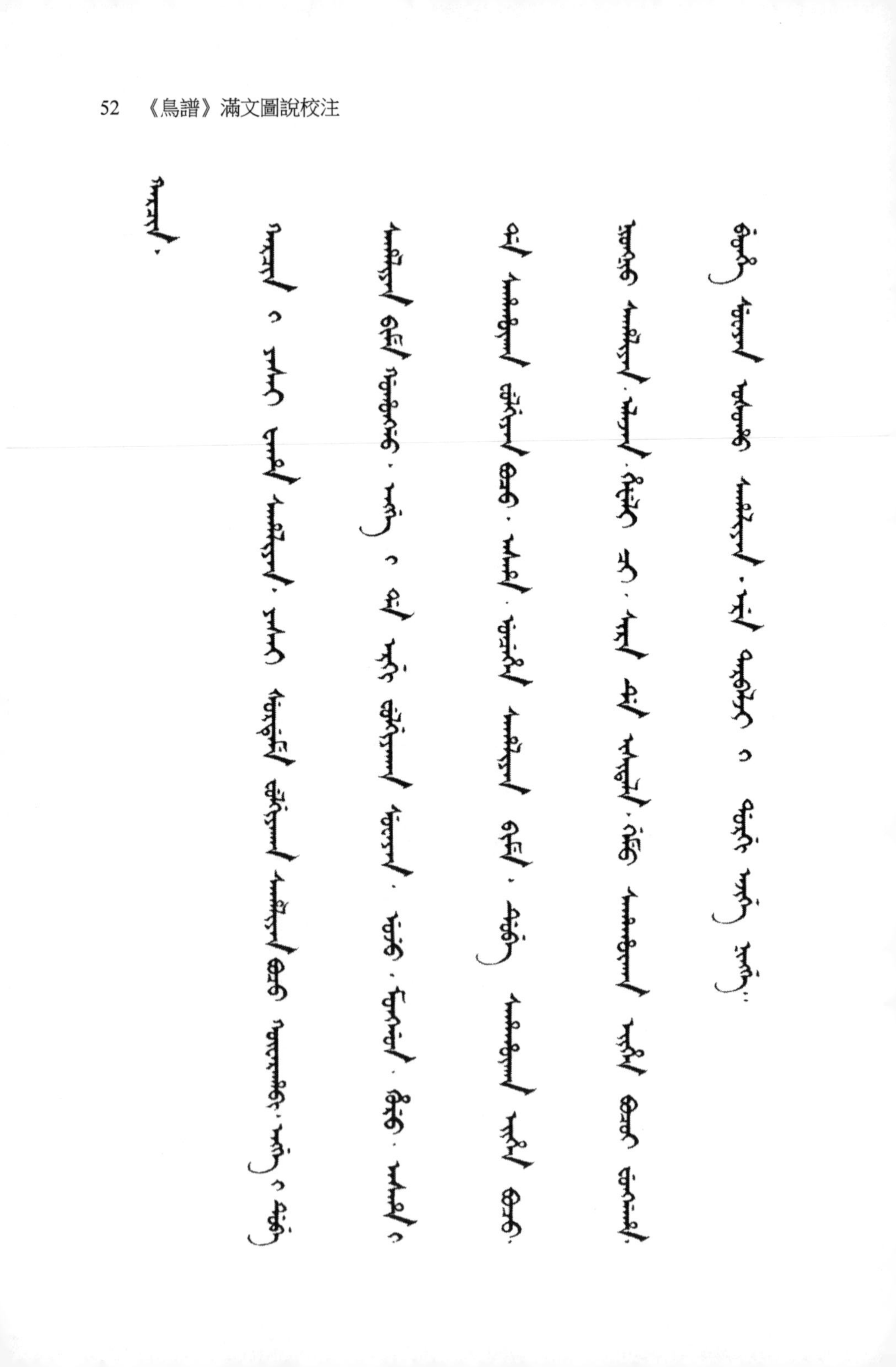

karcin.

karcin i yasai faha sahaliyan, yasai šurdeme fulgiyakan sahaliyan boco kūwarahabi, engge i dube sahaliyan bime gohonggo, engge i da ergi fulgiyakan suwayan, uju, monggon, huru, asha i da sahahūkan fulgiyan boco, asha, uncehen sahaliyan bime, dube sahahūkan eihen boco, niongnio sahaliyan, alajan, hefeli ci, sira de isitala, gemu sahahūkan eihen bocoi funggaha, bethe suwayan, ošoho sahaliyan, ere tarbalji i dorgi ajige ningge.

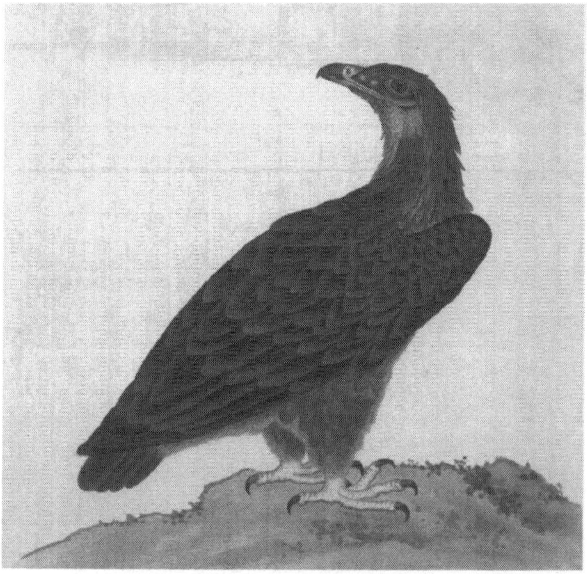

花鴘鷹

花鴘鷹，黑睛，赤黑暈，黑勾喙，赤黃根[28]，頭、項、背、膊蒼赤色，黑翅、尾，蒼赭尖，黑翮，臆、腹至脛，俱蒼赭毛。黃足，黑爪，團鵰之小者也。

28 赤黃根，滿文讀作“engge i da ergi fulgiyakan suwayan”，意即「赤黃嘴根」。

[illegible]

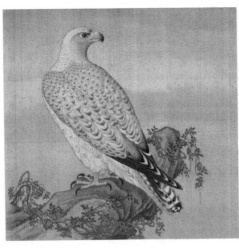

šanyan šongkon, emu gebu šongkoro.

šanyan šongkon, giyahūn de adali bime amba, yasai faha sahaliyan, yasai šurdeme fulgiyan boco kūwarahabi, yasai hūntahan suwayan, engge i dube sahaliyan bime gohonggo, engge i da ergi suwayan, juwe šakšaha ci, sencehe i fejergi de isitala, funggaha sahahūkan bime, šanyan boco suwaliyaganjahabi, uju, monggon, hefeli, huru i funggaha yooni der sere šeyen bicibe, huru i funggaha de majige sahahūkan boco suwaliyaganjahabi, funggaha tome dulimbai jalan de šulihun sahahūkan bederi ishunde bakcilame banjihabi, hefeli funggaha i bederi narhūn, huru i funggaha amba, asha i fejergi ergi funggaha sahahūkan sahaliyan boco bime, dube šanyan, šanyan uncehen de

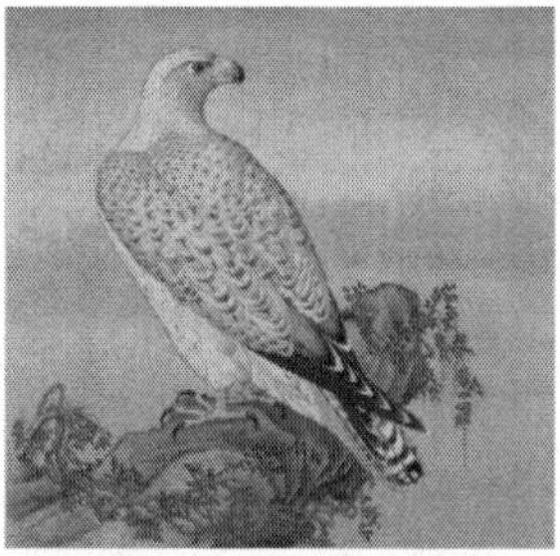

白海青，一名海東青

白海青[29]，似鷹而大，黑睛，紅暈，黃眶，黑勾喙，觜根黃，兩頰及頷下蒼毛帶白，頂、項、腹、背通作粉白色，背色略帶蒼[30]，每毛中節有蒼尖斑相對，腹毛斑細，背毛斑大，下翅蒼黑色白尖，

29 白海青，句中「海青」，滿文讀作“šongkon”，一名海東青（šongkoro）。蒙文讀作“šongqor”，韓文讀作“šongkor”，滿、蒙、韓同源詞，似即漢文「松鶻」之音譯。

30 背色略帶蒼，滿文讀作“huru i funggaha de majige sahahūkan boco suwaliyaganjahabi”，意即「背毛間雜蒼色」。

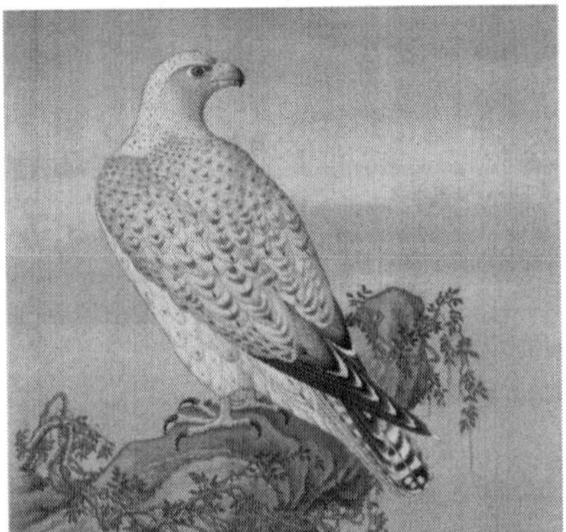

sahahūkan bocoi jalan suwaliyaganjame banjihabi, bethe gelfiyen suwayan, ošoho sahaliyan, liyoo dung ni mederi cargi ci jihe turgunde, tuttu emu gebu šongkoro sembi, gasha be dasihirengge, giyahūn, iltuhen ci umesi hūdun, inu sahaliyan ningge bi. encu hacin i jakai ejebun de, deng jeo i mederi cargi de gasha bifi, iltuhen de adali, solho gurun ci mederi dalin de deyeme jihengge turgunde, šongkoro seme gebulehebi, gasha be dasihire de umesi hūdun, garu be jafame bahanambi. deyeci edun i ici šuwe tugi de sucunambi, inu šongkon gasha sembi sehebi. ming gurun i emu i uherilehe ejetun de, šongkoro i dorgi ošoho šanyan ningge oci, ele sain, u guwe ceng ni dergi bade tucimbi sehebi.

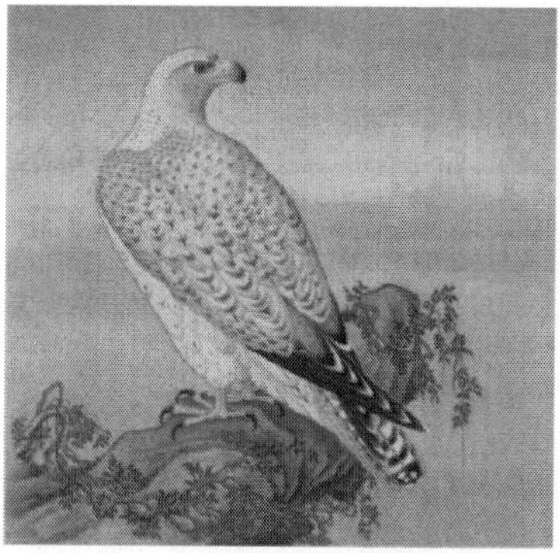

白尾間以蒼節，淺黃足，黑爪，云自遼東海外來，故一名海東青，擊物最捷，俊於鷹鶻[31]，亦有黑者。《異物記》云：登州海有鳥如鶻，自高麗飛渡海岸，名海東青，擊物最捷，善擒天鵝，飛時，旋風直上雲際，亦謂之海青鳥。《明一統志》云：海東青，爪白者尤異[32]，五國城東出。

31 擊物最捷，俊於鷹鶻，滿文讀作"gasha be dasihirengge, giyahūn, iltuhen ci umesi hūdun"，意即「擊鳥比鷹鶻尤其迅速」。

32 爪白者尤異，滿文讀作"ošoho šanyan ningge oci, ele sain"，意即「爪白者尤優」。

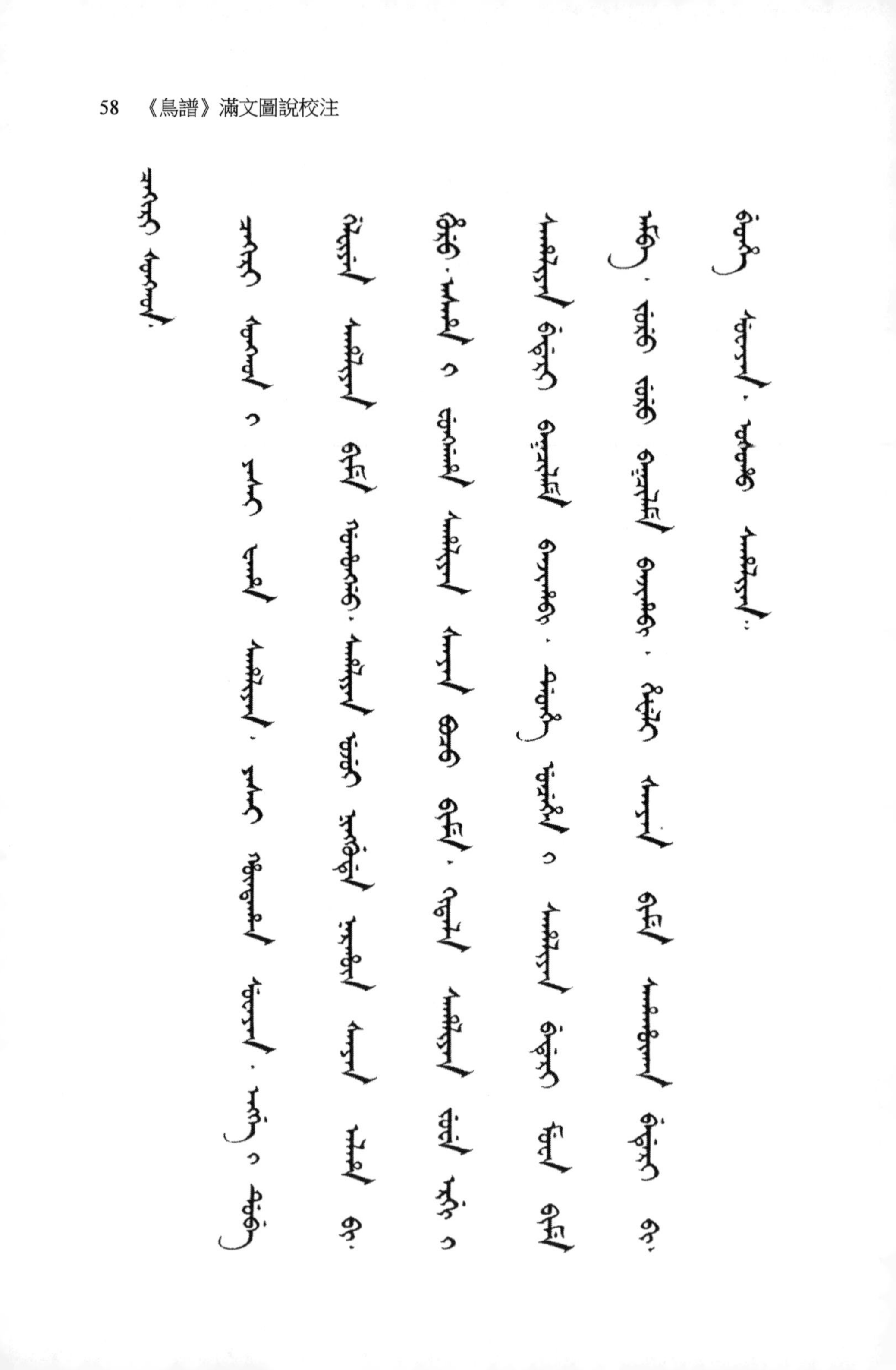

[illegible]
[illegible]
[illegible]
[illegible]
[illegible]
[illegible]
[illegible]
[illegible]
[illegible]

cakiri šongkon.

cakiri šongkon i yasai faha sahaliyan, yasai hūtahan suwayan, engge i dube gelfiyen sahaliyan bime gohonggo, sahaliyan ujui ninggude narhūn šanyan alha bi, huru, asha i funggaha sahaliyan šanyan boco bime, kitala sahaliyan juwe ergi i sahaliyan bederi bakcilame banjihabi, dethe, uncehen i sahaliyan bederi muwa bime amba, juru juru bakcilame banjihabi, hefeli šanyan bime sahahūkan bederi bi, bethe suwayan, ošoho sahaliyan.

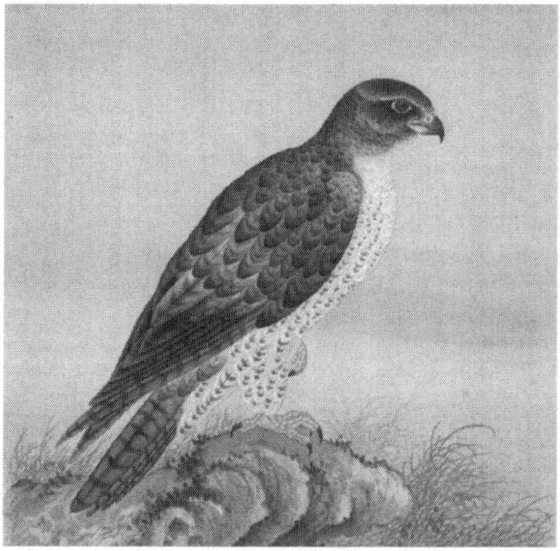

蘆花海青

蘆花海青，黑睛，黃眶，淺黑勾喙，黑頭頂細白花紋，背、翅毛黑白質黑莖，兩邊黑紋相對[33]，翮、尾黑紋粗大，兩兩相比，白腹蒼斑，黃足，黑爪。

33 兩邊黑紋相對，滿文讀作"juwe ergi i sahaliyan bederi bakcilame banjihabi"，意即「兩邊黑斑相對」，句中"bederi"，漢文當作「斑」，漢文「紋」，滿文當作"alha"，意即「花紋」。

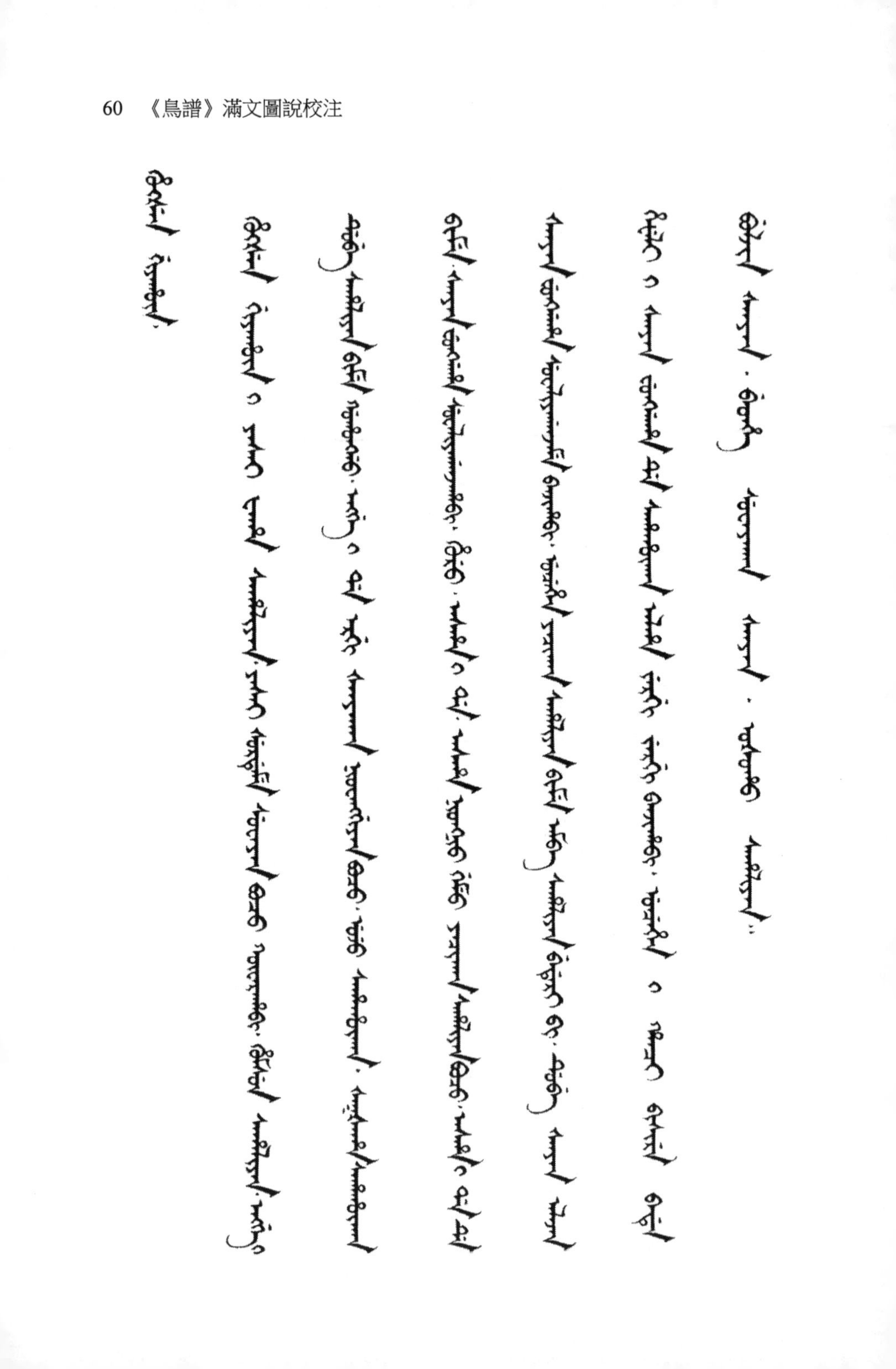

[illegible]

[illegible]

[illegible]

[illegible]

[illegible]

[illegible]

[illegible]

hukšen giyahūn.

hukšen giyahūn i yasai faha sahaliyan, yasai šurdeme suwayan boco kūwarahabi, humsun sahaliyan, engge i dube sahaliyan bime gohonggo, engge i da ergi šanyakan niowanggiyan boco, uju sahahūkan, šakšaha sahahūkan bime, šanyan funggaha suwaliyaganjahabi, huru, asha i da, asha, niongnio gemu yacikan sahaliyan boco, asha i da de šanyan funggaha suwaliyaganjame banjihabi, uncehen yacikan sahaliyan bime amba sahaliyan bederi bi, dube šanyan alajan, hefeli i šanyan funggaha de sahahūkan alha jergi jergi banjihabi, uncehen i hanci bisire bade buljin šanyan, bethe suwayakan šanyan, ošoho sahaliyan.

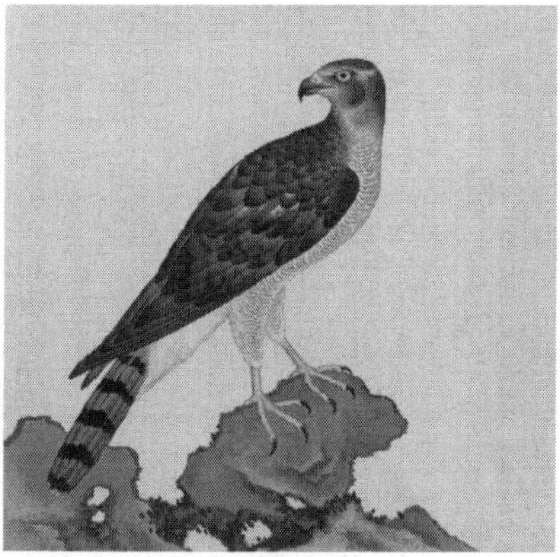

籠黃鷹

籠黃鷹，黑睛，黃暈，黑臉[34]，黑勾喙，觜根粉綠色，蒼頂，蒼頰雜以白毛，背、膊、翅、翮俱青黑，膊上間有白毛，青黑尾大黑斑，白尖，臆、腹白質蒼紋相次，近尾純白，黃白足，黑爪。

34 黑臉，滿文讀作“humsun sahaliyan”，意即「黑瞼」，又作「黑眼皮」，此「臉」，當作「瞼」。

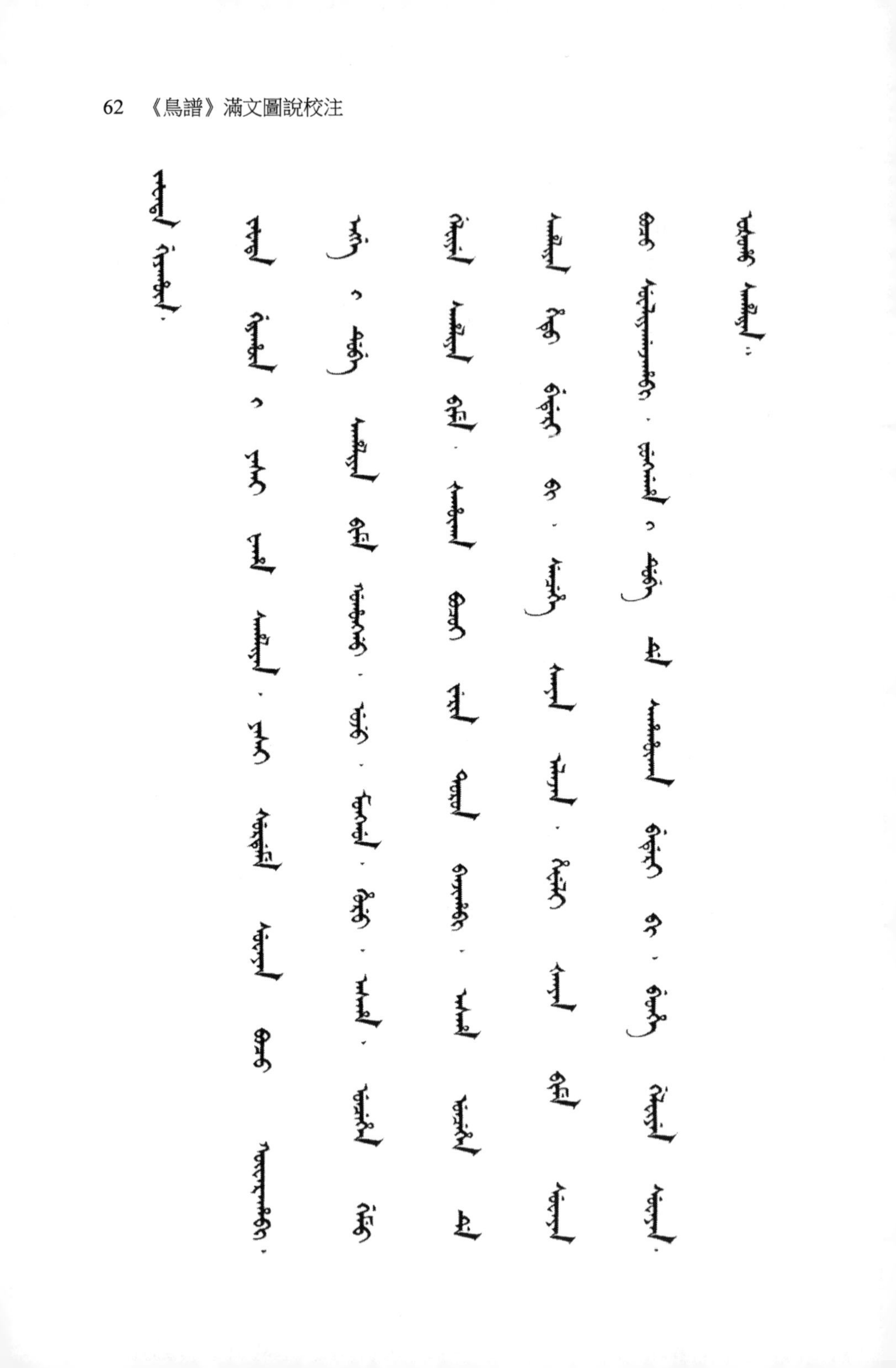

jafata giyahūn.

jafata giyahūn i yasai faha sahaliyan, yasai šurdeme suwayan boco kūwarahabi, engge i dube sahaliyan bime gohonggo, uju, monggon, huru, asha, uncehen gemu gelfiyen sahaliyan bime, šahūkan bocoi jerin toron banjihabi, asha, uncehen de sahaliyan hetu bederi bi, sencehe šanyan, alajan, hefeli šanyan bime suwayan boco suwaliyaganjahabi, funggaha i dube de sahahūkan bederi bi, bethe gelfiyen suwayan, ošoho sahaliyan.

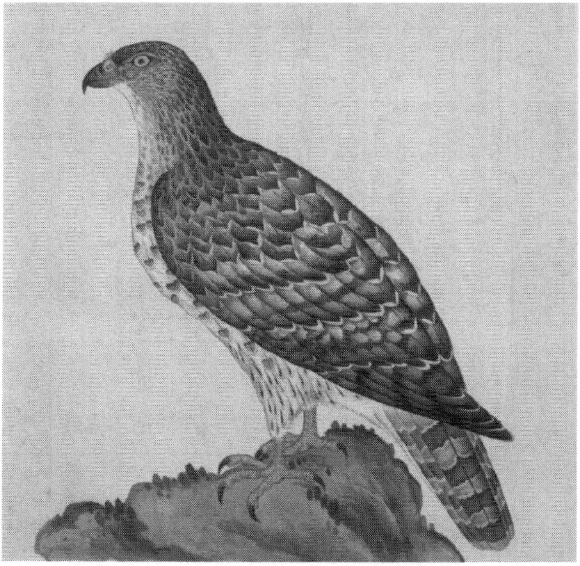

新黃鷹

新黃鷹，黑睛，黃暈，黑勾喙，頭、項、背、翅、尾俱淺黑質帶土白邊暈[35]，翅、尾有黑橫斑，白頷，臆、腹白帶黃毛，末有蒼斑，淺黃足，黑爪。

35 土白邊暈，句中「土白」，滿文讀作“šahūkan”，意即「微帶白色的」。

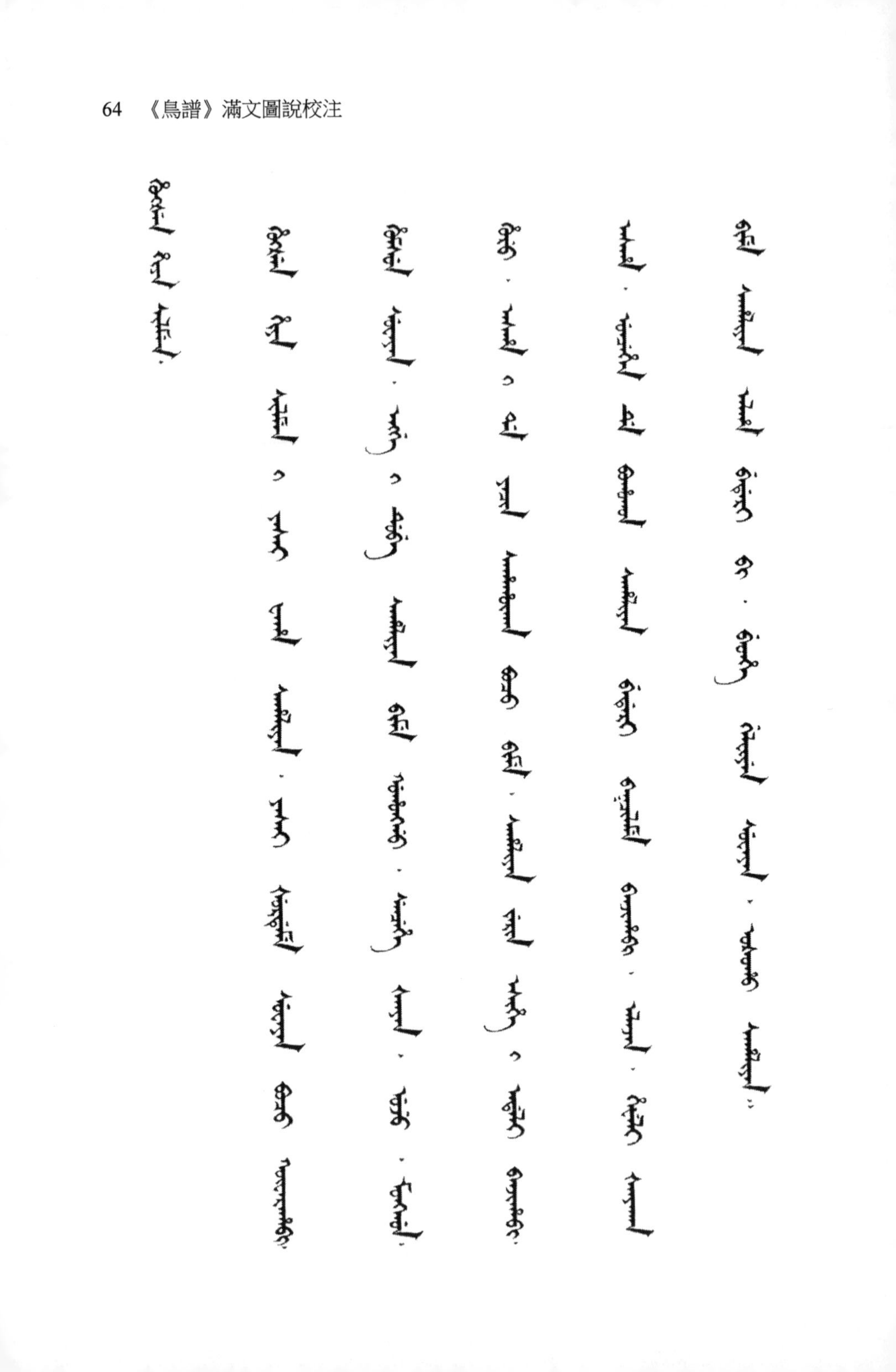

[illegible]

hukšen hiya silmen.

hukšen hiya silmen i yasai faha sahaliyan, yasai šurdeme suwayan boco kūwarahabi, humsun suwayan, engge i dube sahaliyan bime gohonggo, sencehe šanyan, uju, monggon, huru, asha i da yacin sahahūkan boco bime, sahaliyan jerin esihe i adali banjihabi, asha, uncehen de bohokon sahaliyan bederi bakcilame banjihabi, alajan, hefeli šanyakan bime sahaliyan alha bederi bi, bethe gelfiyen suwayan, ošoho sahaliyan.

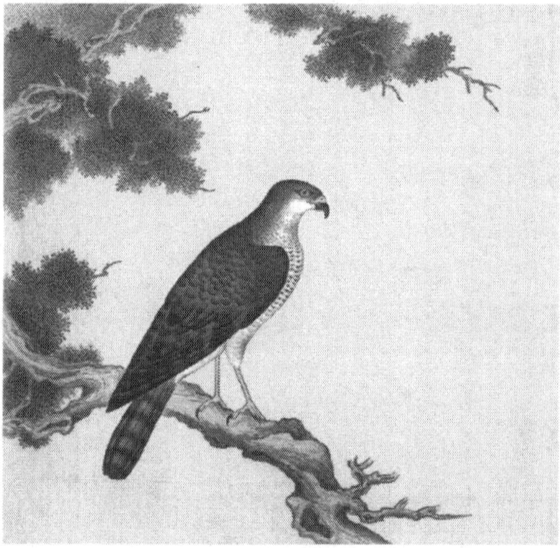

籠栢雄

籠栢雄，黑睛，黃暈，黃臉[36]，黑勾喙，白頷，頭、項、背、膊青蒼色黑邊鱗次，翅、尾有暗黑斑相比，臆、腹淺白帶黑花紋[37]，淺黃足，黑爪。

36 黃臉，滿文讀作"humsun suwayan"，意即「黃瞼」，又作「黃眼皮」，此「臉」，當作「瞼」。

37 黑花紋，滿文讀作"sahaliyan alha bederi"，意即「黑花斑」。

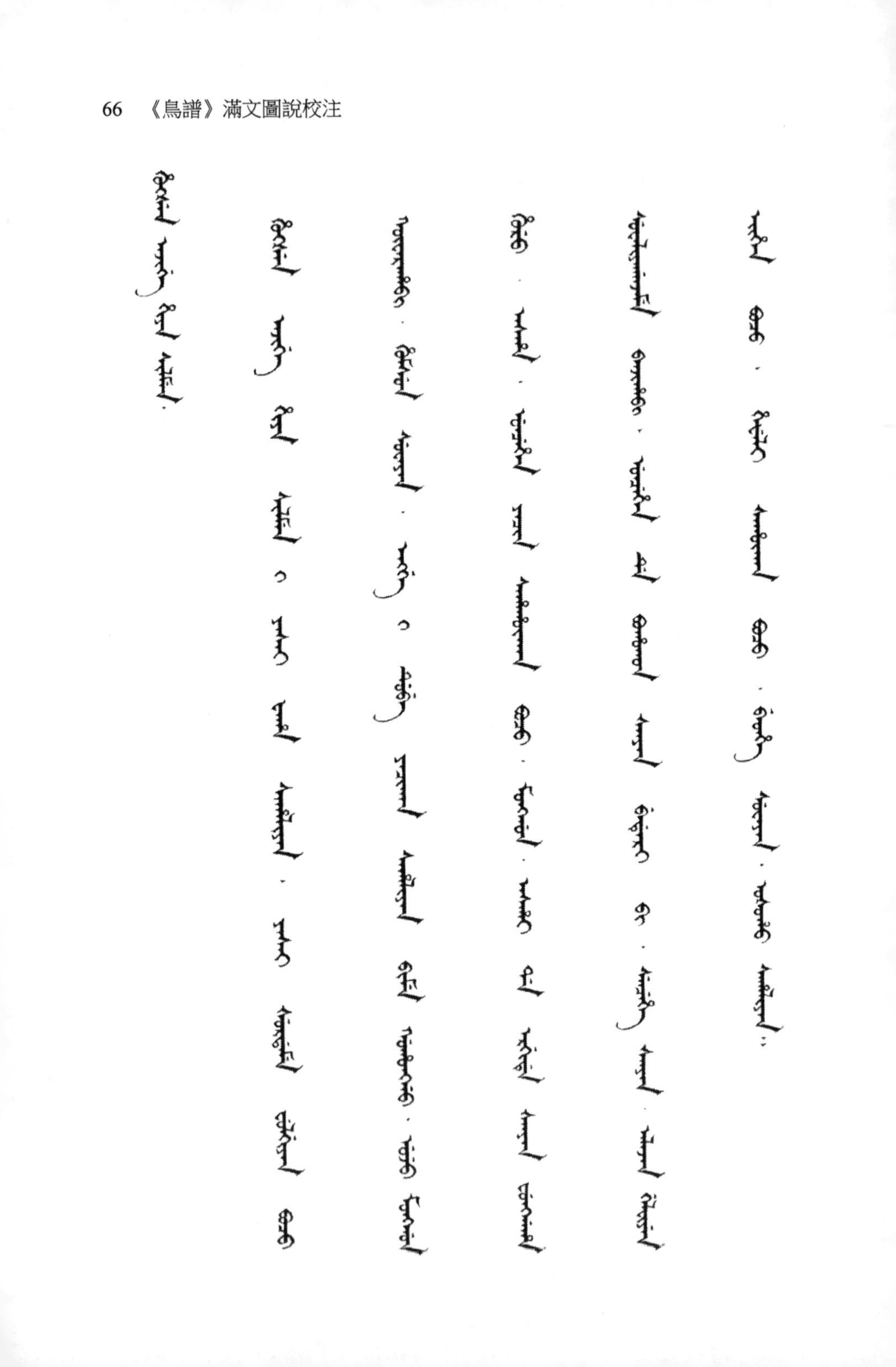

hukšen ajige hiya silmen.

hukšen ajige hiya silmen i yasai faha sahaliyan, yasai šurdeme fulgiyan boco kūwarahabi, humsun suwayan, engge i dube yacikan sahaliyan bime gohonggo, uju, monggon, huru, asha, uncehen yacin sahahūkan boco, monggon, ashai da ergide šanyan funggaha suwaliyaganjame banjihabi, uncehen de bohokon šanyan bederi bi, sencehe šanyan, alajan gelfiyen eihen boco, hefeli šahūkan boco, bethe suwayan, ošoho sahaliyan.

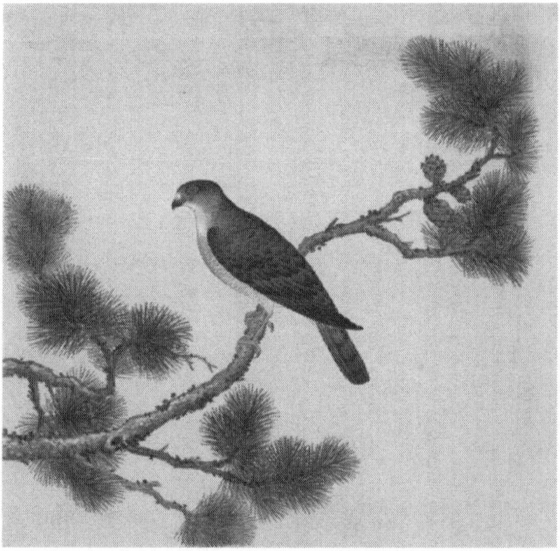

籠鶖兒

籠鶖兒，黑睛，紅暈，黃臉[38]，青黑勾喙，頭、項、背、翅、尾青蒼色，項、膊上間有白毛，尾有暗白斑，白頷，淺赭臆，土白腹[39]，黃足，黑爪。

38 黃臉，滿文讀作"humsun suwayan"，意即「黃瞼」，此「臉」當作「瞼」。
39 土白腹，滿文讀作"hefeli šahūkan boco"，意即「腹微帶白色」。

[illegible]

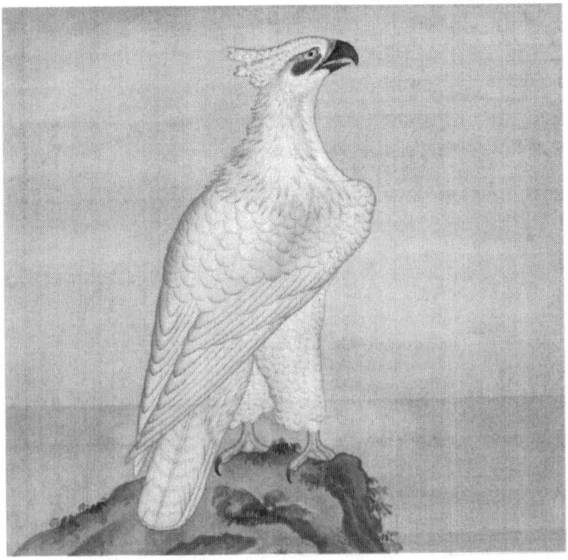

še.

še i yasai faha suwayan, engge i dube sahaliyan bime gohonggo, yasai fejile emu farsi niowari yacin bocoi funggaha bi, ujui amargi gunggulu i gese juru funggaha dukdureme banjihabi, uju, monggon ci asha, niongnio de isitala, gemu šanyan funggaha bime, gelfiyen eihen bocoi jerin toron bi, sencehe, hefeli buljin šanyan boco, šanyan onco uncehen de gelfiyen sahahūkan hetu bederi bakcilame banjihabi, bethe šanyakan niowanggiyan, ošoho sahaliyan, inu gunggulungge še sembi, terei dethe niru irure de baitalaci ombi, sahahūkan šanyan juwe hacin bi, ere damin i duwali. io yang ba i hacingga ejetun de, gunggulungge še

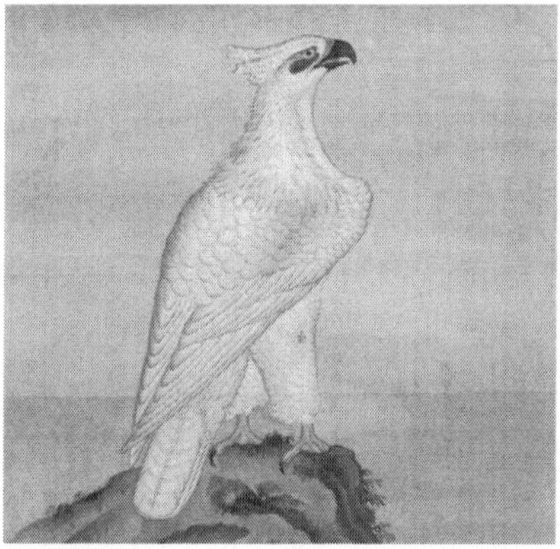

風鷹

風鷹，黃睛，黑勾喙，目下有翠青毛一片，頂後冠毛雙起，自頂、項至翅、翮皆白質淺赭邊暈[40]，頷、腹純白色，闊白尾有淺蒼橫紋相對[41]，粉綠足，黑爪，亦曰角鷹。其翎可為箭羽，有蒼、白二種，鵰屬也。《酉陽雜俎》云：角鷹

40 白質，滿文讀作“šanyan funggaha”，意即「白毛」。

41 橫紋，滿文讀作“hetu bederi”，意即「橫斑」。

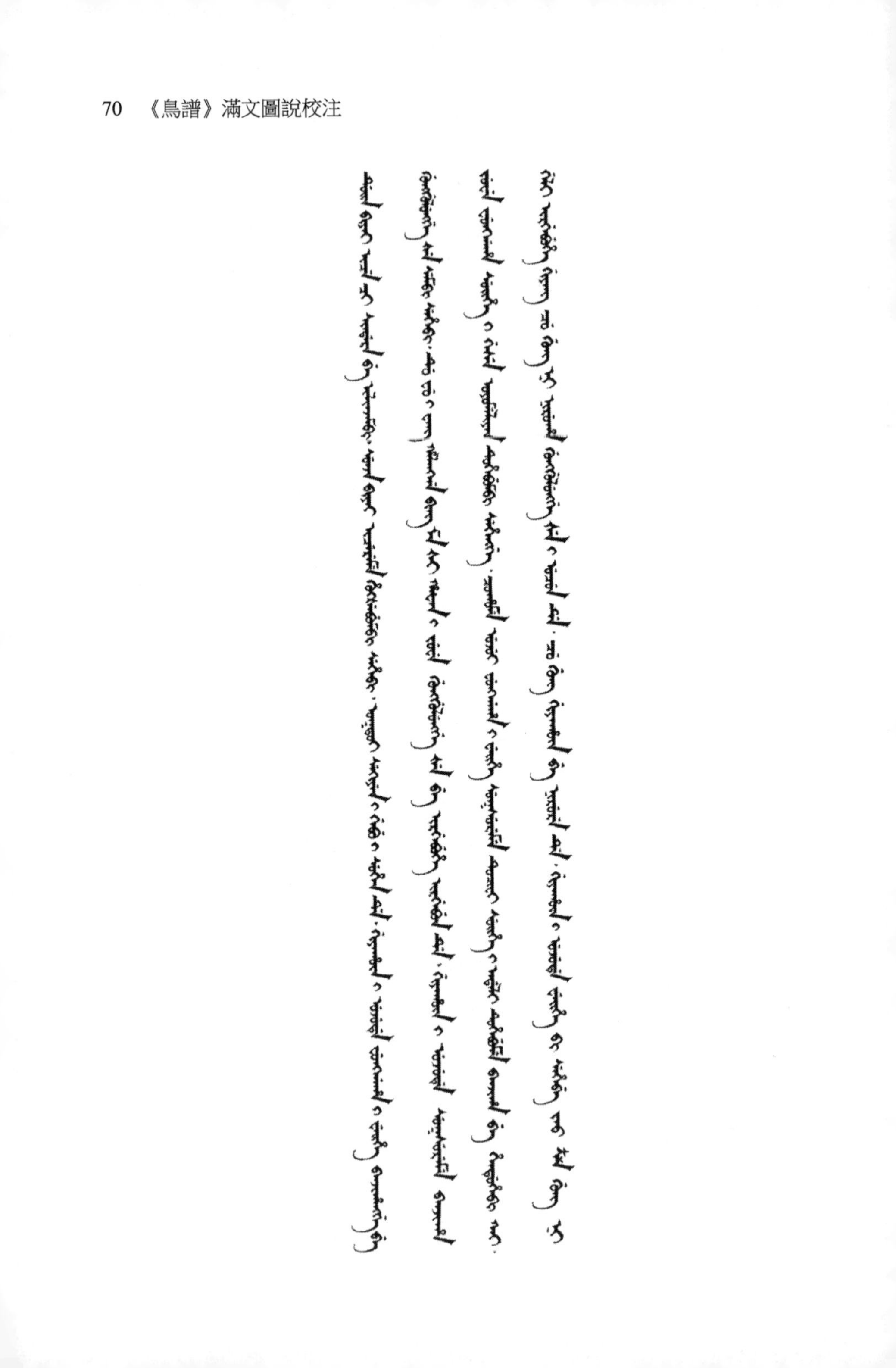

[illegible]

[illegible]

[illegible]

[illegible]

duin biyai ice ci sindara be ilinjambi, sunja biyai icereme hukšebumbi sehebi. oktoi sekiyen i gebu i suhen de, giyahūn i ujude funggaha i weihe banjihangge be gunggulungge še sembi sehebi. du fu i wang halangga bing ma ši hafan i juwe gunggulungge še be irgebuhe irgebun de, giyahūn i ujude suksureme banjiha juwe funggaha suihe i gese oyomeliyan tuhebumbi sehengge, cohome ujui funggaha i weihe suksureme tucifi suihe i adali tuhebume banjiha be henduhebi kai, geli irgebuhe giyang cu gung ni niruha gunggulungge še i ucun de, cu gung giyahūn be nirure de, giyahūn i ujude weihe bi sehebe jao ts'y gung ni

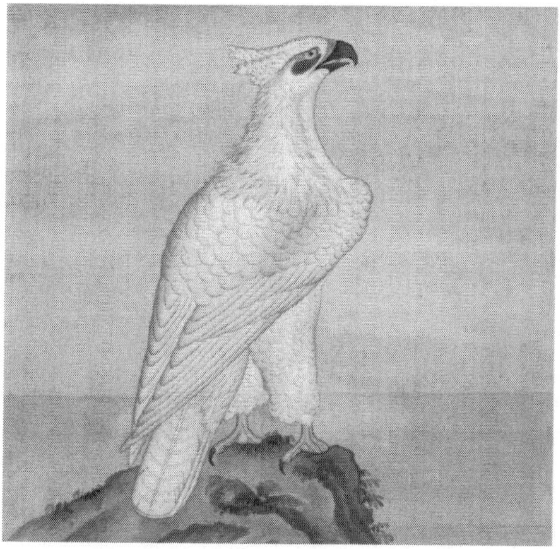

四月一日停放，五月上旬上籠。《本草釋名》云：鷹頂有毛角者曰角鷹。杜甫〈王兵馬使二角鷹〉詩云：二鷹猛腦絛徐墜；言腦上毛角猛出如絛之墜也。又〈姜楚公畫角鷹歌〉云：楚公畫鷹鷹戴角；趙次公注云：

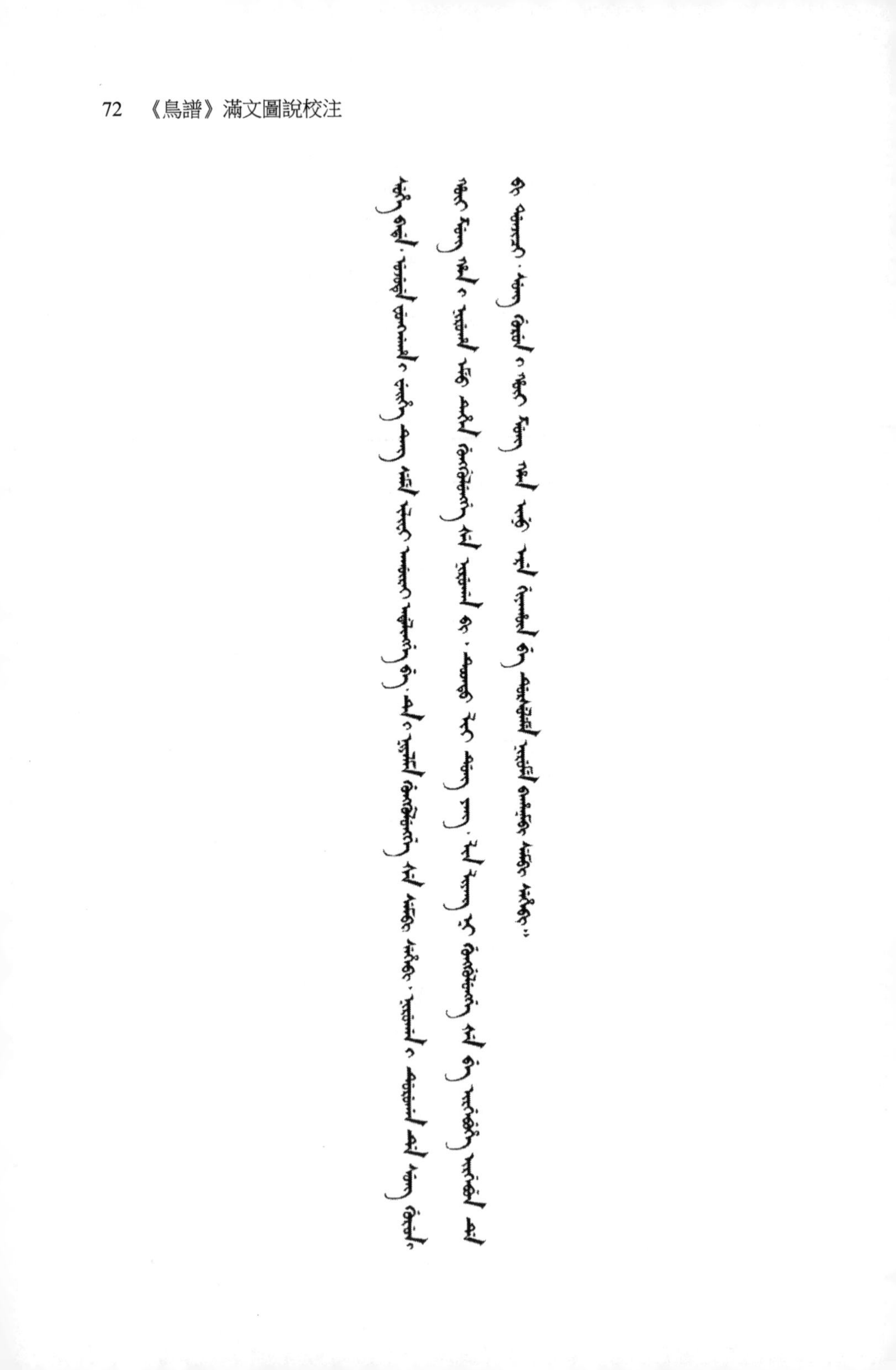

[illegible]

[illegible]

[illegible]

suhe bade, ujude funggaha i weihe teng seme ilifi agūrai adalingge be, te i niyalma gunggulungge še sembi sehebi. nirugan i durugan de, sung gurun i hūi dzung han i niruha emu tehen gunggulungge še nirugan bi, tuttu lii dung yang, lin liyang ni gunggulungge še be irgebuhe irgebun de, bi donjici, sung gurun i hūi dzung han inu ere giyahūn be dursuleme nirume bahanambi sembi sehebi.

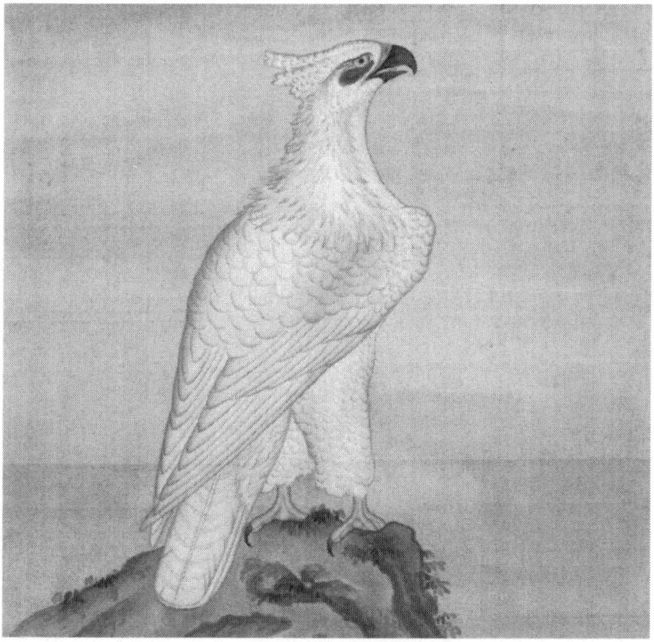

頂有角毛，勁起如鋒，今人謂之角鷹。《畫譜》：宋徽宗〈角鷹圖〉一軸，故李東陽題林良〈角鷹〉詩云：「我聞宋徽宗亦善貌此鷹。」

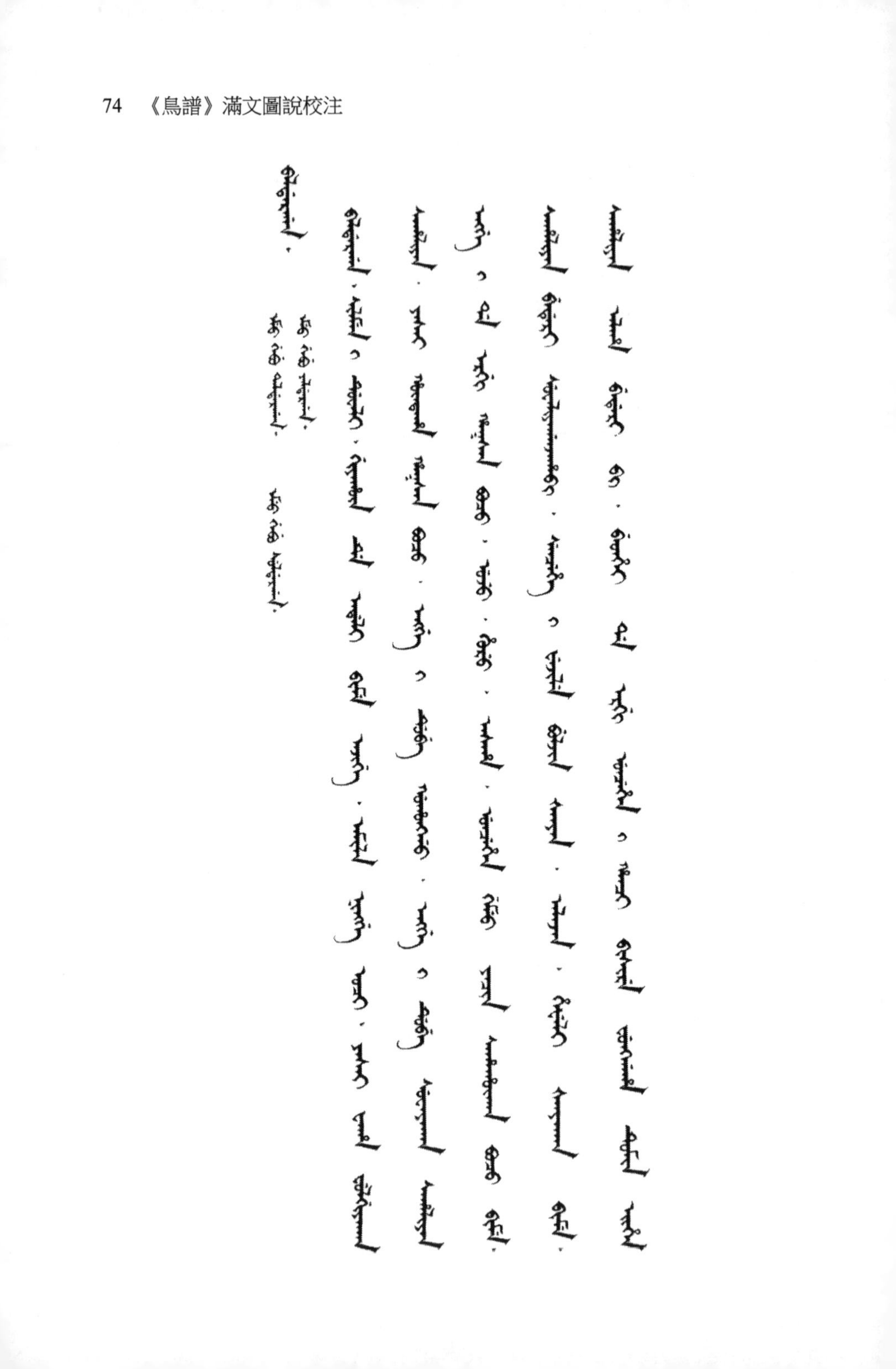

[illegible]

[illegible]

[illegible]

[illegible]

[illegible]

[illegible]

[illegible]

baldargan, emu gebu taldargan, emu gebu suldargan, emu gebu yaldargan.

baldargan, silmen i duwali, giyahūn de adali bime ajige, amila ningge oci, yasai faha fulgiyakan sahaliyan, yasai hūntahan haksan boco, engge i dube gohonggo, engge i dube suwayakan sahaliyan, engge i da ergi haksan boco, uju, huru, asha, uncehen gemu yacin sahahūkan boco bime, sahaliyan bederi suwaliyaganjahabi, sencehe i fejile buljin šanyan, alajan, hefeli šanyakan bime, sahaliyan alha bederi bi, bethei da ergi uncehen i hanci bisire fungaha tumin eihen

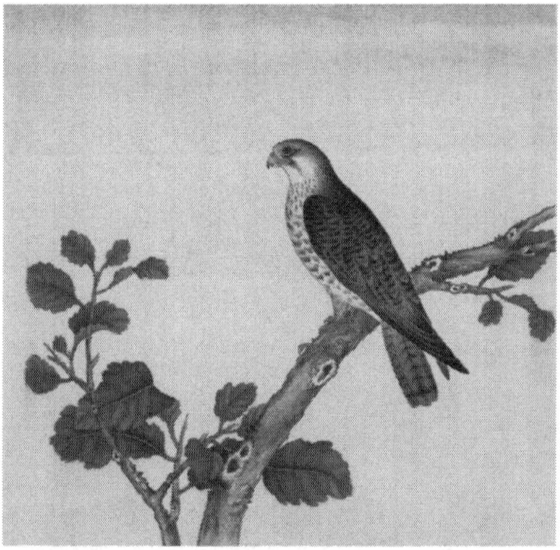

青鷂，一名題鷂，一名青鵟，一名青鸗

青鷂，鷂屬，似鷹而小。雄者赤黑睛，金紅眶[42]，勾喙，觜尖黃黑，觜根金紅，頭、背、翅、尾俱青蒼色黑斑相間，頷下純白，臆、腹淺白皆帶黑花斑，腿根近尾毛深赭色，

42 金紅眶，滿文讀作"yasai hūntahan haksan boco"，句中"haksan boco"，意即「金黃色」。

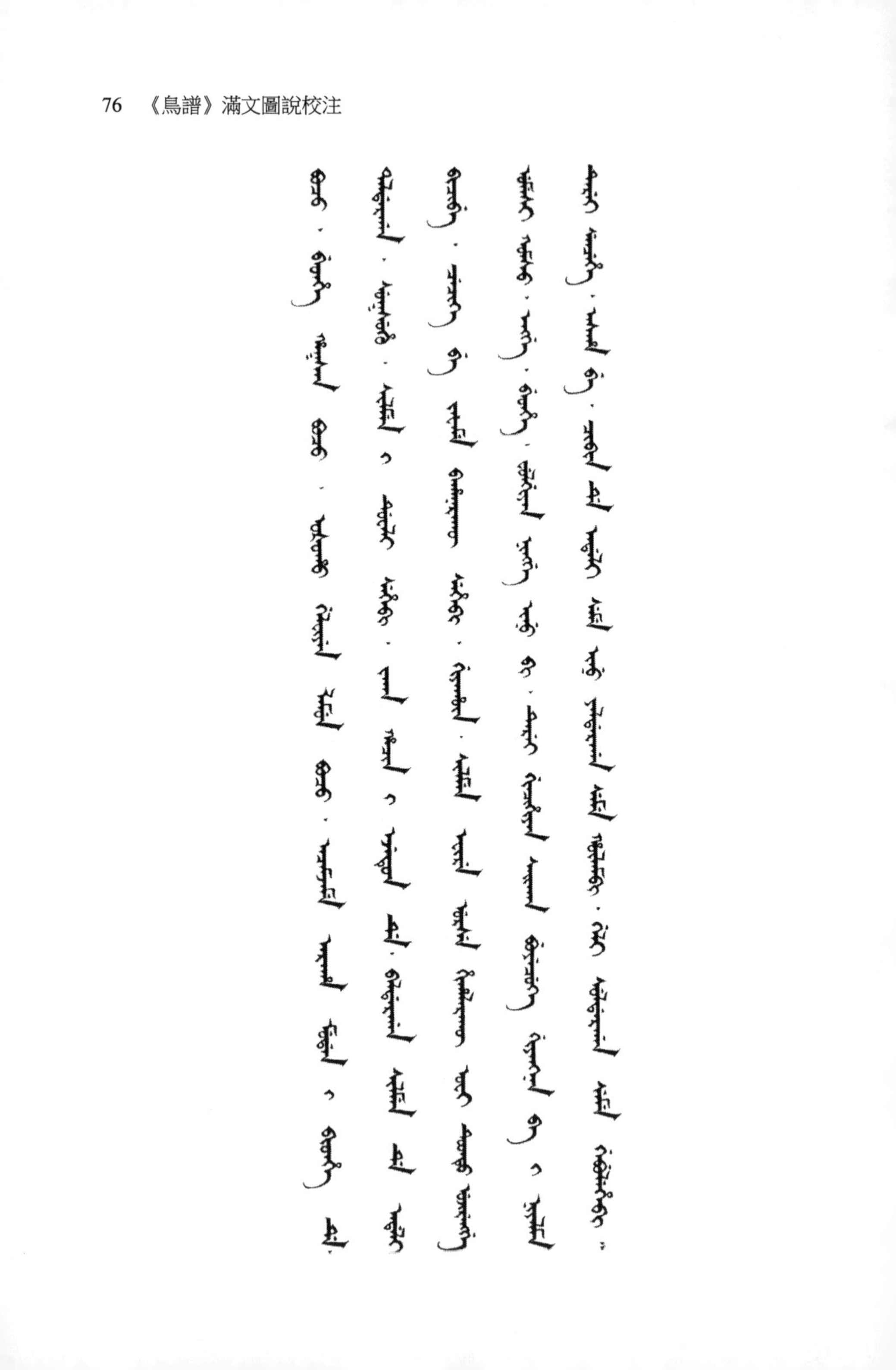

boco, bethe haksan boco, ošoho gelfiyen lamun boco. acamjame araha mudan i bithe de, taldargan, suksuhu, silmen i duwali sehebi. jaka hacin i ejetun de, baldargan silmen de adali bicibe, cecike be jafame bahanarakū sehebi. giyahūn, silmen efire urse hihalarakū ofi, tuttu ujirengge umesi komso, engge, bethe, fulgiyan ningge inu bi, terei gincihiyan saikan buyecuke giyangnan ba i niyalma terei sencehe, asha be, cibin de adali seme inu yaldargan seme hūlambi, geli suldargan seme gebulehebi.

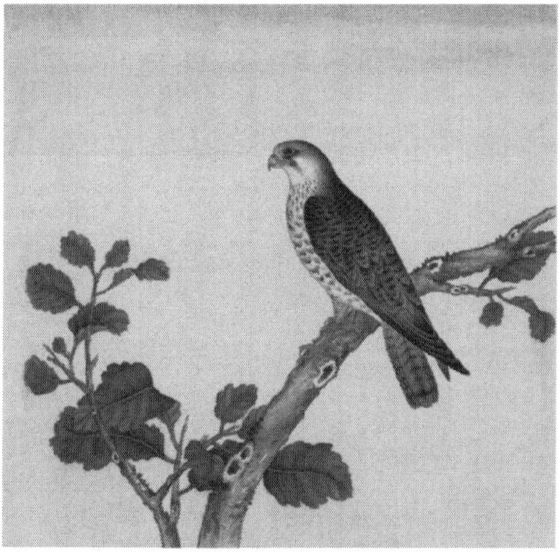

金紅足，玉色爪[43]。《集韻》云：題鷂，鶅子[44]，鷂屬。《物類考》云：青鷂似鷂而不善捕雀，弄鷹鷂家不重之，故畜養絕少。亦有紅觜、足者，文采可玩。江南人以其頷、翅似燕，亦呼青鳶，或名青鵟。

43 玉色爪，滿文讀作“ošoho gelfiyen lamun boco”，意即「淺藍色爪」，滿漢文義不合。

44 鶅子，滿文讀作“suksuhu”，意即「魚鷹」。

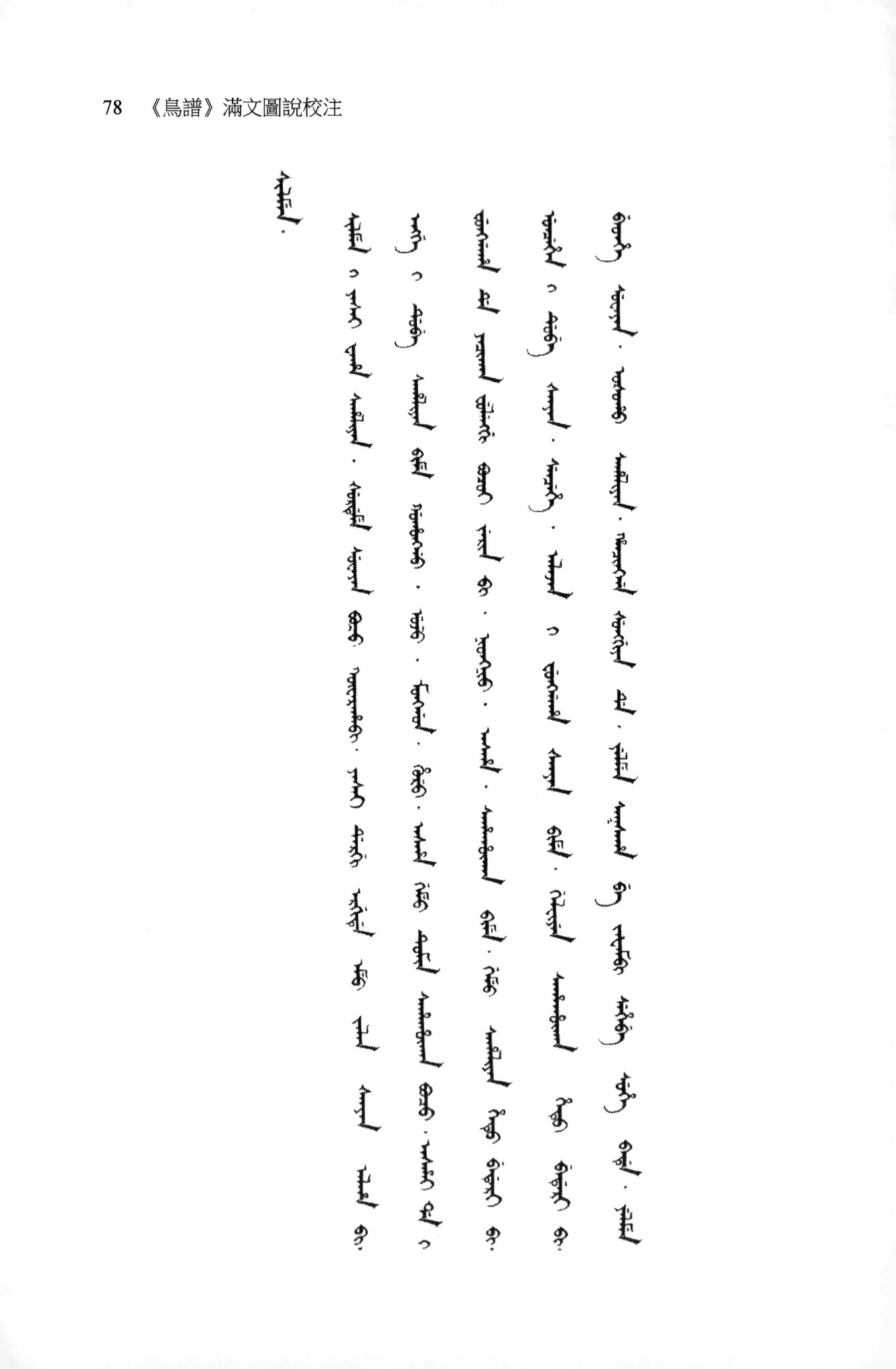

[illegible]

[illegible]

[illegible]

[illegible]

[illegible]

[illegible]

silmen.

silmen i yasai faha sahaliyan, šurdeme suwayan boco kūwarahabi, yasai dergi ergide emu jalan šanyan alha bi, engge i dube sahaliyan bime gohonggo, uju, monggon, huru, asha gemu tumin sahahūkan boco, ashai da i funggaha de yacikan fulenggi bocoi jerin bi, niongnio, asha sahahūkan bime, gemu sahaliyan hetu bederi bi, uncehen i dube šanyan, sencehe, alajan i funggaha šanyan bime, gelfiyen sahahūkan hetu bederi bi, bethe suwayan, ošoho sahaliyan. hancingga šunggiya de, yelmen saksaha be jafambi sehebe suhe bade, yelmen

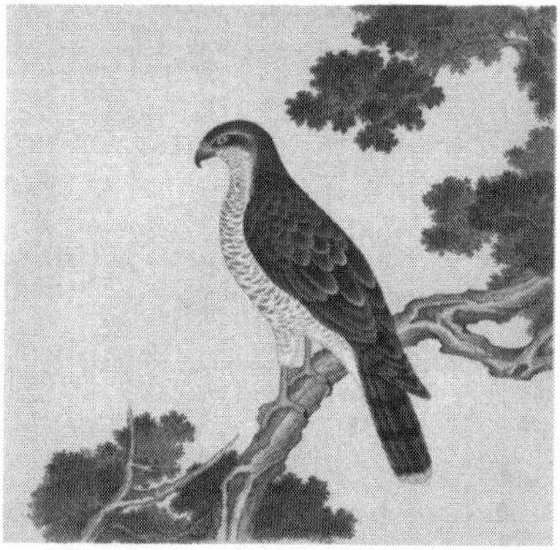

鷂子

鷂子，黑睛，黃暈，目上白紋一道，黑勾喙，頭、項、背、翅俱深蒼色，膊毛帶青灰邊，蒼翮、蒼尾[45]，皆有黑橫斑，尾尖白，頷、腹白質[46]，淺蒼橫斑，黃足，黑爪。《爾雅》：鷣，負鵲。注云：

45 蒼翮、蒼尾，滿文讀作“niongnio, asha sahahūkan”，意即「蒼翮、翅」，滿漢文義不合。

46 頷、腹白質，滿文讀作“sencehe, alajan i funggaha šanyan”，意即「頷、臆白毛」，句中「腹」，當作「臆」。

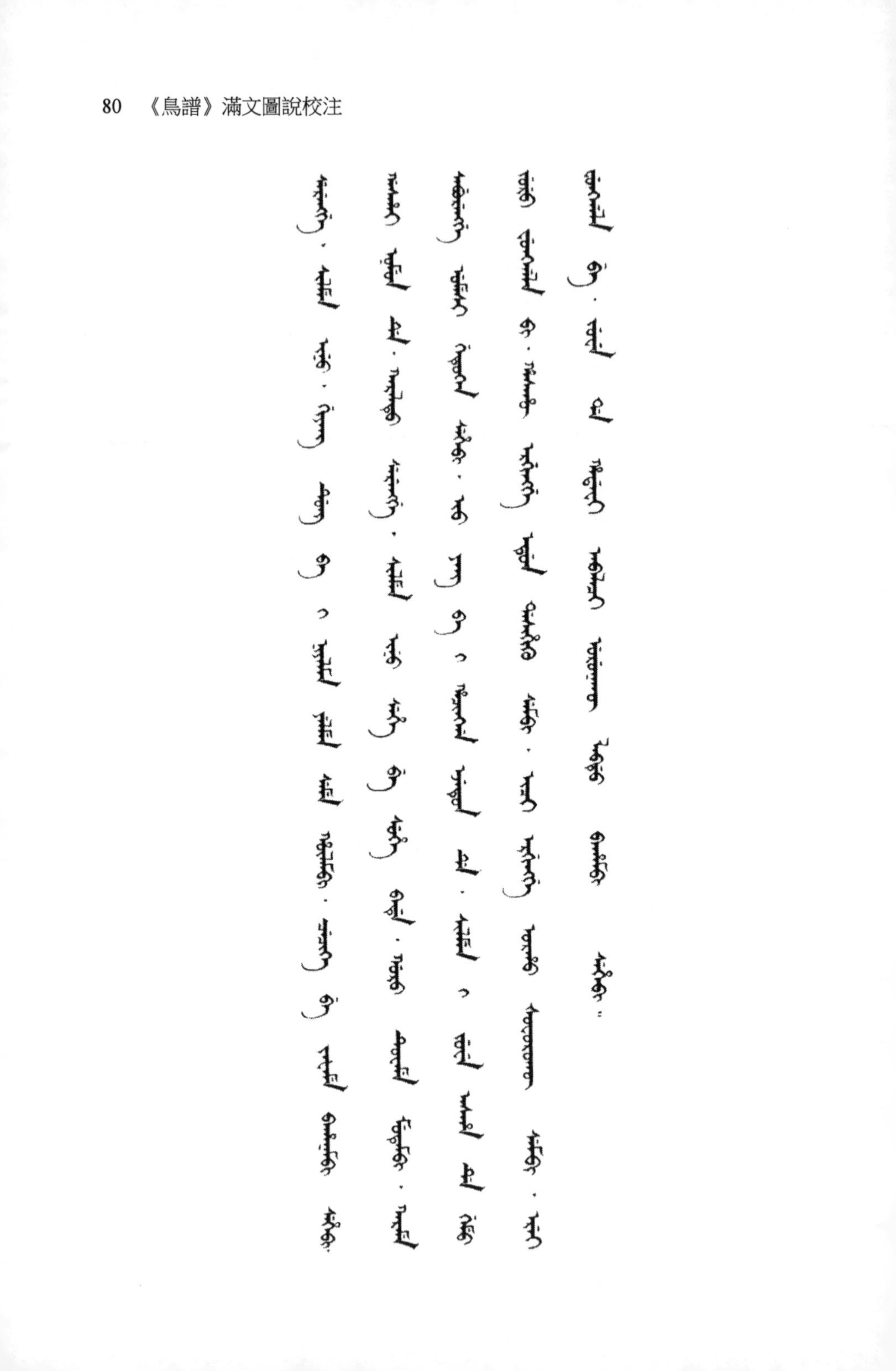

[illegible]

serengge, silmen inu, giyang dung ba i niyalma yelmen seme hūlambi, cecike be jafame bahanambi sehebi. gashai nomun de, karaltu serengge, silmen inu sehe be suhe bade, goro tuwame mutembi, karame saburengge umesi getuken sehebi. io yang ba i hacingga ejetun de, silmen i juwe asha de gemu juru funggala bi, hashū ergingge edun dasihiku sembi, ici ergingge orho šoforokū sembi, erei funggala be, juwe da hadafi abalaci urunakū labdu bahambi sehebi.

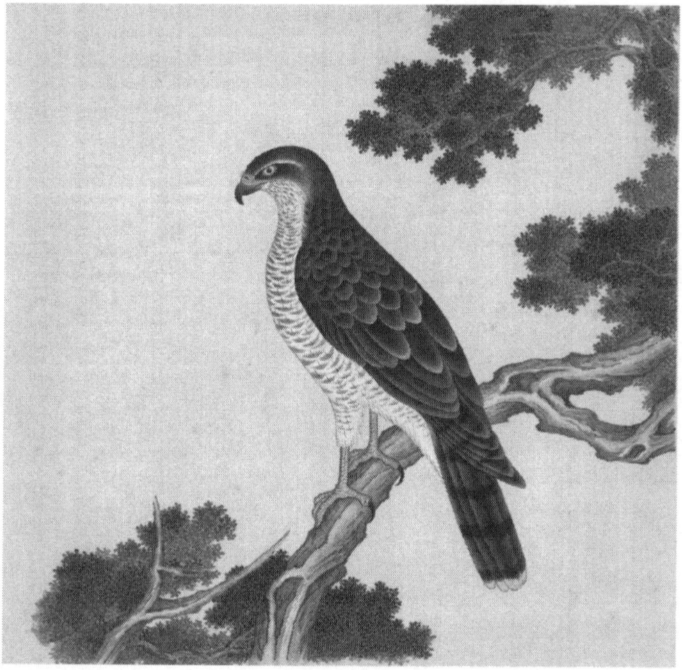

鸇，鷂也，江東呼之為鸇，善捉雀。《禽經》：瞭曰鷂。注云：能遠視也，瞭目明白。《酉陽雜俎》云：鷂子兩翅，各有複翎，左名撩風，右名掠草，帶兩翎出獵，必多獲。

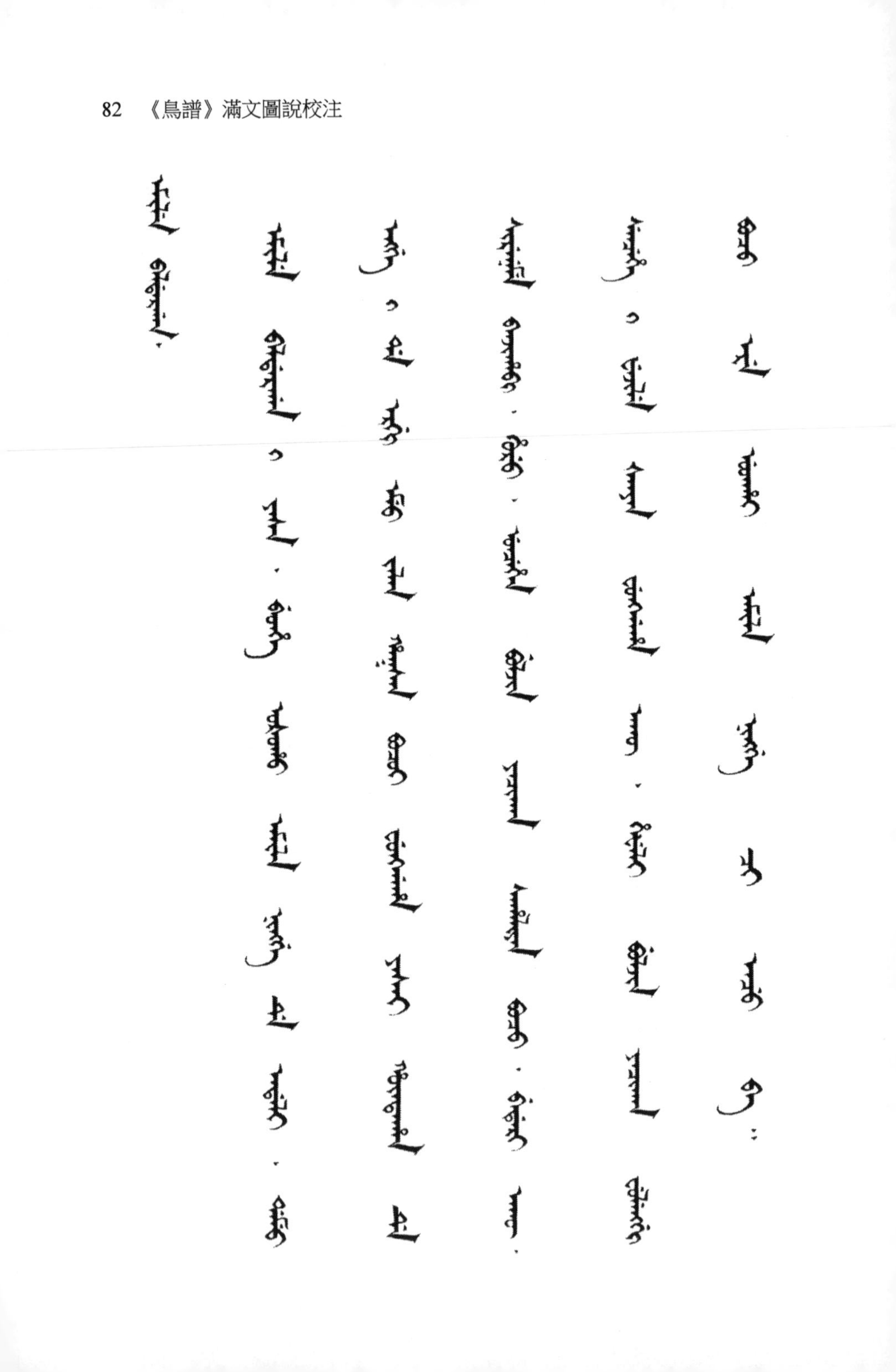

[illegible]

[illegible]

[illegible]

[illegible]

[illegible]

[illegible]

emile baldargan.

emile baldargan i yasa, bethe, ošoho amila ningge de adali, damu engge i da ergi emu jalan haksan bocoi funggaha, yasai hūntahan de sireneme banjihabi, huru, uncehen buljin yacikan sahaliyan boco, bederi akū, sencehe i fejile šanyan funggaha akū, hefeli buljin yacikan fulenggi boco, ere uthai amila ningge ci encu ba.

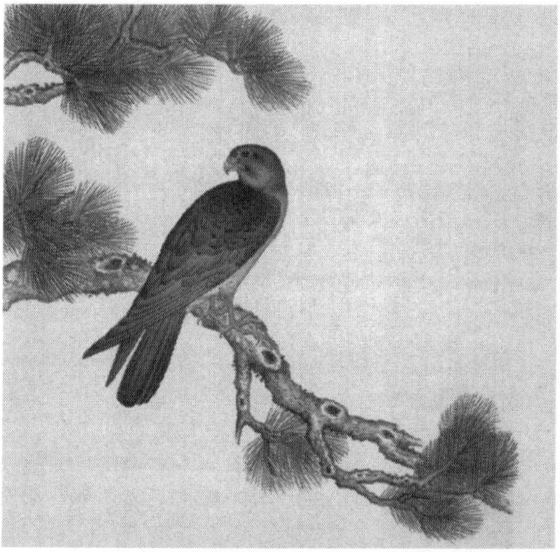

雌青鷂

雌青鷂，眼目、足、爪，與雄相同，但觜根有金紅道透聯眼眶[47]，背、尾純青黑色，無斑，頷下無白毛，腹純青灰色，此其與雄異耳[48]。

47 但觜根有金紅道透聯眼眶，滿文讀作“damu engge i da ergi emu jalan haksan bocoi funggaha, yasai hūntahan de sireneme banjihabi”，意即「但觜根有一節金黃色毛透聯眼眶」。

48 此其與雄異耳，滿文讀作“ere uthai amila ningge ci encu ba”，意即「此即與雄者相異之處」。

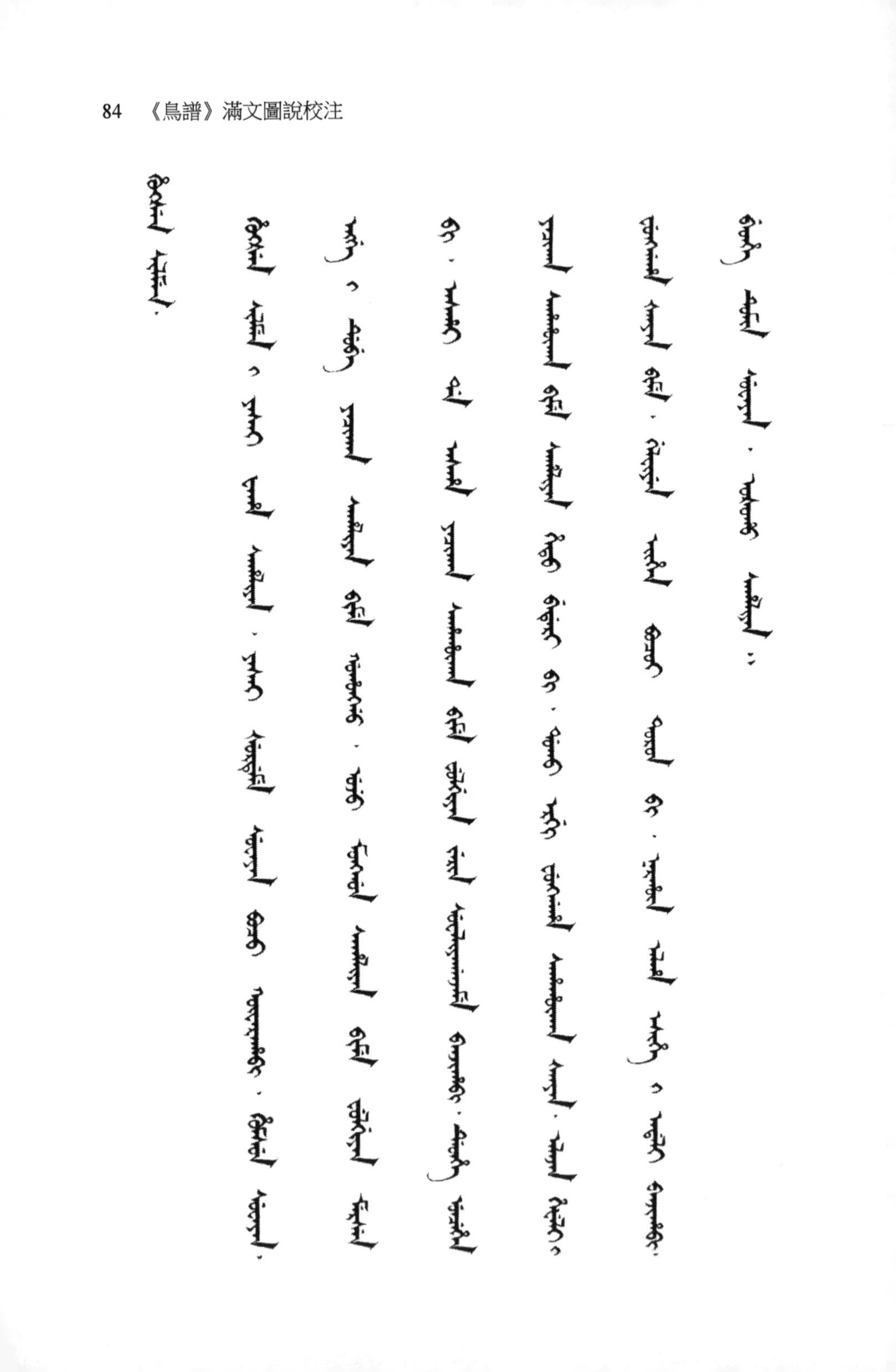

[illegible]

hukšen silmen.

hukšen silmen i yasai faha sahaliyan, yasai šurdeme suwayan boco kūwarahabi, humsun suwayan, engge i dube yacikan sahaliyan bime gohonggo, uju, monggon sahaliyan bime fulgiyan mersen bi, ashai da, asha yacikan sahahūkan bime fulgiyan jerin suwaliyaganjame banjihabi, dethe, uncehen yacikan sahahūkan bime sahaliyan hetu bederi bi, doko ergi funggaha sahahūkan šanyan, alajan, hefeli i funggaha šanyan bime, gelfiyen eihen bocoi toron bi, narhūn alha esihe i adali banjihabi, bethe tumin suwayan, ošoho sahaliyan.

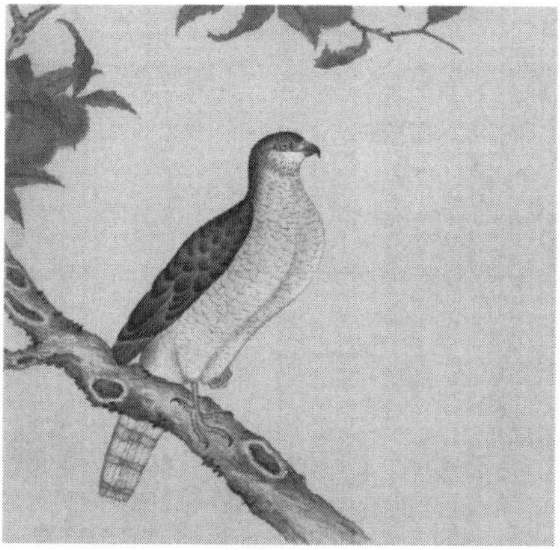

籠鴿子

籠鴿子，黑睛，黃暈，黃瞼，青黑勾喙，黑頭、項有赤點，青蒼膊、翅間以赤邊，青蒼翮、尾黑橫斑[49]，裏毛蒼白色，臆、腹白質微赭暈[50]，細紋鱗次，深黃足，黑爪。

49 青蒼翮、尾，滿文讀作“dethe, uncehen yacikan sahahūkan”，意即「青蒼翎、尾」，滿漢文義不合。

50 臆、腹白質微赭暈，滿文讀作“alajan hefeli i funggaha šanyan bime, gelfiyen eihen bocoi toron bi”，意即「臆、腹白毛淺赭暈」。

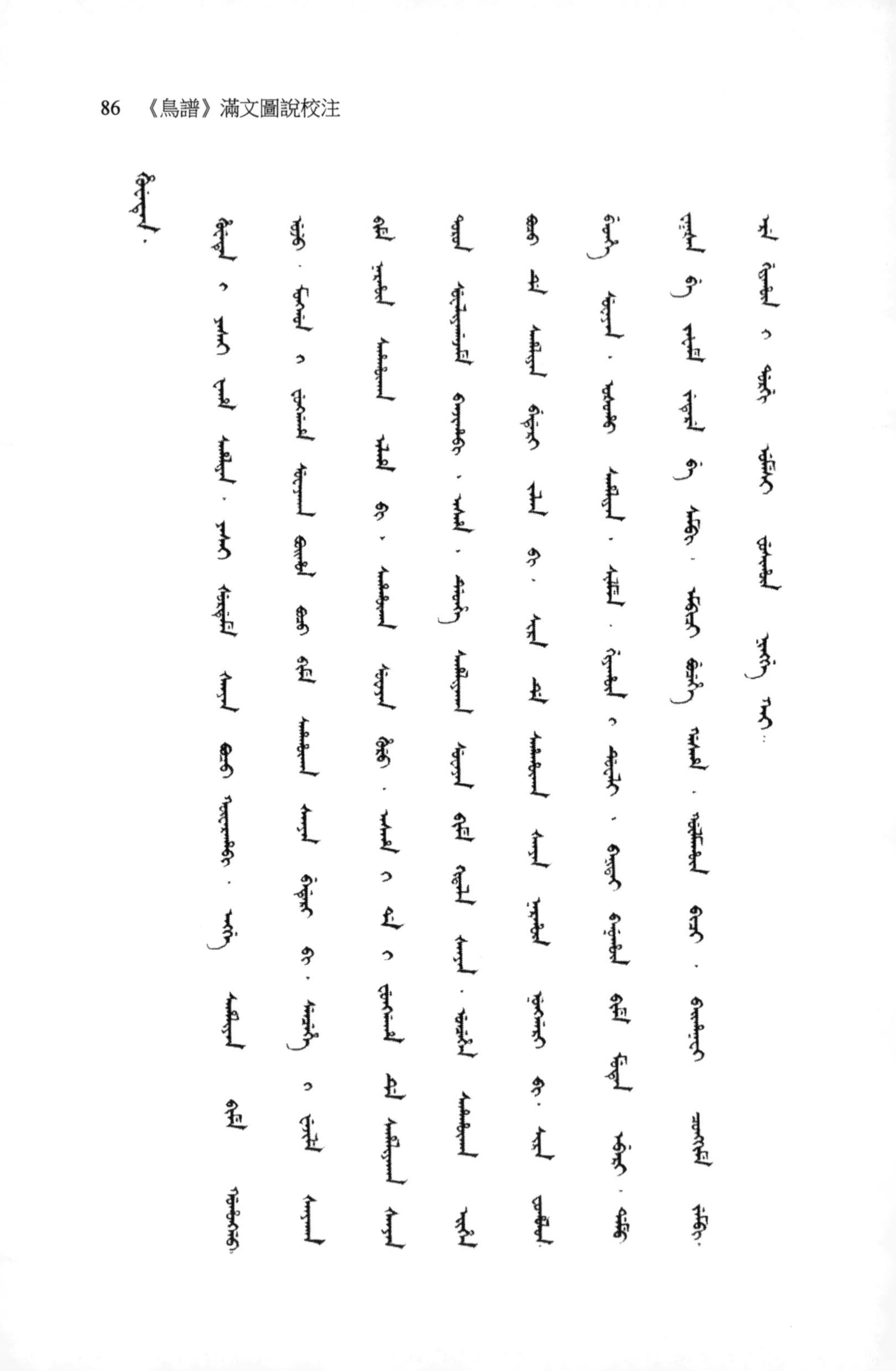

[illegible]

[illegible]

[illegible]

[illegible]

[illegible]

[illegible]

[illegible]

[illegible]

[illegible]

huweten.

huweten i yasai faha sahaliyan, yasai šurdeme šanyan boco kūwarahabi, engge sahaliyan bime gohonggo, uju, monggon i funggaha suwayakan boihon boco bime sahahūkan šanyan bederi bi, sencehe i fejile šanyakan bime narhūn sahahūkan alha bi, sahahūkan suwayan huru, asha i da i funggaha de sahaliyakan šanyan toron suwaliyaganjame banjihabi, asha, dethe sahaliyakan suwayan bime kitala šanyan, uncehen sahahūkan eihen boco de sahaliyan bederi jalan bi, sira de sahahūkan šanyan narhūn nunggari bi, sira foholon, bethe suwayan, ošoho sahaliyan, silmen, giyahūn i duwali, banitai banuhūn bime muten eberi, damu wakšan be jafame jetere be sambi, embici bucehe gasha, gūlmahūn bici, baihanafi congkime jembi, ere giyahūn i dorgi umesi fusihūn ningge kai.

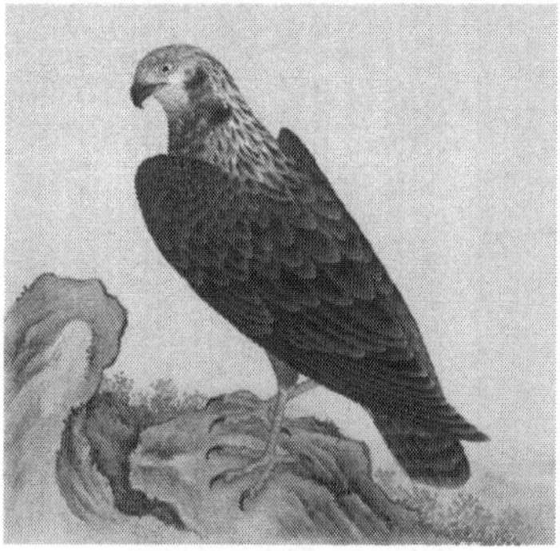

花豹

花豹，黑睛，白暈，黑勾觜，頂、項土黃質蒼白斑，頷下微白細蒼紋，背、膊蒼黃色雜黑白暈，黑黃翅、翮白莖，蒼赭尾黑斑節，脛上蒼白細毛，短脛，黃足、趾，黑爪，鷂鷹類也，性懶而才劣，惟知捕食蝦蟆，或有已斃禽兔，就啄而食，鷹類之最下者也。

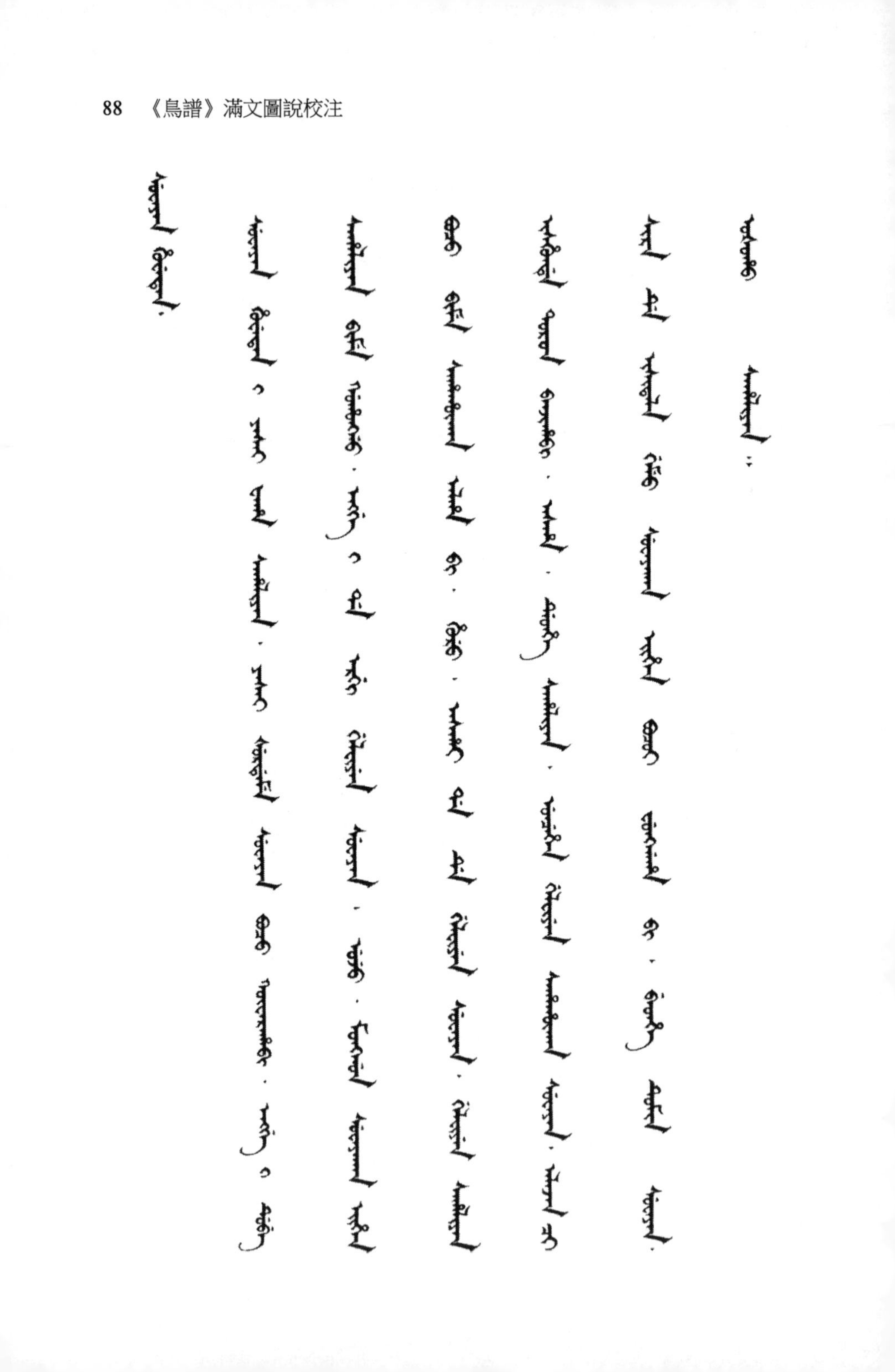

[illegible]

[illegible]

[illegible]

[illegible]

[illegible]

[illegible]

[illegible]

[illegible]

suwayan huweten.

suwayan huweten i yasai faha sahaliyan, yasai šurdeme suwayan boco kūwarahabi, engge i dube sahaliyan bime gohonggo, engge i da ergi gelfiyen suwayan, uju, monggon suwayakan eihen boco bime sahahūkan alha bi, huru, ashai da de gelfiyen suwayan, gelfiyen sahaliyan ishunde toron banjihabi, asha, dethe sahaliyan, uncehen gelfiyen sahahūkan suwayan, alajan ci sira de isitala gemu suwayakan eihen bocoi funggaha bi, bethe tumin suwayan, ošoho sahaliyan.

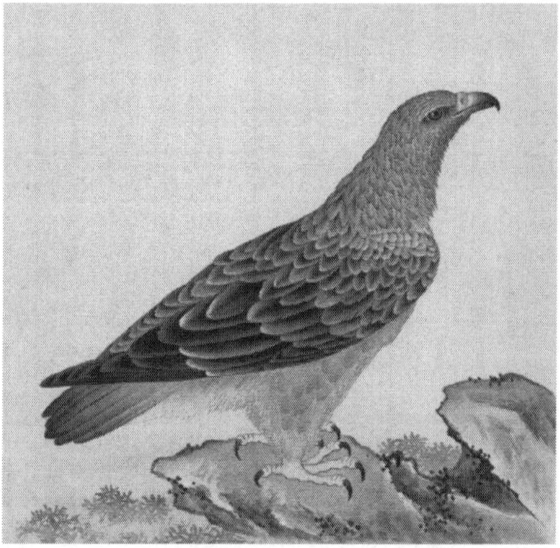

黃花豹

黃花豹，黑睛，黃暈，黑勾喙，淺黃根[51]，頭、項赭黃色帶蒼紋，背、膊淺黃淡黑相暈[52]，黑翅、翮，淺蒼黃尾，臆至脛俱淡赭黃毛，深黃足，黑爪。

---

51 淺黃根，滿文讀作“engge i da ergi gelfiyen suwayan”，意即「淺黃觜根」。

52 淡黑相暈，句中「淡黑」，滿文讀作“gelfiyen sahaliyan”，意即「淺黑」。

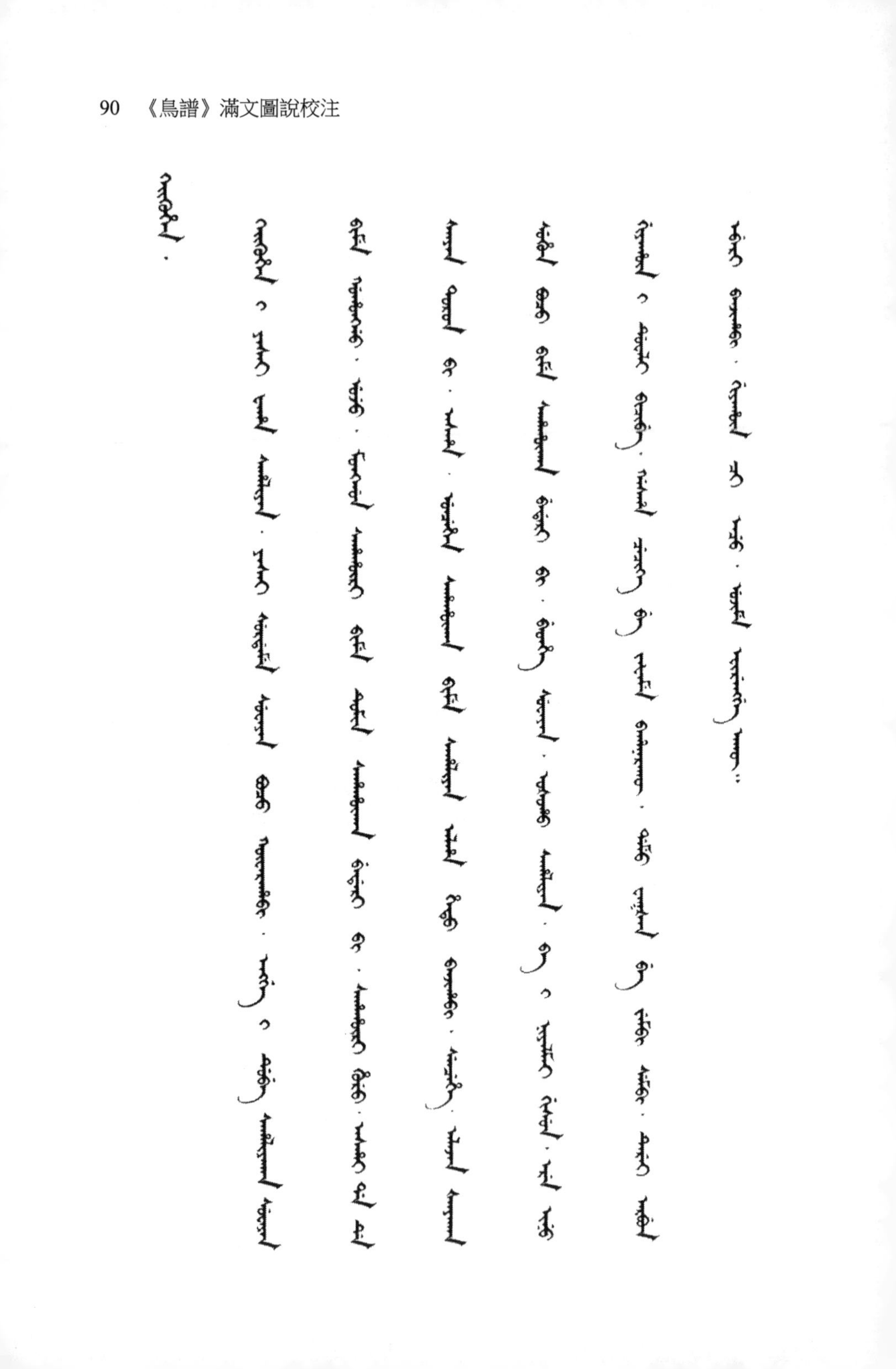

keikuhen.

keikuhen i yasai faha sahaliyan, yasai šurdeme suwayan boco kūwarahabi, engge i dube sahaliyakan suwayan bime gohonggo, uju, monggon sahahūri bime tumin sahahūkan bederi bi, sahahūri huru, ashai da de šanyan toron bi, asha, uncehen sahahūkan bime sahaliyan alha hetu banjihabi, sencehe, alajan šanyakan suhun boco bime sahahūkan bederi bi, bethe suwayan, ošoho sahaliyan. ba i niyalmai gisun, ere inu giyahūn i duwali bicibe, gasha cecike be jafame bahanarakū, damu wakšan be jembi sembi. terei arbun eberi banjihabi, giyahūn ci encu, ujime efirengge akū.

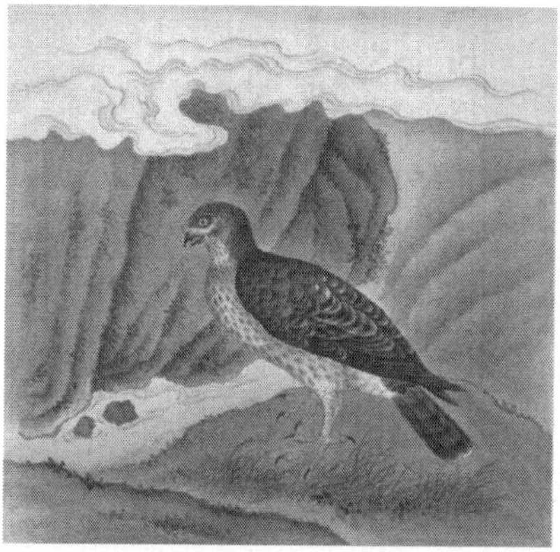

蝦蟆鷹

蝦蟆鷹，黑睛，黃暈，黑黃勾喙，蒼黑頭、項深蒼斑，蒼黑背、膊白暈，蒼翅尾黑橫紋，頷、腹米白蒼斑[53]，黃足，黑爪。土人云：此亦鷹屬，不能擒鳥雀，惟食蝦蟆。其狀猥瑣，與鷹不類[54]，更無有養弄之者。

53 頷、腹，滿文讀作"sencehe, alajan"，意即「頷、臆」，此「腹」，當作「臆」。

54 與鷹不類，滿文讀作"giyahūn ci encu"，意即「異於鷹」。

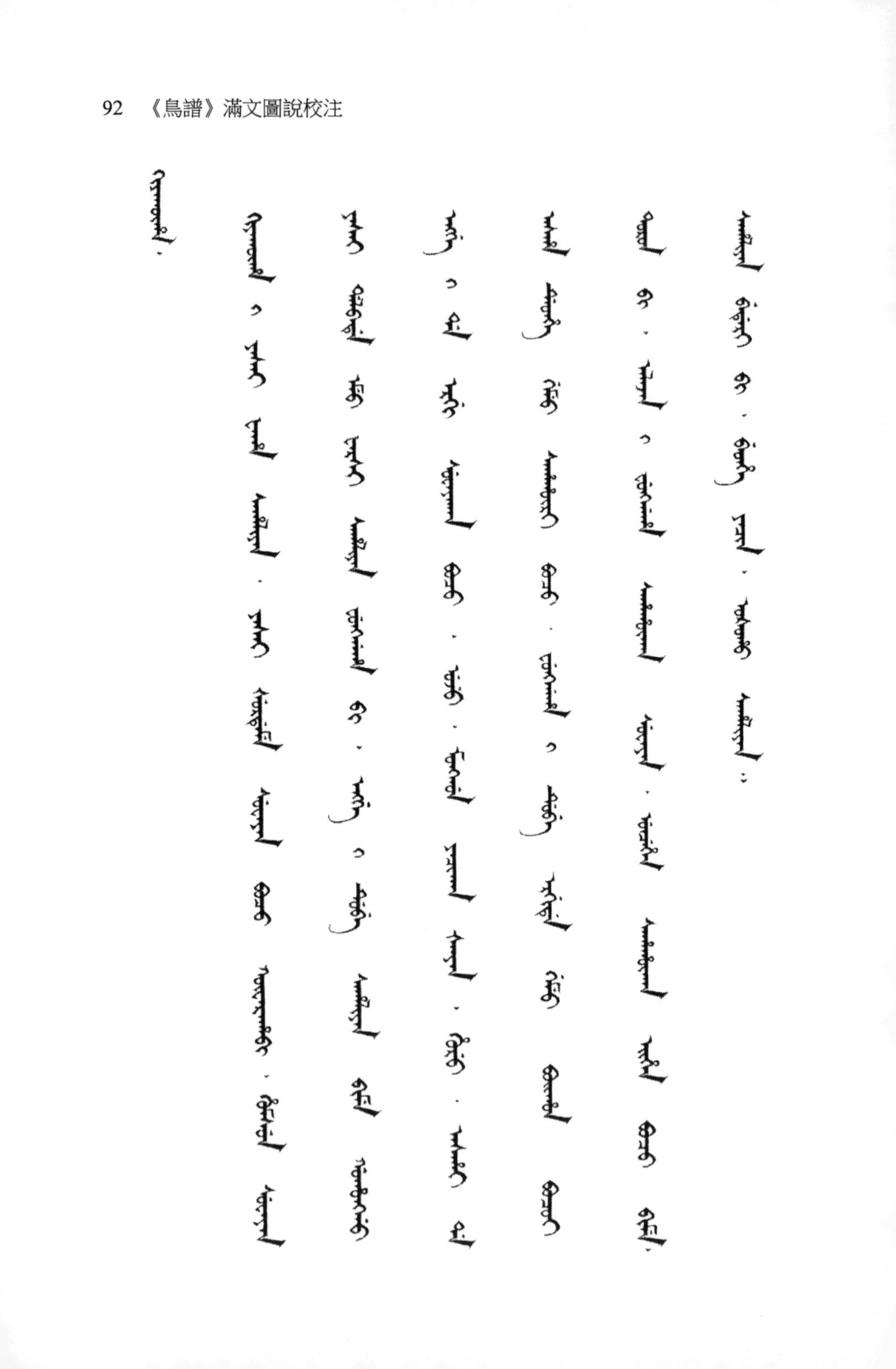

[illegible]

[illegible]

[illegible]

[illegible]

[illegible]

[illegible]

[illegible]

kiyakūha.

kiyakūha i yasai faha sahaliyan, yasai šurdeme suwayan boco kūwarahabi, humsun suwayan, yasai dalbade emu farsi sahaliyan funggaha bi, engge i dube sahaliyan bime gohonggo, engge i da ergi suwayakan boco, uju, monggon yacikan šanyan, huru, ashai da, asha, dethe gemu sahahūri boco, funggaha i dube ergide gemu boihon bocoi toron bi, alajan i funggaha sahahūkan suwayan, uncehen sahahūkan eihen boco bime, sahaliyan bederi bi, bethe yacin, ošoho sahaliyan.

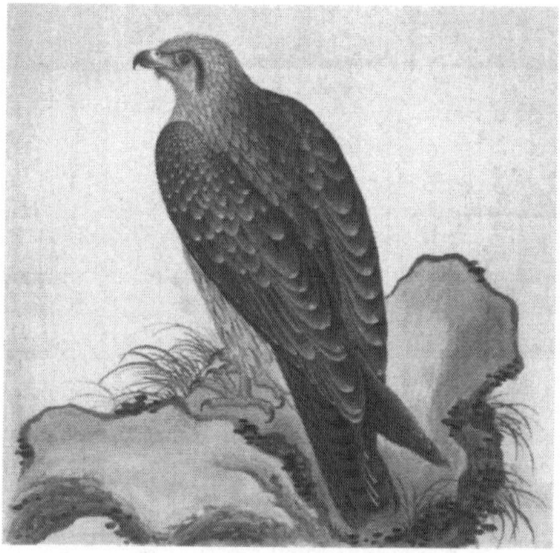

鶚鷹

鶚鷹，黑睛，黑睛[55]，黃瞼，目旁有黑毛一片，黑勾喙，觜根微黃，青白頂、項，背、膊、翅、翮俱蒼黑色，每毛尖皆有土黃暈，腹毛蒼黃色[56]，蒼赭尾帶黑斑，青足，黑爪。

55 黑睛，滿文讀作“yasai šurdeme suwayan boco kūwarahabi”，意即「黃暈」，此脫落「黃暈」，「黑睛」，係衍文。
56 腹毛，滿文讀作“alajan i funggaha”，意即「臆毛」，此「腹」，當作「臆」。

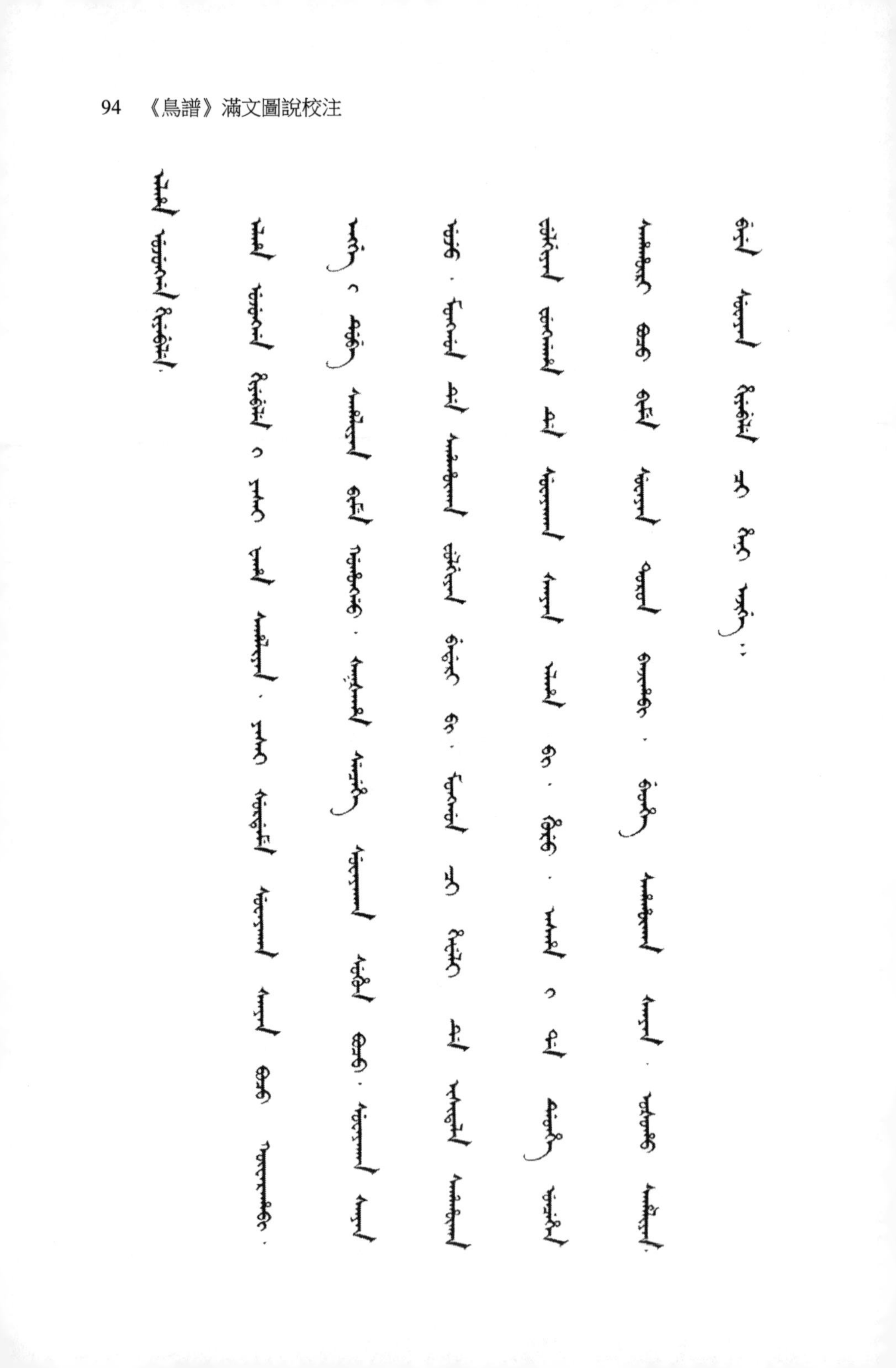

[illegible]

alha ujungga hiyebele.

alha ujungga hiyebele i yasai faha sahaliyan, yasai šurdeme suwayakan šanyan boco kūwarahabi, engge i dube sahaliyan bime gohonggo, šakšaha, sencehe suwayakan suhun boco, suwayakan šanyan uju, monggon de sahahūkan fulgiyan bederi bi, monggon ci hefeli de isitala, sahahūkan fulgiyan funggaha de suwayakan šanyan alha bi, huru, asha i da, dethe, uncehen sahahūri boco bime suwayan toron banjihabi, bethe sahahūkan šanyan, ošoho sahaliyan, beye suwayan hiyebele ci heni ajige.

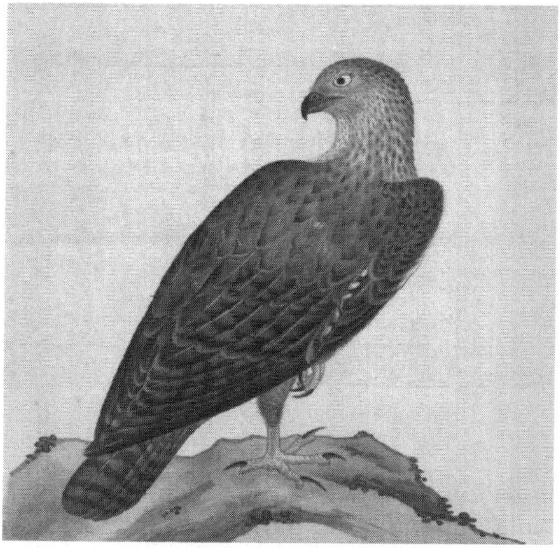

花頭鶬鷹

花頭鶬鷹，黑睛，黃白暈，黑勾喙，頰、頷米黃色，頂、項黃白質蒼赤斑，頸至腹蒼赤質黃白紋[57]，背、膊、翮、尾蒼黑色黃暈，蒼白足，黑爪，身比黃鶬鷹差小。

57 頸至腹，滿文讀作“monggon ci hefeli de isitala”，意即「項至腹」。

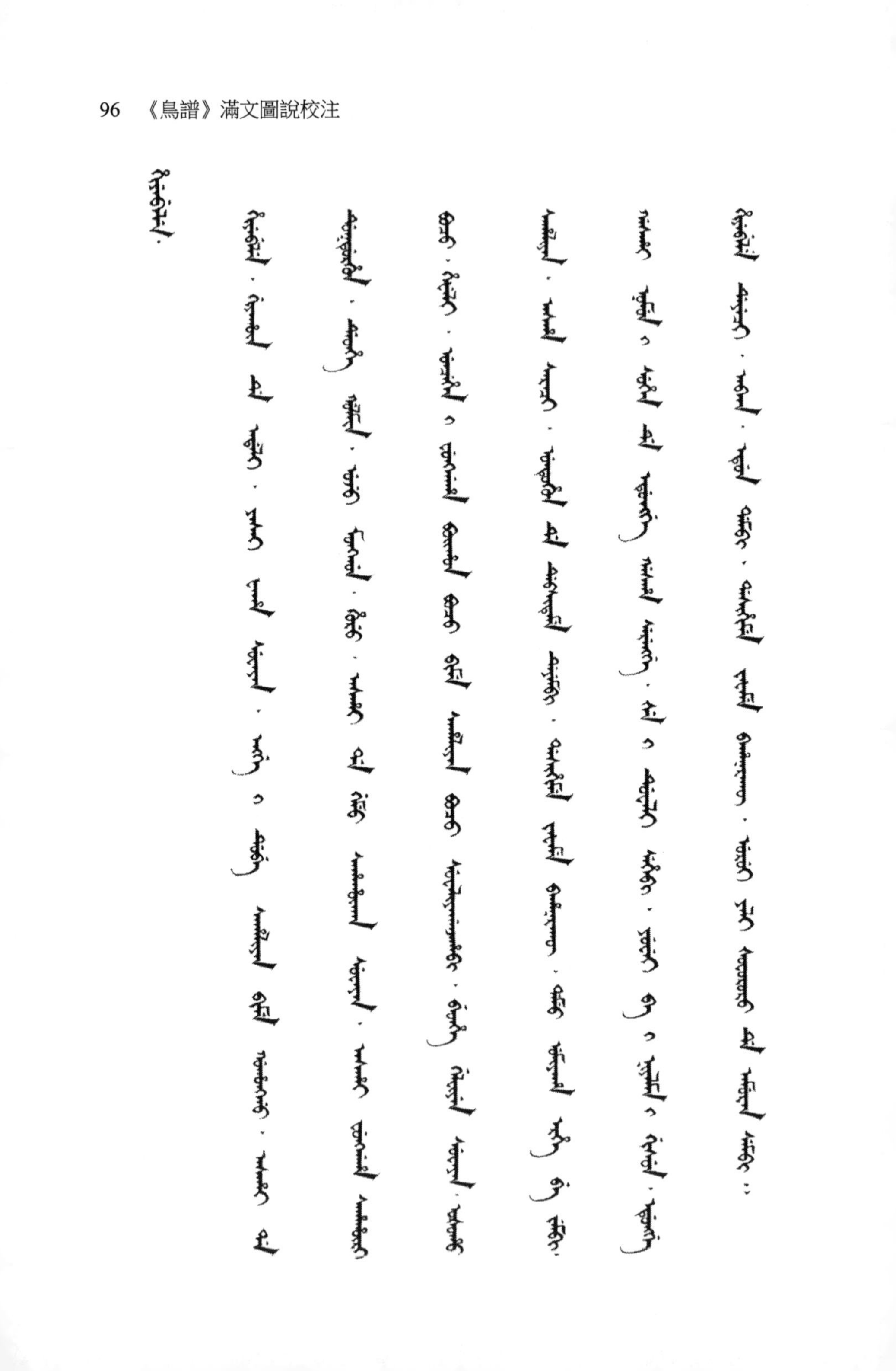

[illegible]

[illegible]

[illegible]

[illegible]

[illegible]

[illegible]

[illegible]

hiyebele.

hiyebele, giyahūn de adali, yasai faha suwayan, engge i dube sahaliyan bime gohonggo, ashai da dukdurhun, dethe golmin, uju, monggon, huru, ashai da gemu sahahūkan suwayan, ashai funggaha sahahūri boco, hefeli, uncehen i funggaha boihon boco bime sahaliyan boco suwaliyaganjahabi, bethe gelfiyen suwayan, ošoho sahaliyan. asha saraci, untuhun de debsiteme deyembi, dasihime jafame bahanarakū, damu umiyaha, erhe be jembi. gashai nomun i suhen de, edungge gasha serengge, še i duwali sehebi. yuwei ba i niyalma i gisun, edungge hiyebele deyeci, abka edun dambi, dasihime jafame bahanarakū, urui yali šofororo de amuran sembi.

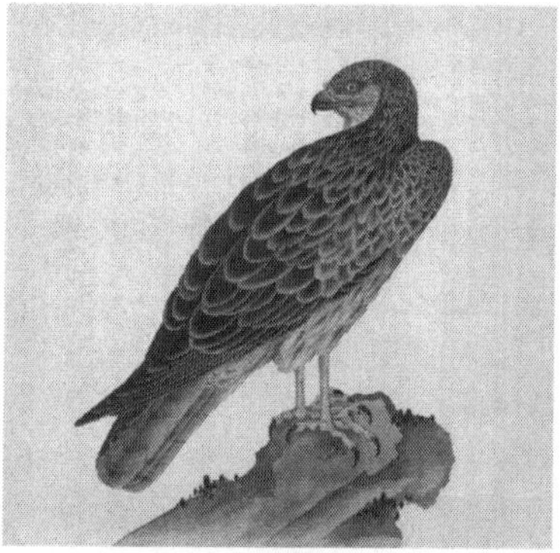

鶚鷹

鶚鷹，似鷹，黃睛，黑勾喙，聳膊，脩翮[58]，頭、項、背、膊俱蒼黃色，翅毛蒼黑，腹、尾毛土黃帶黑，淺黃足，黑爪。每布翅翱翔於空中，不善搏擊，惟捕蟲、田雞食之。《禽經》注云：風禽，鳶類。越人謂之風伯，飛翔則天風，不善搏擊，貪於攫肉[59]。

58 脩翮，滿文讀作"dethe golmin"，意即「長翎」。
59 貪於攫肉，滿文讀作"urui yali šofororo de amuran"，意即「一味喜好抓肉」。

ᡧᠠᠩᡤᡳᠶᠠᠨ ᠪᠣᠴᠣ ᡩᡝ ᠰᠠᡥᠠᠯᡳᠶᠠᠨ ᡶᡠᠩᡤᠠᡥᠠ ᠪᡳ᠈ ᡶᡠᠯᡤᡳᠶᠠᠨ ᠰᠠᡥᠠᠯᡳᠶᠠᠨ ᠪᠣᠴᠣ ᡶᡠᠩᡤᠠᡥᠠ ᠨᡳᠣᠸᠠᠩᡤᡳᠶᠠᠨ᠈ ᡠᠨᠴᡝᡥᡝᠨ ᠰᠠᡥᠠᠯᡳᠶᠠᠨ᠉

ᠠᠰᡥᠠ ᡩᡝ ᡶᡠᠯᡤᡳᠶᠠᠨ ᠪᠣᠴᠣ᠈ ᡶᡠᠯᡤᡳᠶᠠᠨ ᠵᡝᡵᡤᡳ ᠰᡠᠸᠠᠶᠠᠨ ᠪᠣᠴᠣ ᠰᠠᡥᠠᠯᡳᠶᠠᠨ ᠰᠣᡥᠣᠨ ᠪᠣᠴᠣ ᠰᠣᠩᡴᠣᠨ ᠨᡳᠣᠸᠠᠩᡤᡳᠶᠠᠨ᠈ ᡶᡠᠩᡤᠠᡥᠠ᠈ ᠰᠣᡥᠣᠨ᠈ ᡳᠯᡝᡨᡠ ᠰᠣᡥᠣᠨ

ᡠᠨᠴᡝᡥᡝᠨ ᡳ ᡶᡠᠩᡤᠠᡥᠠ ᡩᡠᠯᡝᠨ ᠰᠠᡥᠠᠯᡳᠶᠠᠨ ᠪᡝᡩᡝᡵᡳ ᠪᡳ᠈ ᡶᡠᠯᡤᡳᠶᠠᠨ ᠨᡳᠣᠸᠠᠩᡤᡳᠶᠠᠨ᠈ ᠰᠠᡥᠠᠯᡳᠶᠠᠨ᠈ ᠪᡝᡩᡝᡵᡳ᠈ ᠰᠣᡥᠣᠨ ᡩᡝ ᠰᠠᡥᠠᠯᡳᠶᠠᠨ

ᠨᡳᠣᠸᠠᠩᡤᡳᠶᠠᠨ ᠰᠣᡥᠣᠨ᠈ ᠪᡝᡩᡝᡵᡳᠩᡤᡝ ᠰᠠᡥᠠᠯᡳᠶᠠᠨ᠈ ᠪᠣᠴᠣ᠈ ᠵᡳᠯᡤᠠᠨ ᡩᡝ ᡠᠨᠴᡝᡥᡝᠨ ᠨᡳᠣᠸᠠᠩᡤᡳᠶᠠᠨ ᠪᡳᠴᡳ ᠰᠠᡳᠨ ᡩᡝᡵᡳ ᠰᠠᡥᠠᠯᡳᠶᠠᠨ᠉

ᠶᠠᠰᠠᡳ ᡳ ᡳᠯᡝᡨᡠ ᠨᡳᠣᠸᠠᠩᡤᡳᠶᠠᠨ ᠪᡳᠴᡳ ᠪᠣᠴᠣᠩᡤᠣ᠈ ᠶᠠᠰᠠᡳ ᡳ ᡩᡝ ᠪᡝᡩᡝ ᠰᠣᡥᠣᠨ ᡩᡝ ᠪᠣᠴᠣ᠈ ᡶᡠᡵᡤᡳ᠈ ᠪᡝᡨᡥᡝ᠈

ᡶᡠᠯᡤᡳᠶᠠᠨ ᡶᡠᠩᡤᠠᡥᠠ ᡳ ᠰᠣᡥᠣᠨ ᠰᠠᡥᠠᠯᡳᠶᠠᠨ᠈ ᠰᠣᡥᠣᠨ ᠪᠣᠴᠣ ᡶᡠᠯᡤᡳᠶᠠᠨ ᡶᡠᠯᡤᡳᠶᠠᠨ ᠪᠣᠴᠣ ᠰᡠᠸᠠᠶᠠᠨ᠈ ᡥᠣᠩᡤᠣᠨ ᠨᡳᠣᠸᠠᠩᡤᡳᠶᠠᠨ ᠨᡳᡵᡠ

ᡶᡠᠯᡤᡳᠶᠠᠨ ᡶᡠᠩᡤᠠᡥᠠ᠉

suwayan hiyebele.

suwayan hiyebele i yasai faha sahaliyan, yasai šurdeme suwayan boco kūwarahabi, humsun yacikan šanyan, engge i dube sahaliyan bime gohonggo, engge i da ergi šanyakan yacin boco, uju, monggon sahahūkan šanyan, šakšaha sahaliyan, huru, ashai da i funggaha sahahūri bime kitala gemu sahaliyan, funggaha i dubede gemu šanyan toron bi, dethe sahaliyan, tumin sahahūri, huru, asha de sahaliyan, šanyan alha bederi bi, hefeli i funggaha šanyan bime jerin sahahūkan, kitala sahaliyan, uncehen sahahūkan eihen boco de sahaliyan bederi bi, bethe šanyakan yacin, ošoho sahaliyan.

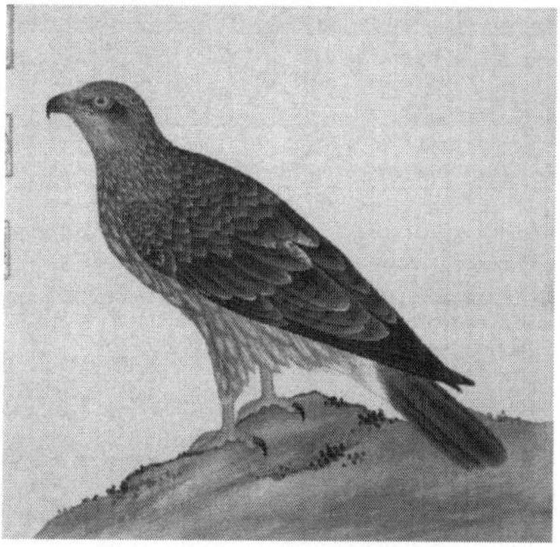

黃鴘鷹

鴘鷹[60]，黑睛，黃暈，青白臉，黑勾喙，觜根粉青色，蒼白頂、項，黑頰，深蒼背、膊[61]，每毛皆有黑莖，毛尖俱白暈，黑翮，背、翅深蒼帶黑白斑紋，腹毛白質蒼邊黑莖，蒼赭尾帶黑斑，粉青足，黑爪。

60　鴘鷹，滿文讀作"suwayan hiyebele"，意即「黃鴘鷹」，此脫「黃」字。
61　深蒼背、膊，滿文讀作"huru, ashai da i funggaha sahahūri"，意即「深蒼背、膊毛」。

《鳥譜》第十二冊畫冊

《鳥譜》第十二冊畫冊

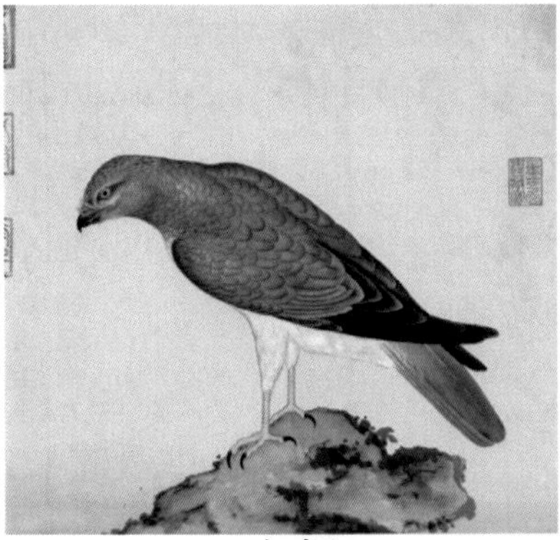

白超

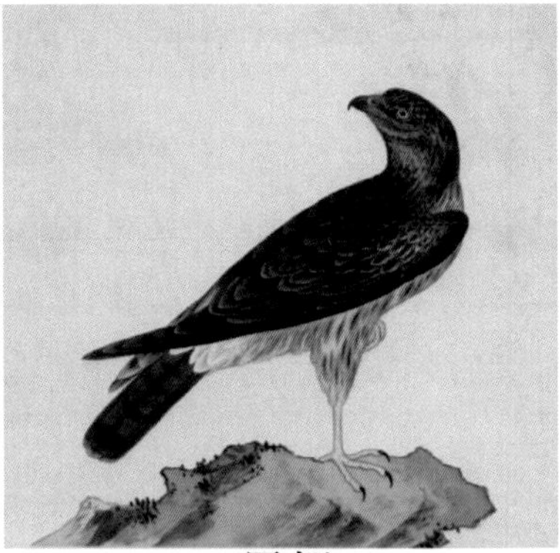

黑超

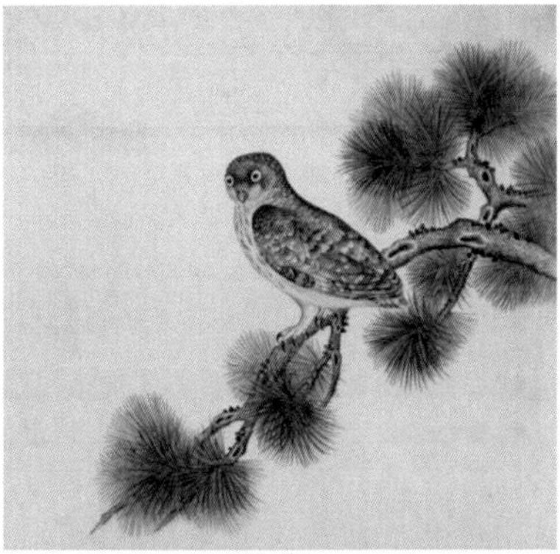

鴞鳥

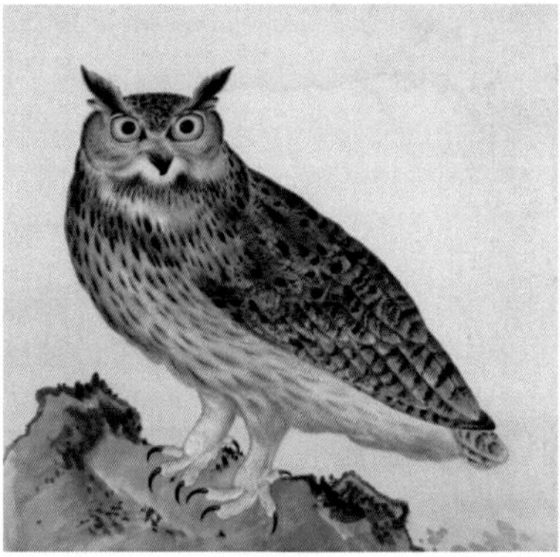

狠鶻

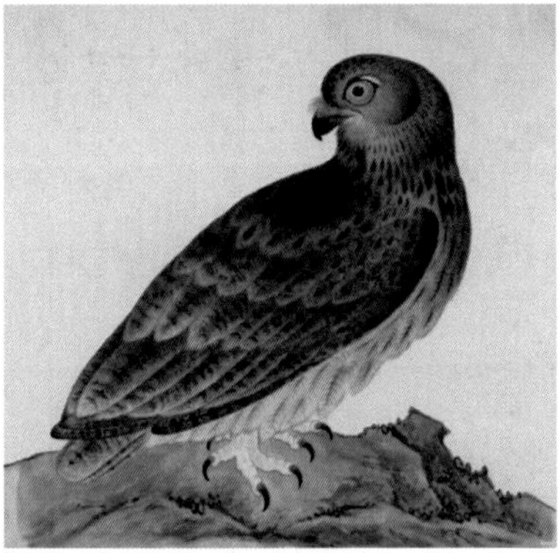

雲頭花豹

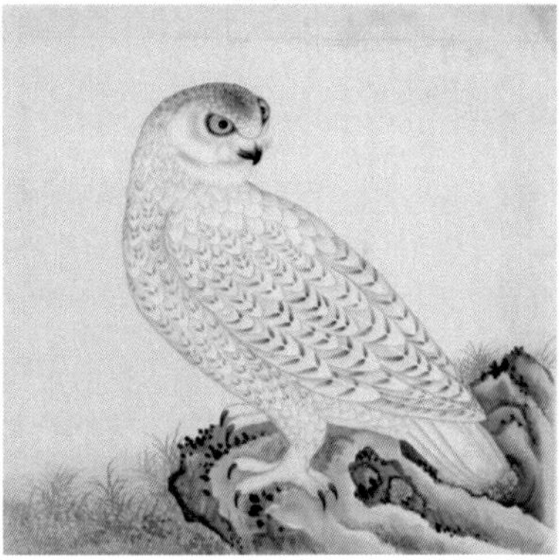

茅鴟

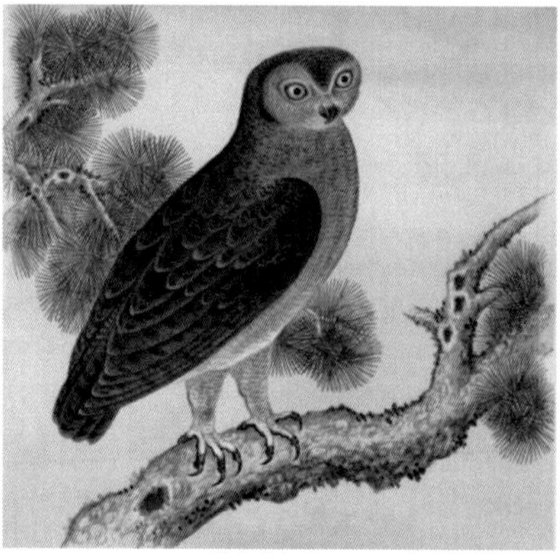
樹貓兒

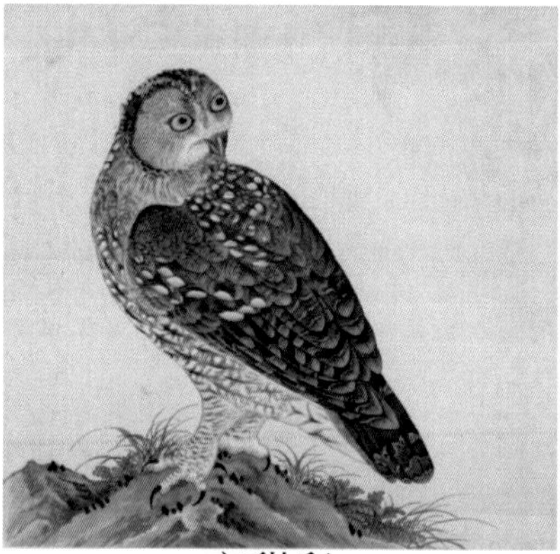
夜貓兒

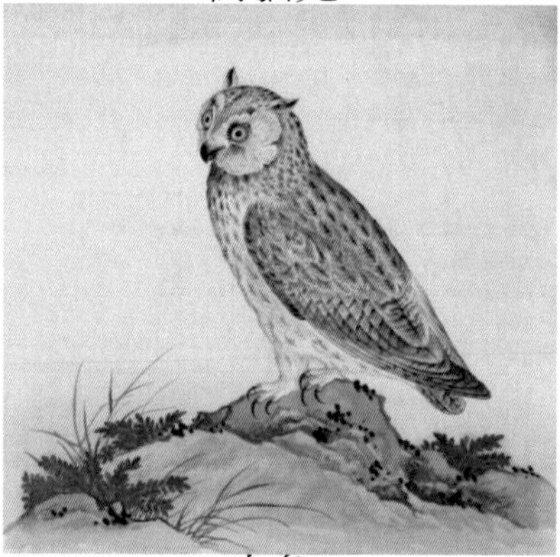
木兔

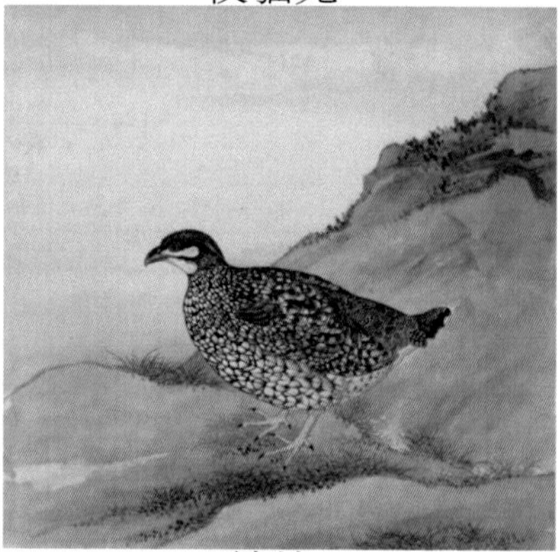
鷓鴣

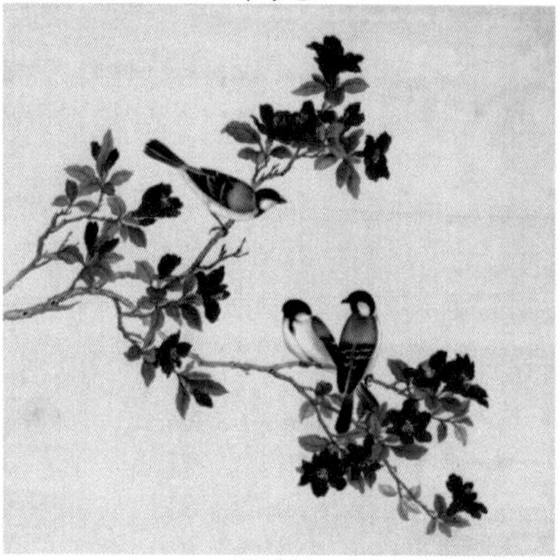
子規

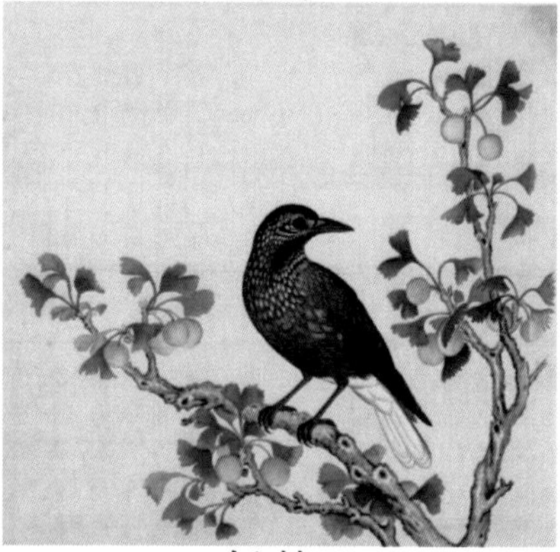
松花

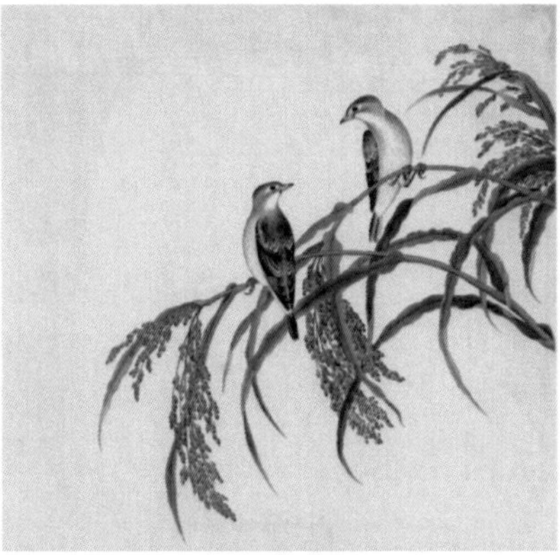
蜀黍雀

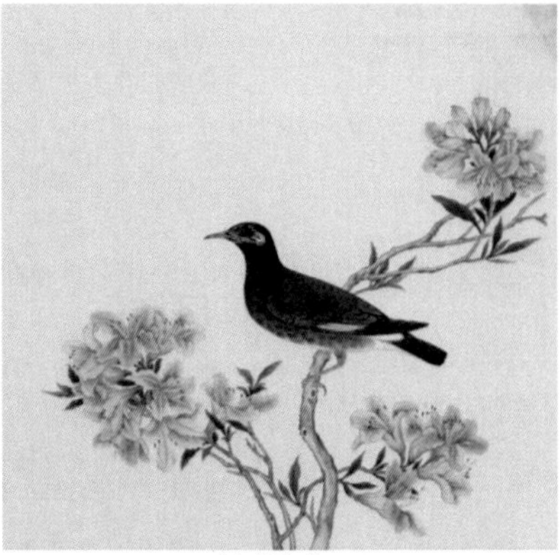
麻葉雀

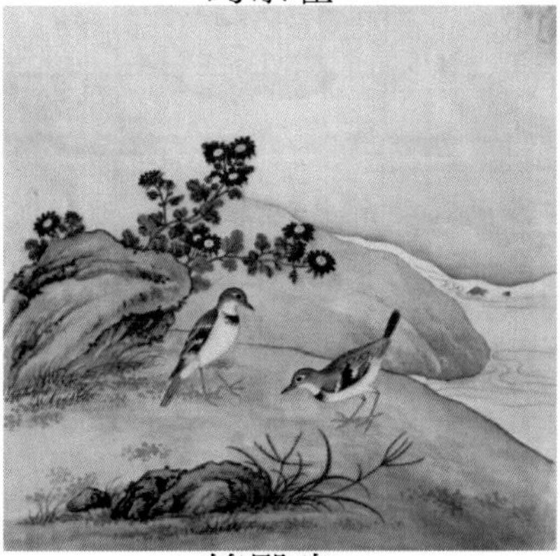
搖臀雀

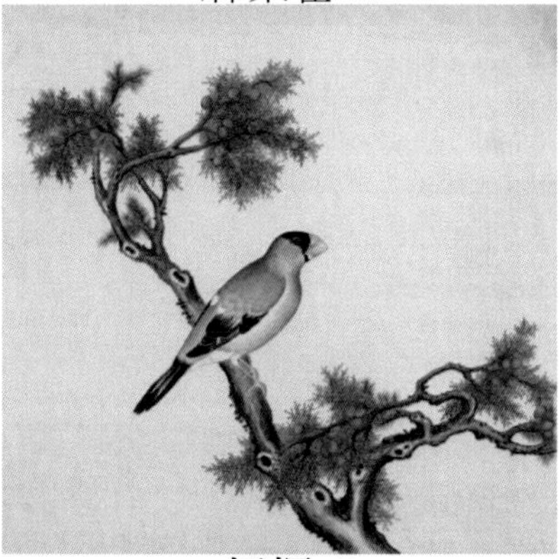
梧桐

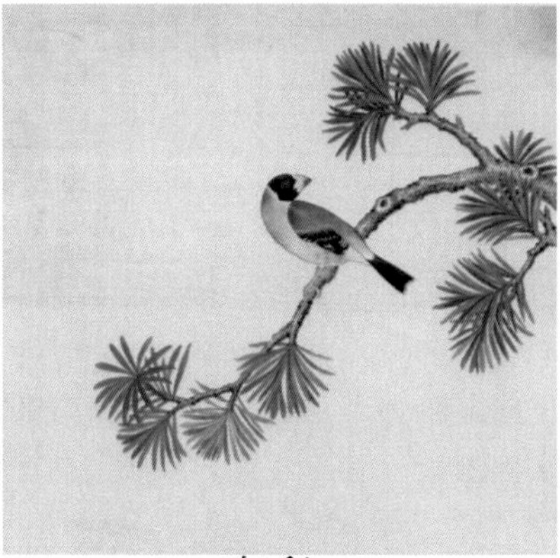
皂兒

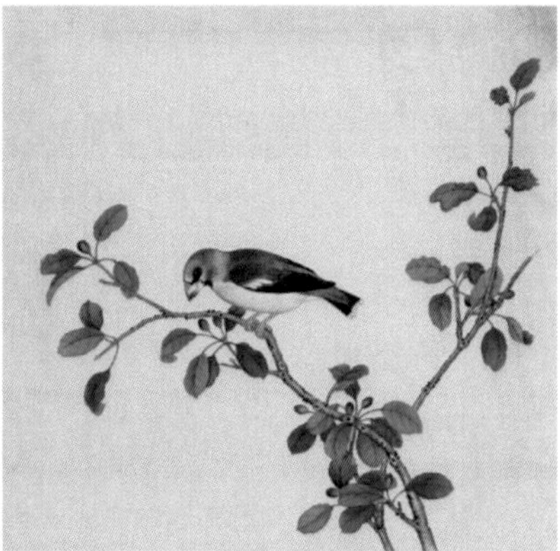
灰兒

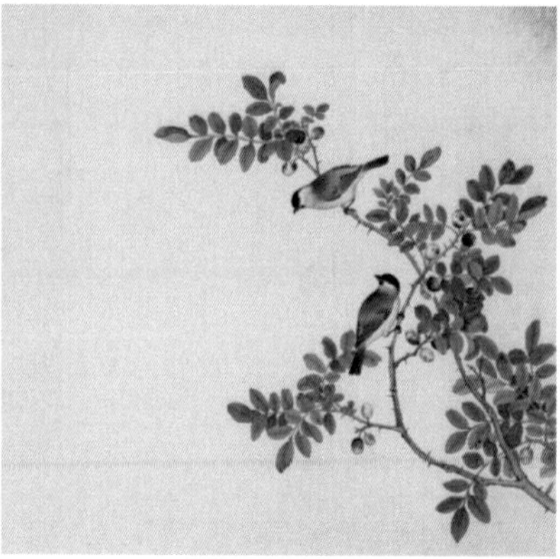
仔仔黑

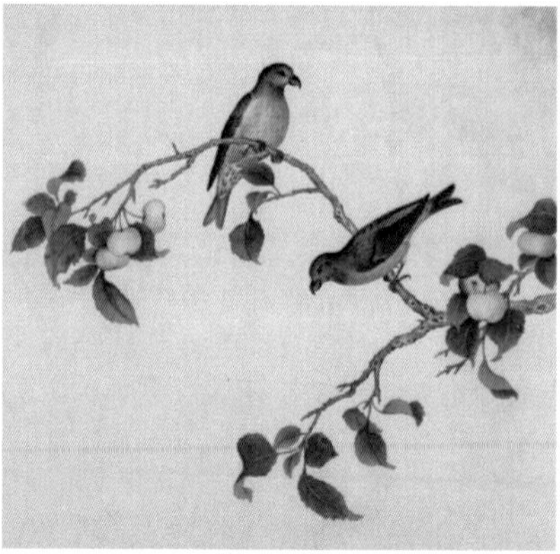
黃交鶯

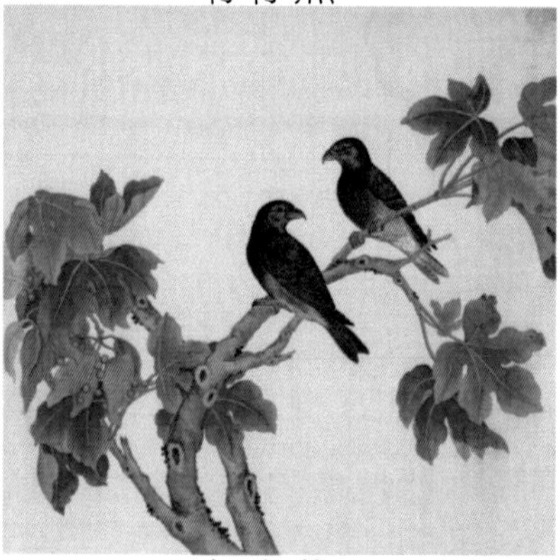
紅交鶯

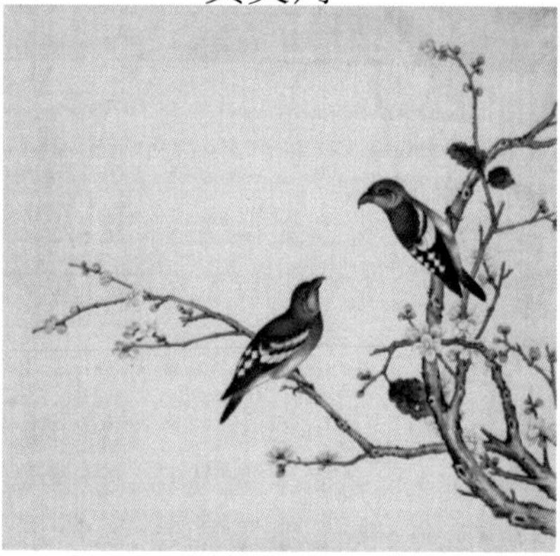
花交鶯

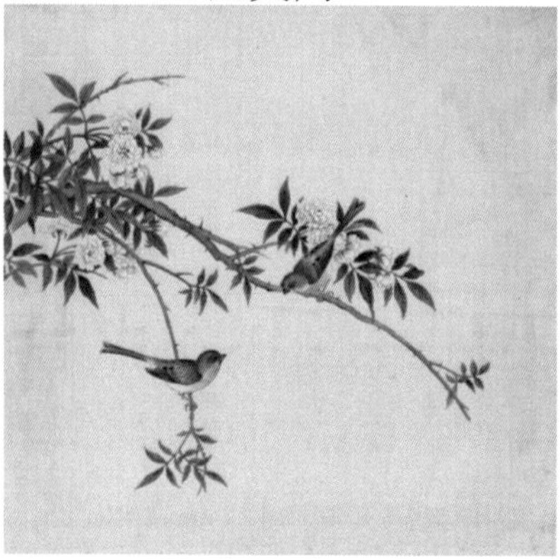
虎頭雀

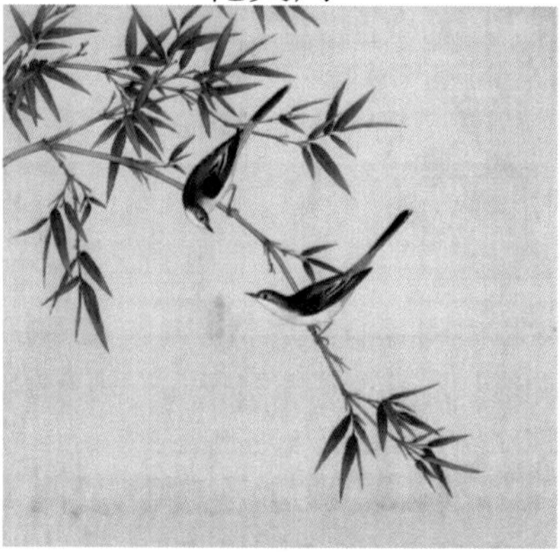
竹葉鳥

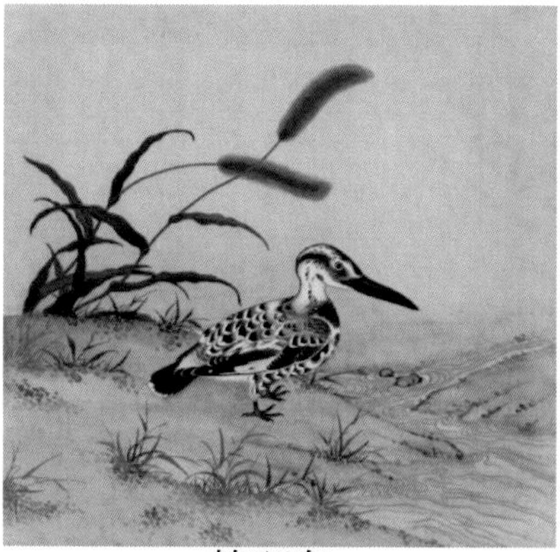

花斑鳥

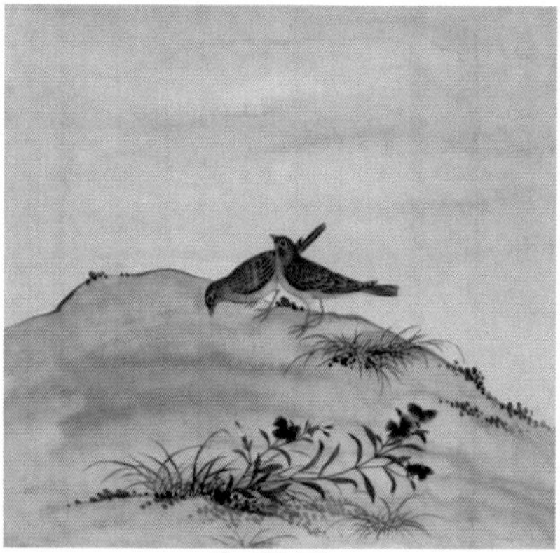

告天子

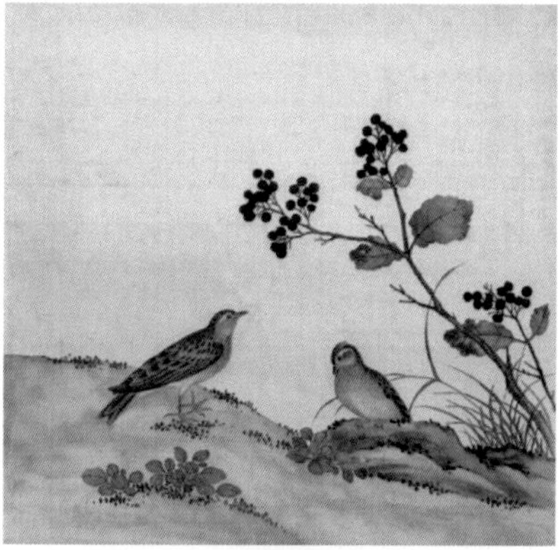

鐵脚

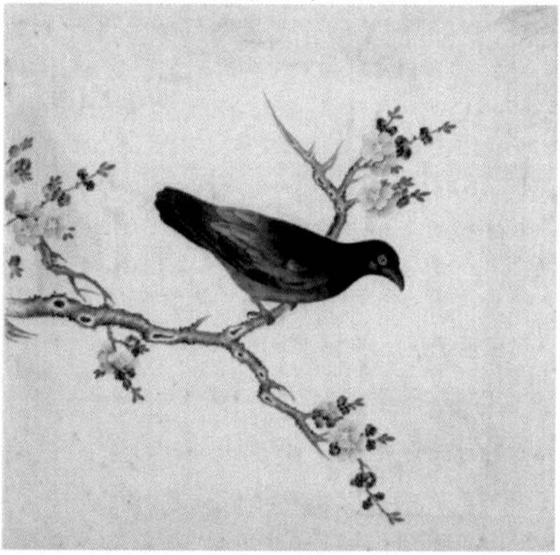

國公鳥

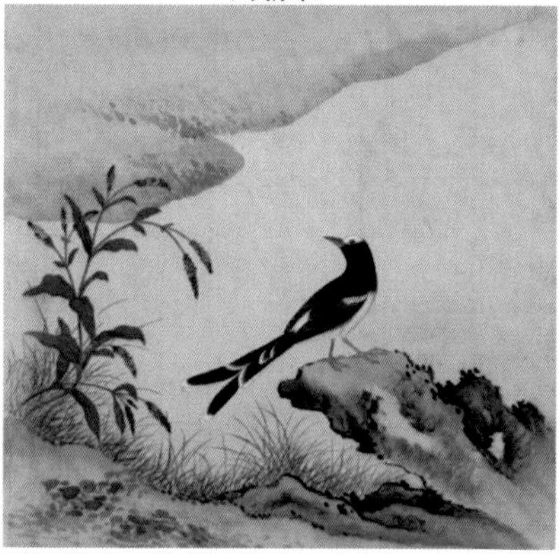

信鳥

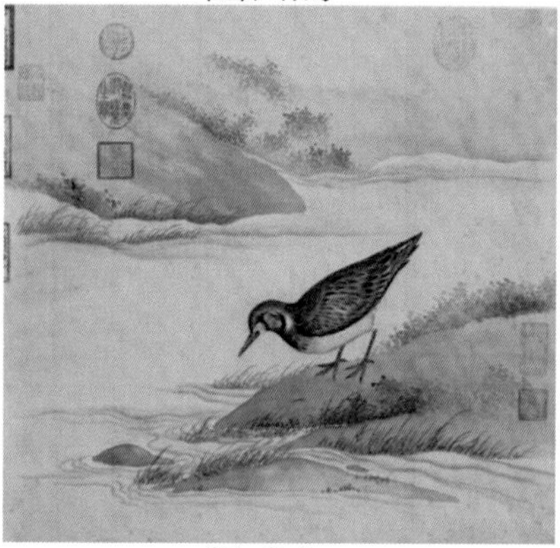

提壺鳥

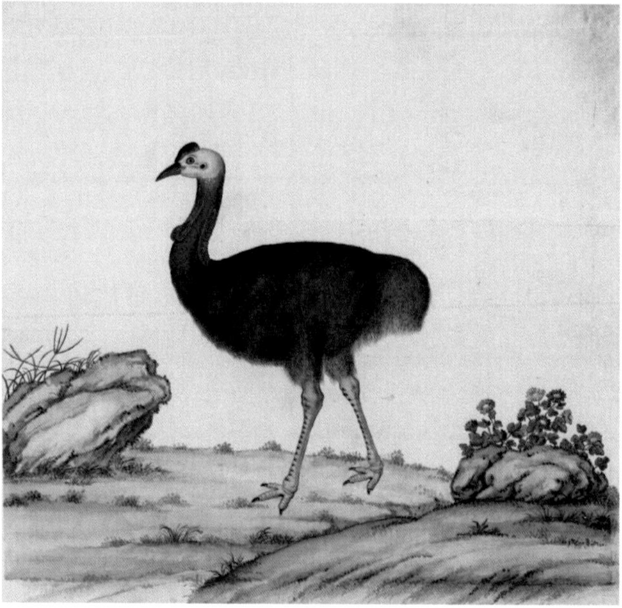

額摩鳥

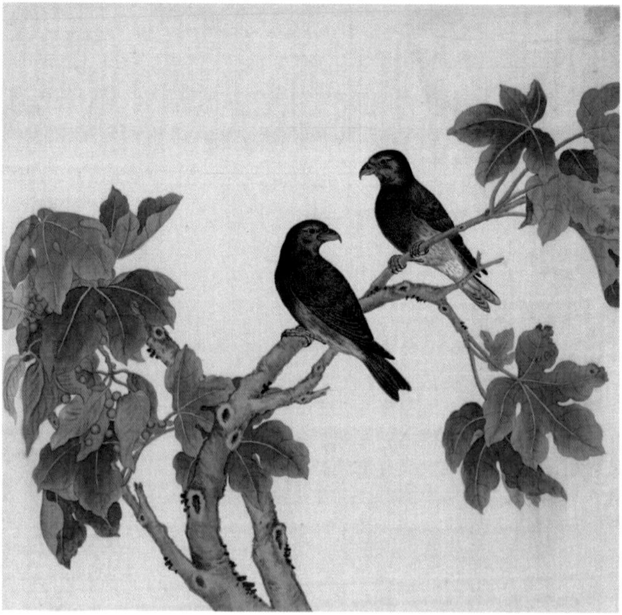

《鳥譜》第十二冊　紅交觜

鳥類漢滿名稱對照表（十二）

順次	漢文	滿文	羅馬字轉寫	備註
1	白超	ᠯᠠᡥᡡᡨᠠ	lahūta	
2	黑超	ᠯᠠᠮᡠᠨ ᠯᠠᡥᡡᡨᠠ	lamun lahūta	
3	鴞鳥	ᠶᠠᠪᡠᠯᠠᠨ	yabulan	
4	貓兒頭	ᡝᠯᠪᡝᠨ ᡤᡡᠸᠠᡵᠠ	elben gūwara	
5	飛鴞	ᡩᡝᠶᡝᡵᡝ ᠶᠠᠪᡠᠯᠠᠨ	deyere yabulan	
6	山鴞	ᠠᠯᡳᠨ ᡳ ᠶᠠᠪᡠᠯᠠᠨ	alin i yabulan	
7	夭鳥	ᡤᠠᠨᡳᠣᠩᡤᠠ ᡤᠠᠰᡥᠠ	ganiongga gasha	
8	鴟梟	ᠶᠠᠪᡧᠠᡥᡡ	yabšahū	

順次	漢文	滿文	羅馬字轉寫	備註
9	土梟	ᡨᡠᡧᠠᡥᡡ	tušahū	
10	山鴞	ᠠᠯᡳᠨ ᡳ ᡥᡡᡧᠠᡥᡡ	alin i hūšahū	
11	鵵鴞	ᠴᠣᠪᠣᠯᠠᠨ	cobolan	
12	山鴞	ᡝᠯᠪᡝᠨ ᡤᡡᠸᠠᡵ	elben gūwar	
13	怪鴞	ᡤᠠᠨᡳᠣᠩᡤᠠ ᡥᡡᡧᠠᡥᡡ	ganiongga hūšahū	
14	馴狐	ᡳᠯᡩᡠᠪᡳ	ildubi	
15	鵩鳥	ᡶᡠᡧᠠᡥᡡ	fušahū	
16	鵂鶹	ᡩᠣᠪᡴᡝ	dobke	
17	木鴞	ᡶᡠ ᡤᡡᠸᠠᡵᠠ	fu gūwara	

順次	漢文	滿文	羅馬字轉寫	備註
18	夜貓	ᡥᡡᡧᠠᡥᡡ	hūšahū	
19	姑獲	ᠶᡝᠮᠵᡳᡵᡳ ᡤᠠᠰᡥᠠ	yemjiri gasha	
20	治鳥	ᡠᠶᡠᡨᡠᠩᡤᡝ ᡤᠠᠰᡥᠠ	uyutungge gasha	
21	鬼車	ᡥᡠᠵᡝᠩᡤᡝ ᡤᠠᠰᡥᠠ	hujengge gasha	
22	狠鶻	ᠠᠨᠴᡠᠨ ᡤᡡᠸᠠᡵᠠ	ancun gūwara	
23	雲頭花豹	ᠠᠯᡥᠠ ᡠᠵᡠᠩᡤᠠ ᡥᡠᠸᡝᡨᡝᠨ	alha ujungga huweten	
24	老鴟	ᡥᡠᡴᡧᡝᠨ ᡥᡡᡧᠠᡥᡡ	hukšen hūšahū	

順次	漢文	滿文	羅馬字轉寫	備註
25	阿黎耶	ᡥᡡᡥᡡᡵᡳ	hūhūri	
26	茅鴟	ᡝᠯᠪᡝᠨ ᡤᡡᠸᠠᡵᠠ	elben gūwara	
27	狂鳥	ᡶᡠᡩᠠᡥᡳ ᡤᡡᠸᠠᡵᠠ	fudahi gūwara	
28	鵂鴟	ᡶᡠ ᡤᡡᠸᠠᡵᠠ	fu gūwara	
29	䲴	ᠮᠠᠩᡴᠠᠨ ᡤᡡᠸᠠᡵᠠ	mangkan gūwara	
30	樹貓兒	ᡥᡠᠮᡧᡝ	humše	
31	雚	ᡠᠯᡥᡡᡵᡳ ᡤᡡᠸᠠᡵᠠ	ulhūri gūwara	
32	老鵂	ᡥᡠᡴᡧᡝᠨ ᡶᡠ ᡤᡡᠸᠠᡵᠠ	hukšen fu gūwara	

順次	漢文	滿文	羅馬字轉寫	備註
33	藿	ᡧᡠᠩᡴᡝᡵᡳ ᡤᡡᠸᠠᡵᠠ	šungkeri gūwara	
34	轂轆鷹	ᡤᡠᡵᠯᡠᠨ ᡤᡡᠸᠠᡵᠠ	gurlun gūwara	
35	呼喀鷹	ᡥᡠᡵᡴᡠᠨ ᡤᡡᠸᠠᡵᠠ	hurkun gūwara	
36	夜食鷹	ᡩᠣᠪᠣᡵᡳ ᠵᡝᡨᡝᡵᡝ ᡤᡳᠶᠠᡥᡡᠨ	dobori jetere giyahūn	
37	鵂鶹	ᠵᡠᡴᡳᡩᡠᠨ	jukidun	
38	越雉	ᠶᠣᡴᡳᡩᡠᠨ	yokidun	
39	懷南	ᠵᡠᠨᠠᡵᠠ	junara	

順次	漢文	滿文	羅馬字轉寫	備註
40	逐隱	ᠵᡠᠶᡝᡩᡠᠨ	juyedun	
41	山鵻	ᠠᠯᡳᠨ ᡳ ᠵᡠᡴᡳᡩᡠᠨ	alin i jukidun	
42	內史	ᠨᡝᠰᡳᡩᡠᠨ	nesidun	
43	花豸	ᡳᠯᡴᡳᡩᡠᠨ	ilkidun	
44	子規	ᠰᡳᠮᠠᡵᡳ ᠴᡝᠴᡳᡴᡝ	simari cecike	
45	回回鳥	ᡥᡠᡵᡥᡠᡳ ᠴᡝᠴᡳᡴᡝ	hurhui cecike	
46	巂周	ᠵᡠᡵᠵᡠᠨ	jurjun	
47	子巂鳥	ᠰᡠᠮᠠᡵᡳ ᠴᡝᠴᡳᡴᡝ	sumari cecike	
48	鷤鳺鳥	ᡨᠠᡤᡳᡵᡳ ᠴᡝᠴᡳᡴᡝ	tagiri cecike	

順次	漢文	滿文	羅馬字轉寫	備註
49	買⿰金危	ᡥᠣᠮᡳᡩᠠ ᠴᡝᠴᡳᡴᡝ	homida cecike	
50	杜鵑	ᠰᡳᠮᠠᡨᡠᠨ ᠴᡝᠴᡳᡴᡝ	simatun cecike	
51	杜宇	ᡩᡠᠶᡠᠨ ᠴᡝᠴᡳᡴᡝ	duyun cecike	
52	鶗鴂	ᡨᡳᠩᡤᡠᡵᡳ ᠴᡝᠴᡳᡴᡝ	tingguri cecike	
53	松花	ᠰᡠᠩᡤᠠᡵᡳ ᠴᡝᠴᡳᡴᡝ	sunggari cecike	
54	蜀黍雀	ᡧᡠᡧᡠ ᠴᠠᠯᡳᡥᡡᠨ	šušu calihūn	
55	麻葉雀	ᠰᡳᡧᠠᡵᡳ ᠴᡝᠴᡳᡴᡝ	sišari cecike	

順次	漢文	滿文	羅馬字轉寫	備註
56	搖臀雀	ᡨᡠᡴᡳᠶᡝᡵᡳ ᠴᡝᠴᡳᡴᡝ	tukiyeri cecike	
57	梧桐	ᡨᡠᡵᡳ ᠴᡝᠴᡳᡴᡝ	turi cecike	
58	蠟觜	ᠰᡠᠸᠠᠶᠠᠨ ᡝᠩᡤᡝ ᠴᡝᠴᡳᡴᡝ	suwayan engge cecike	
59	鸜鵒	ᡴᡳᠣᠩᡤᡠᡥᡝ	kiongguhe	
60	冬鳸	ᡨᡠᠸᡝᡨᡠᡵᡳ ᡤᠠᠰᡥᠠ	tuweturi gasha	
61	竊黃	ᡤᡝᠯᡶᡳᠶᡝᠨ ᠰᡠᠸᠠᠶᠠᠨ ᠴᡝᠴᡳᡴᡝ	gelfiyen suwayan cecike	

順次	漢文	滿文	羅馬字轉寫	備註
62	皂兒	ᠶᠠᠴᡳᠨ ᡡᠨ ᠴᡝᠴᡳᡴᡝ	yacin ūn cecike	
63	灰兒	ᡡᠨ ᠴᡝᠴᡳᡴᡝ	ūn cecike	
64	夏鳸	ᠵᡠᡨᡠᠷᡳ ᠴᡝᠴᡳᡴᡝ	juturi cecike	
65	竊元	ᡤᡝᠯᡶᡳᠶᡝᠨ ᠶᠠᠴᡳᠨ ᠴᡝᠴᡳᡴᡝ	gelfiyen yacin cecike	
66	桑鳸	ᠨᡳᡨᡠᠷᡳ ᠴᡝᠴᡳᡴᡝ	nituri cecike	
67	竊脂	ᡤᡝᠯᡶᡳᠶᡝᠨ ᡧᠠᠨᠶᠠᠨ ᠴᡝᠴᡳᡴᡝ	gelfiyen šanyan cecike	

順次	漢文	滿文	羅馬字轉寫	備註
68	仔仔黑	ᡳᠵᠠ ᠴᡝᠴᡳᡴᡝ	ija cecike	
69	黃交觜	ᠰᡠᠸᠠᠶᠠᠨ ᡥᡳᠶᠠᡤᠠᠯᡳ ᠴᡝᠴᡳᡴᡝ	suwayan hiyagali cecike	
70	虎皮鈎交觜	ᡴᡠᡵᡳ ᡥᡳᠶᠠᡤᠠᠯᡳ ᠴᡝᠴᡳᡴᡝ	kuri hiyagali cecike	
71	紅交觜	ᡶᡠᠯᡤᡳᠶᠠᠨ ᡥᡳᠶᠠᡤᠠᠯᡳ ᠴᡝᠴᡳᡴᡝ	fulgiyan hiyagali cecike	
72	花交觜	ᠠᠯᡥᠠ ᡥᡳᠶᠠᡤᠠᠯᡳ ᠴᡝᠴᡳᡴᡝ	alha hiyagali cecike	

順次	漢文	滿文	羅馬字轉寫	備註
73	虎頭雀	ᠪᡠᠨᠵᡳᡥᠠ	bunjiha	
74	竹葉鳥	ᠴᡠᠰᡝᡵᡳ ᠴᡝᠴᡳᡴᡝ	cuseri cecike	
75	花斑鳥	ᠪᡝᡩᡝᡵᡳ ᠴᡝᠴᡳᡴᡝ	bederi cecike	
76	告天子	ᡤᡠᠸᡝᠨᡩᡝᡵᡥᡝᠨ	guwenderhen	
77	天鷚	ᠮᡠᠯᡩᡝᡵᡥᡝᠨ	mulderhen	
78	天鸙	ᠪᡳᠯᡝᡵᡥᡝᠨ	bilerhen	
79	燕雀	ᠴᡳᠪᡳᠨ ᠴᡝᠴᡳᡴᡝ	cibin cecike	
80	叫天子	ᠵᠣᡵᡤᡳᡵᡥᡝᠨ	jorgirhen	

順次	漢文	滿文	羅馬字轉寫	備註
81	鐵脚	ᡠᡴᠠᠨ ᠴᡝᠴᡳᡴᡝ	ukan cecike	
82	阿蘭	ᠸᡝᠨᡩᡝᡵᡥᡝᠨ	wenderhen	
83	國公鳥	ᡤᡠᡤᡠᠨ ᡤᠠᠰᡥᠠ	gugun gasha	
84	信鳥	ᠮᡝᠵᡳᠨ ᠴᡝᠴᡳᡴᡝ	mejin cecike	
85	進鳥	ᠮᡝᡩᡝᡤᡝᡵᡳ ᠴᡝᠴᡳᡴᡝ	medegeri cecike	
86	提壺鳥	ᡨᡳᠩᡤᡠ ᠴᡝᠴᡳᡴᡝ	tinggu cecike	
87	鶖鷲爾	ᡮᡠᠶᡠᡵ	ts'uyur	
88	額摩鳥	ᡝ ᠮᠣ ᡤᠠᠰᡥᠠ	e mo gasha	

順次	漢文	滿文	羅馬字轉寫	備註
90	格素爾	ᡤᡝᠰᡠᡵ ᡤᠠᠰᡥᠠ	gesur gasha	

資料來源：《清宮鳥譜》，北京，故宮出版社，2014年10月，第十二冊。

《鳥譜》第十二冊所標列鳥類名稱共三十幅，包括：白超（lahūta）、黑超（lamun lahūta）、鴞鳥（yabulan）、狠鶻（ancun gūwara）、雲頭花豹（alha ujungga huweten）、茅鴟（elben gūwara）、樹貓兒（humše）、木兔（fu gūwara）、鷦鳩（jukidun）、子規（simari cecike）、松花（sunggari cecike）、蜀黍雀（šušu calihūn）、蔴葉雀（sišari cecike）、搖臀雀（tukiyeri cecike）、梧桐（turi cecike）、皂兒（yacin ūn cecike）、灰兒（ūn cecike）、仔仔黑（ija cecike）、黃交觜（suwayan hiyagali cecike）、紅交觜（fulgiyan hiyagali cecike）、花交觜（alha hiyagali cecike）、虎頭雀（bunjiha）、竹葉鳥（cuseri cecike）、花斑鳥（bederi cecike）、告天子（guwenderhen）、鐵脚（ukan cecike）、國公鳥（gugun gasha）、信鳥（mejin cecike）、提壺鳥（tinggu cecike）等三十種鳥類名稱，此外還有各種別名，表十二所列鳥類名稱共計八十九種。

白超（lahūta），屬於鷂鷹類，常迴翔空中，看見食物，即飛下一掠而去。黑超，滿文讀作"lamun lahūta"，意即「藍超」，也是屬於鷂鷹類。鴞鳥（yabulan），其大小毛色不一，名稱甚多，包括：鴟梟（yabšahū）、土梟（tušahū）、山鴞（alin i hūšahū）、鵋鴞（cobolan）、茅鴟（elben gūwara）、怪鴞（ganiongga hūšahū）、馴狐（ildubi）、鵩鳥（fušahū）、鵂鶹（dobke）、木鴞（fu gūwara）、

夜貓（hūšahū）、姑獲（yemjiri gasha）、治鳥（uyutungge gasha）、鬼車（hujengge gasha）、貓兒頭（elben gūwara）、飛鴞（deyere yabulan）、夭鳥（ganiongga gasha）等。鴞鳥晝伏夜飛，日中無所覩，夜則飛行捕鼠而食。茅鴟（elben gūwara）似鷹而白，又名鵂鶹（fu gūwara），亦名䳳（mangkan gūwara）。樹貓兒（humše），又稱土梟（tušahū），因其栖止樹林，故俗有樹貓之稱。夜貓兒（hūšahū），也是日中不能見物。樹貓兒、夜貓兒的頭、眼如貓，眼旁有耳。夜貓兒鳥身如雞，不能遠飛，行不出境，體有文采，土俗因其形而稱之為鵩（fušahū），亦即夜貓鷹（hūšahū giyahūn）。木鵂（fu gūwara），又作「木兔」，頂有兩毛角如兔耳，兔頭有角。別名雚（ulhūri gūwara），又名老鵂（hukšen fu gūwara）。雚滿文又作“šungkeri gūwara”。蜀人呼為轂轆鷹（gurlun gūwara），楚人呼為呼咵鷹（hurkun gūwara）、吳人呼為夜食鷹（dobori jetere giyahūn），是一種夜飛鳥。狠鶻（ancun gūwara），頭面如狸，頭有雙耳，耳上起蒼毛角，矗如兔耳。日中盲無所見，夜則燭見毫髮，是屬於鴟類。滿文“huweten”，意即「土豹」，或「花豹」。“alha ujungga huweten”，意即「雲頭花豹」屬於鷹類，梵書作阿黎耶（hūhūri）。

鷓鴣（jukidun），有多種別名，隨陽地方稱為越雉（yokidun），飛必南向，呼為懷南（junara），江東人呼為逐隱（juyedun）。鷓鴣畏霜露，夜棲則以樹葉覆其背。遇暖則相對而啼，謂之山鴣（alin i jukidun）。形似母雞，頭如鶉，其性好潔，一名內史（nesidun），一名花豸（ilkidun）。

子規（simari cecike），至春則啼，啼必北向。其別名包括：子巂鳥（sumari cecike）、杜鵑（simatun cecike）、鸋鴂鳥（tagiri cecike）、杜宇（duyun cecike）、回回鳥（hurhui cecike）、巂周（jurjun）、買鵵（homida cecike）、鸐（junggidei）、怨鳥（usari cecike）、謝豹（siye bao）等。甌越間以子規為怨鳥，夜啼達旦，

血漬草木，子規啼苦則倒懸於樹上。相傳杜宇望帝修道，而化為杜鵑鳥。

松花（sunggari cecike），是一種北方鳥，性噪，聲巨。蜀黍雀（šušu calihūn），因秫熟時群棲於秫田間啄秫粒而食，故名蜀黍雀。麻葉雀（sišari cecike），滿文“sišari”，意即「苧麻」，麻葉雀，意即「苧麻雀」。搖臀雀（tukiyeri cecike），其尾不甚長，而時時動搖，故俗稱搖臀雀。鳸鳥（tuweturi gasha），又作冬鳸（tuweturi gasha），其觜凝黃如蠟者，俗名蠟觜（suwayan engge cecike），大如鸜鴿（kiongguhe），一名竊黃（gelfiyen suwayan cecike），亦稱梧桐（turi cecike），人家多畜其雛，教作戲舞。灰兒（ūn cecike），形小於梧桐（turi cecike），是一種麥雞，又作「炭兒」，別名桑鳸（nituri cecike），一名竊脂（gelfiyen šanyan cecike），因其觜淡白如脂而得名。皂兒（yacin ūn cecike），大小與灰兒相等，頭、頰純黑，黑翅，黑尾。皂兒，滿文讀作“yacin ūn cecike”，意即「黑灰兒」，別名夏鳸（juturi cecike），一名竊元（gelfiyen yacin cecike），又名豹頭（yarju cecike）。

滿文“ija”，意即「牛虻」，“ija cecike”，漢文作「仔仔黑」，以喻其小，有紅黑二種。黃交觜（suwayan hiyagali cecike），其近尾背毛黃黑相間，有如虎斑，故亦名虎皮鉤交觜（kuri hiyagali cecike）。紅交觜（fulgiyan hiyagali cecike），背、腹殷紅色，勾喙，下咮左右交，以觜鉤樹而行。花交觜（alha hiyagali cecike），淡紅頂、背，淡紅胸、腹。

虎頭雀（bunjiha），身小而頭、眼獨大，故有虎頭之名。竹葉鳥（cuseri cecike），出福建寧德縣山谷內。花斑鳥（bederi cecike），其肩、背及腹黑毛白毛相間成花斑，出福建閩安縣河川處食魚蝦。告天子（guwenderhen），褐色如鶉而小，黎明時，遇天晴霽，且飛且鳴，直上雲端，一名叫天子（jorgirhen）。江東呼為天鷚（mulderhen），一名天鸙（bilerhen）。鐵脚，滿文讀作“ukan cecike”，意即「青頭雀」，是一種小鳥，其形狀與阿蘭（wenderhen）相似而不能鳴。國公鳥（gugun gasha），出福建連江縣山中。信鳥（mejin cecike），似鶺而小，能為百禽聲。古人謂使為信，信鳥即使鳥也，客至則飛鳴為信，又名進鳥（medegeri cecike）。提壺鳥（tinggu cecike），背、翅俱蒼黑色，淺白腹，赭黃足。

《鳥譜》第十二冊附跋文、額摩鳥及《御製詠額摩鳥十韻》。額摩鳥，古今圖籍未載。此鳥在嘎拉巴名額摩（e mo gasha），在佛朗機名格素爾（gesur gasha）。格素爾（gesur），係葡萄牙文“casuar”借詞，意即「食火雞」。額摩鳥性極馴，以手撫之，輒依人而立。

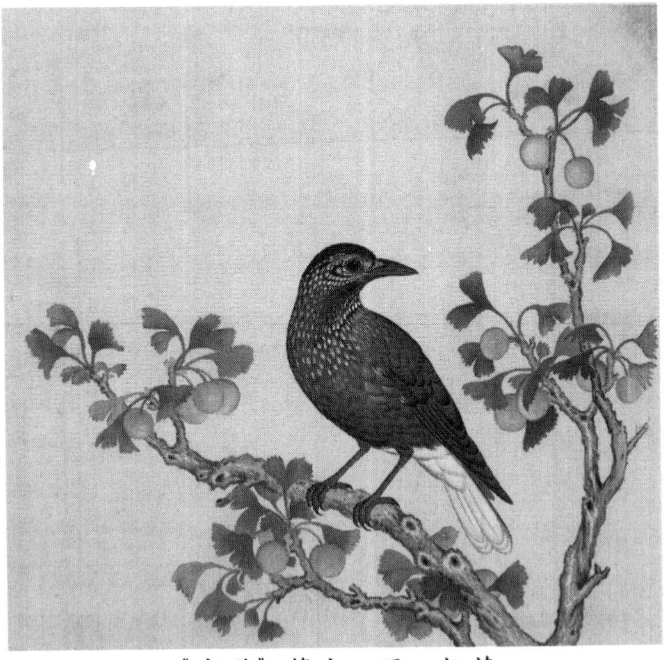

《鳥譜》第十二冊　松花

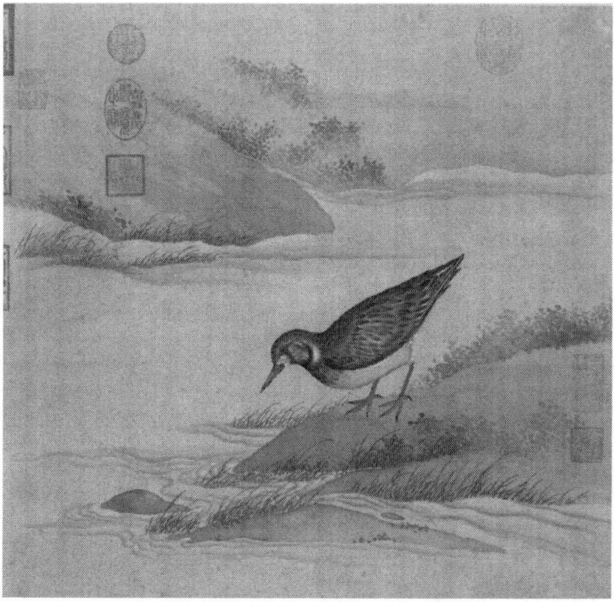

《鳥譜》第十二冊　提壺鳥

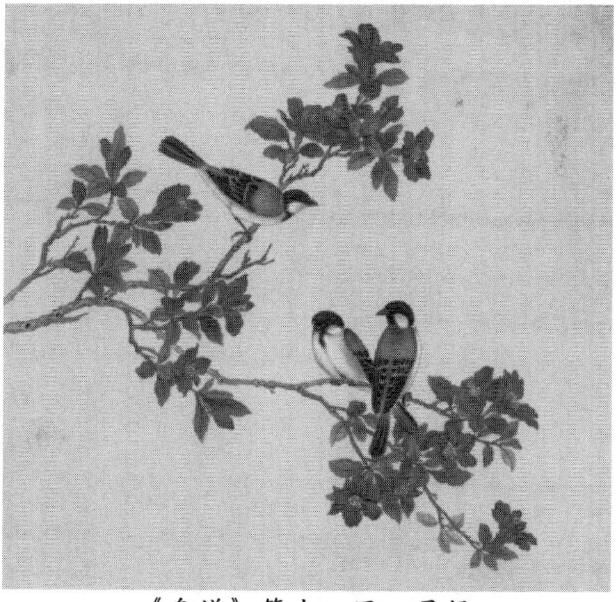

《鳥譜》第十二冊　子規

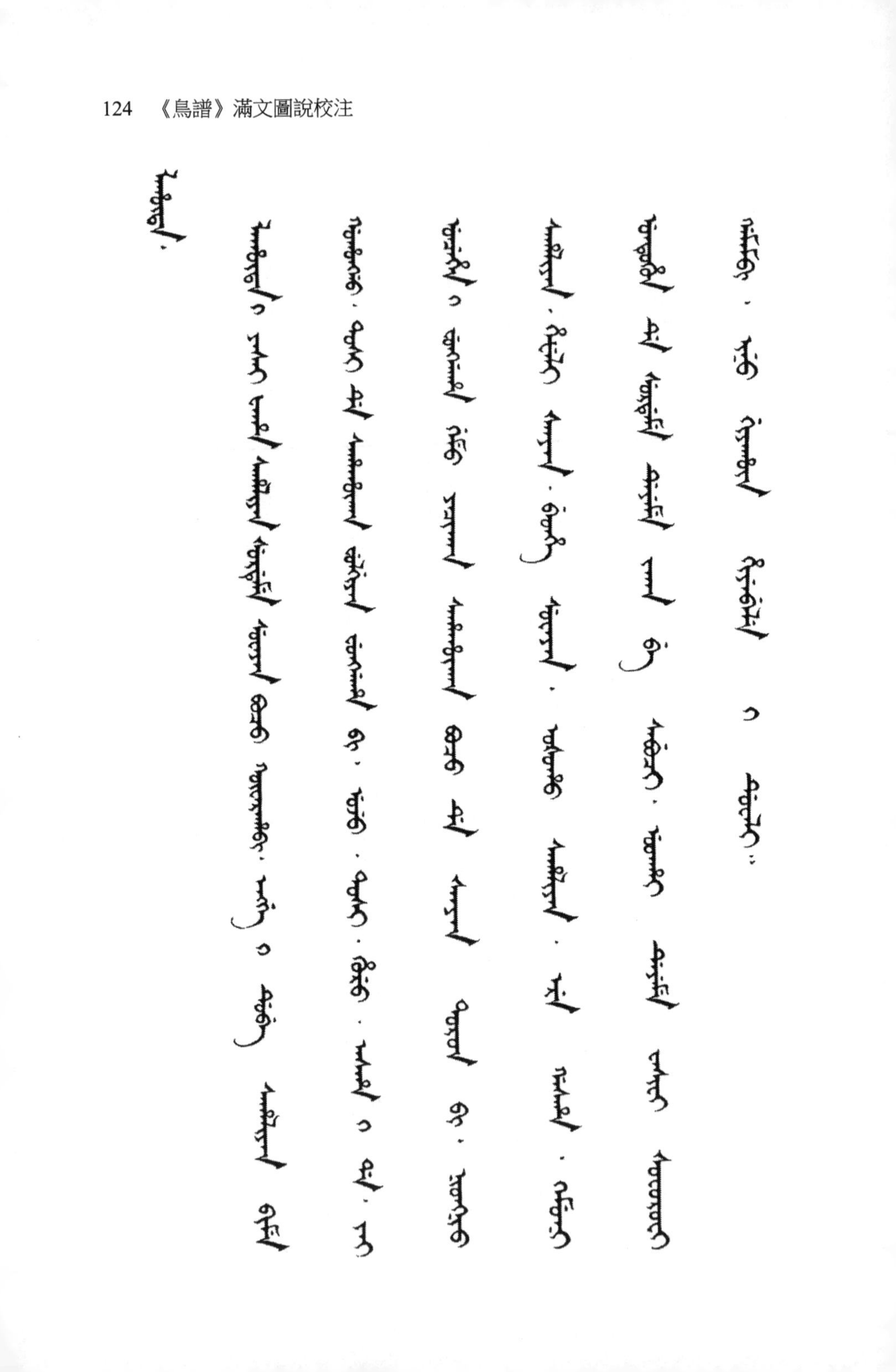

[illegible]

[illegible]

[illegible]

[illegible]

[illegible]

[illegible]

[illegible]

lahūta.

lahūta i yasai faha sahaliyan šurdeme suwayan boco kūwarahabi, engge i dube sahaliyan bime gohonggo, tosi de sahahūkan fulgiyan funggaha bi, uju, tosi, huru, asha i da, jai uncehen i funggaha gemu yacikan sahahūkan boco de šanyan toron bi, niongnio sahaliyan, hefeli šanyan, bethe suwayan, ošoho sahaliyan. ere gasha, kemuni untuhun de šurdeme deyeme jaka be sabuci, uthai deyeme wasifi šoforofi gamambi, inu giyahūn hiyebele i duwali.

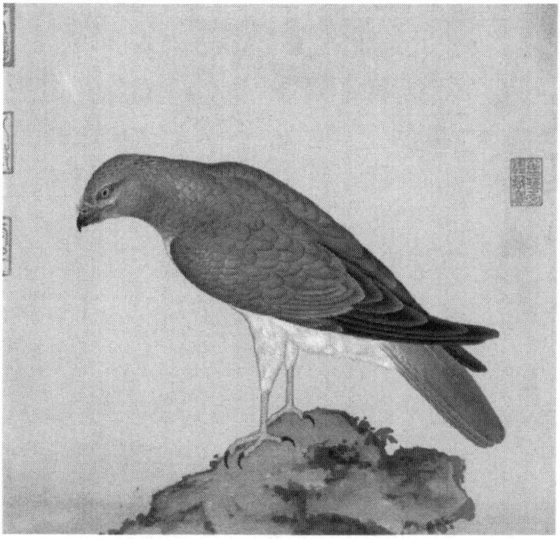

白超

白超，黑睛黃暈，黑勾喙，頂有蒼赤毛[62]。頭、項[63]、背、膊及尾，俱青蒼色帶白暈，黑翮，白腹，黃足，黑爪。此鳥常迴翔空中，有所見[64]，即飛下一掠而去，亦鶬鷹之類也。

62 頂有蒼赤毛，句中「頂」，滿文讀作“tosi”，意即「玉頂」。
63 項，滿文讀作“tosi”，意即「玉頂」，此作「項」，誤。
64 有所見，滿文讀作“jaka be sabuci”，意即「看見東西時」。

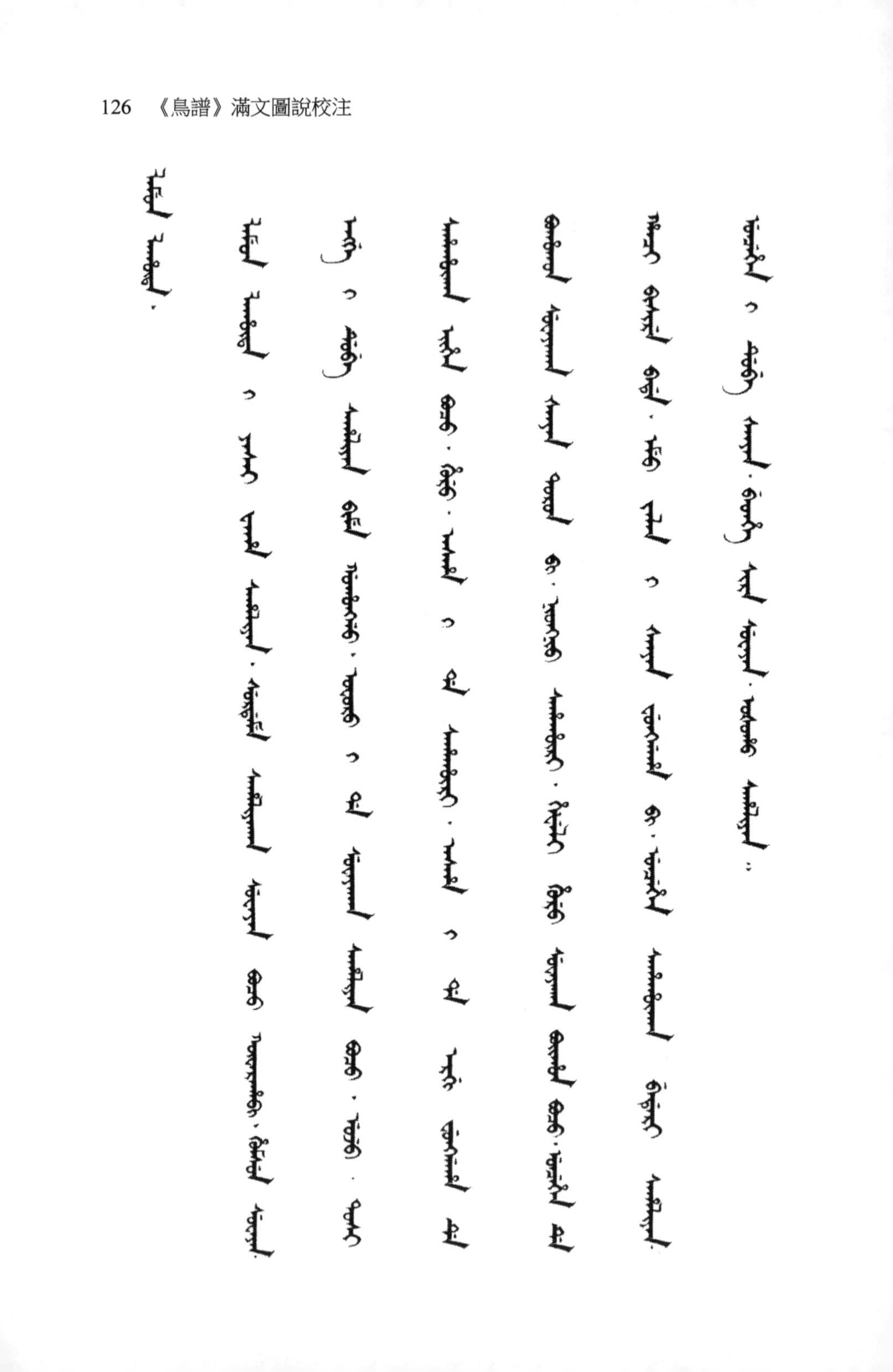

[illegible]

lamun lahūta.

lamun lahūta i yasai faha sahaliyan, šurdeme sahaliyakan suwayan boco kūwarahabi, humsun suwayan, engge i dube sahaliyan bime gohonggo, oforo i da suwayakan sahaliyan boco, uju, tosi sahahūkan eihen boco, huru, asha i da sahahūri, asha i da ergi funggaha de bohokon suwayakan šanyan toron bi, niongnio sahahūri, hefeli, huru suwayakan boihon boco, uncehen de hanci bisire bade, emu jalan i šanyan funggaha bi, uncehen sahahūkan bederi sahaliyan, uncehen i dube šanyan, bethe, sira suwayan, ošoho sahaliyan.

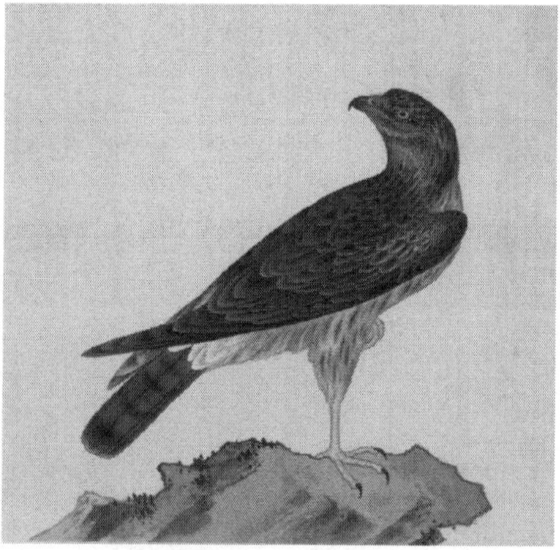

黑超[65]

黑超，黑睛，黑黃暈，黃瞼，黑勾喙，鼻根黃黑色，頭、項蒼赭[66]，蒼黑背、膊，膊毛帶土黃白暈，蒼黑翮，土黃腹、背，近尾有白毛一節，蒼尾黑斑，白尾尖，黃脛、足，黑爪。

65 黑超，滿文讀作“lamun lahūta”，意即「藍超」，是一種鷹。

66 頭、項蒼赭，句中「項」，滿文讀作“tosi”，意即「玉頂」，原指馬匹的額頭有白色點，此作「項」，誤。

[illegible]

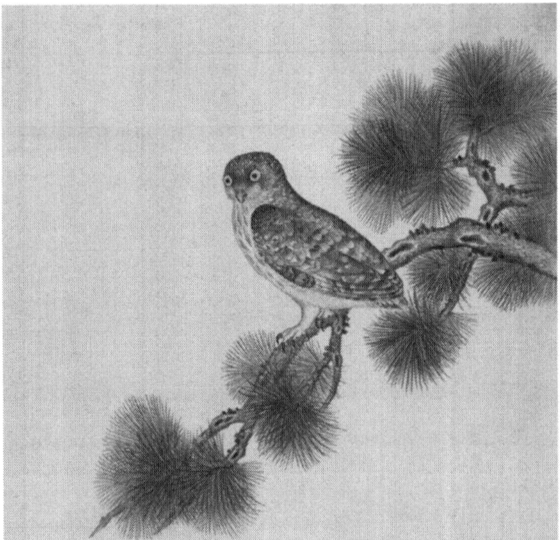

yabulan.

yabulan i yasai faha sahaliyan, šurdeme tumin suwayan boco kūwarahabi, engge i dube suwayakan šanyan bime gohonggo, uju, monggon sahahūkan fulgiyan boco, suwayakan boihon bederi bi, juwe šakšaha de narhūn šanyan funggaha bifi hoshoriname banjihabi, huru, asha i da, niongnio, uncehen gemu sahahūkan fulgiyan boco de amba ajige šanyan mersen suwaliyaganjahabi, sencehe, hefeli majige šanyakan bime, gelfiyen sahahūkan bederi bi, fatha šanyan nunggari nohobi, bethe, ošoho sahaliyan. ere gasha i arbun elben gūwara de adali, juwe yasa inu amba, damu beye ajige kekuhe i gese, yasa eiten be saburakū, inenggi šun de tomombi, dobori deyembi, ere uthai lu gurun i maktacun de henduhe deyere yabulan inu. alin mederi nomun de, be ioi alin de yabulan gasha labdu sehebe suhe bade, yabulan, kekuhe de adali bime boco yacin sehebi. lu gi i araha irgebun i nomun i suhen de, yabulan i amba

---

鴞鳥

鴞鳥，黑睛深黃暈，黃白勾喙，蒼赤頭、項，土黃斑，兩頰有細白毛茸出。背、膊、翮、尾皆蒼赤質，間以大小白斑，頷、腹微白有淺蒼紋，淺白毛腳，黑爪[67]。此鳥形如貓兒頭[68]，其兩目亦大，獨身小如鳩，日中無所覩，晝伏夜飛，即《魯頌》所云飛鴞也。《山海經》：白於之山，其鳥多鴞，注云：鴞。似鳩而青色。陸璣《詩疏》云：鴞，大如鳩，

---

67 黑爪，滿文讀作“bethe ošoho sahaliyan”，意即「黑足、爪」。
68 貓兒頭，滿文讀作“elben gūwara”，意即「茅鴟」。

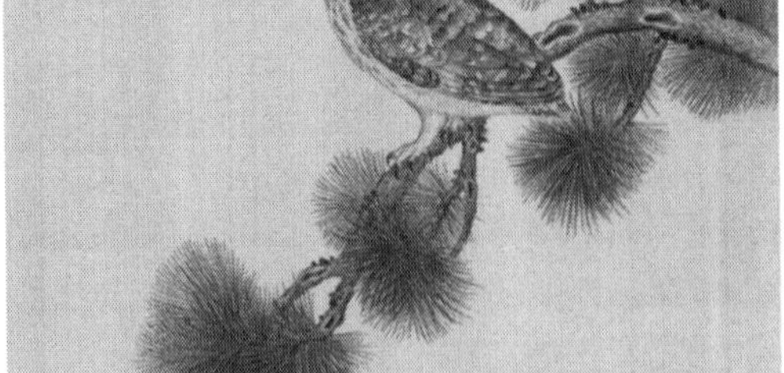

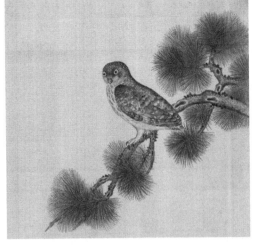

ici kekuhe de adali, suwayan funiyesun boco, ehe jilgan i gasha inu, terei yali umesi amtangga, šasigan booha araci ombi, geli šolofi jeci ombi, han gurun de han i amsu de belhere jaka be gemu erin de acabume baitalambime, damu yabulan be tuweri ocibe, juwari ocibe kemuni baitalahangge, cohome terei yali umesi amtangga i turgun sehebi. niyeceme suhe oktoi sekiyen i bithe de, yabulan i dorgi ajige ningge be alin i yabulan sembi. baba i alin bujan de gemu bi, arbun kekuhe de adali bime, uju amba, kesike i yasa, guwendere de beyei gebu be hūlambi, inenggi šun de jaka be saburakū, dobori deyeme singgeri be jafafi jembi sehebi. jeo gurun i dorolon i bithede, erebe ganiongga gasha sembi. geli nimalan use be jetere de amuran, tuttu lu gurun i maktacun de, tere debsiteme deyere yabulan, mini nimalan use be jeke sehebikai. terei yali umesi amtangga, damu ebci i dalba yali nekeliyen turga, jetere de amtan akū, tuttu ofi dorolon i nomun de, yabulan i ebci i yali be

---

黃褐色，惡聲之鳥也。其肉甚美，可為羹臛，又可為炙，漢供御物各隨其時，惟鴞冬夏常施之，以其美故也[69]。《本草補義》云：鴞之小者，名山鴞，處處山林有之，狀如鳩而大頭貓目，其鳴自呼，盛午不見物，夜則飛行捕鼠而食。《周禮》謂之夭鳥。又好食桑椹，《魯頌》所云：翩彼飛鴞，食我桑椹也。其肉甚美，惟脇側薄弱不堪食，故《禮》云：不食鴞胖[70]。

---

69 以其美故也，滿文讀作“cohome terei yali umesi amtangga turgun sehebi”，意即「以其肉甚美故也」。

70 不食鴞胖，滿文讀作“yabulan i ebci i yali be jeterakū”，意即「不食鴞之脇肉」。

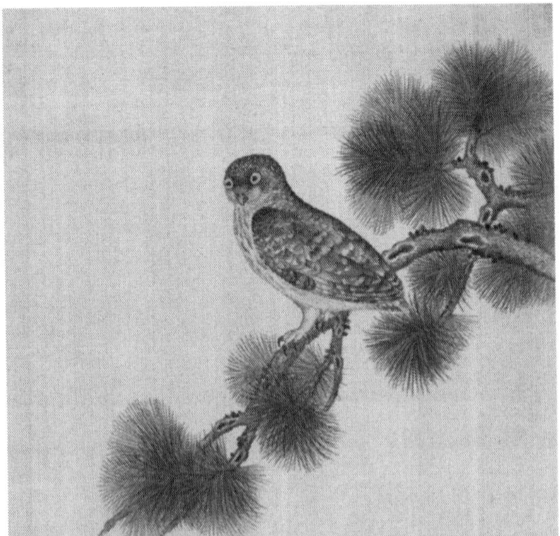

jeterakū sehebi. ememu urse, terei yasa be nunggehede, dobori dulin de jaka be sabume mutembi sembi, gashai nomun de, yabulan eme be nungnembi sehebe suhe bade, yabulan feye de bifi eme ulebumbi, asha dethe mutuha manggi, eme i yasa be congkime jefi deyeme genembi sehebi. eiten jakai kimcin de, yabulan i hacin umesi labdu, amba ajige funggaha i boco adali akū, yabšahū seme gebulerengge bi, ememu tušahū seme gebulerengge bi, alin i hūšahū seme gebulerengge bi, cobolan seme gebulerengge bi, elben gūwara seme gebulerengge bi, ganiongga hūšahū seme gebulerengge bi, ildubi seme gebulerengge bi, fušahū seme gebulerengge bi, dobke seme gebulerengge bi, fu gūwara seme gebulerengge bi, fušahū seme gebulerengge bi, embici arbun dursun de gebulehe, embici be 〔ba〕 na be dahame, gebu be enculehe bicibe, terei yasa i morohon amba ojorongge emu adali kai. jai yemjiri gasha, uyutungge gasha, hujengge gasha i jergingge oci, damu terei jilgan be bahafi donjiha dabala, terei arbun be sabuhangge tongga.

或云人吞其目能夜半見物,《禽經》:鴞鴟害母。注云:鴞在巢,母哺之,羽翼成,啄母目翔去。《庶物考》云:鴞之種甚多,大小毛色不一,有名鴟梟者,有名土梟者,有名山鴞者,有名鵋鴞者,有名茅鴞者,有名怪鴞者,有名馴狐者,有名鵩鳥者,有名鵂鶹者,有名木鴞者,有名夜貓者,或以形狀異名,或以山土殊號,其目之眈然而大則相同也[71]。至於姑獲、治鳥、鬼車之屬,惟聞其聲,罕有見其形者。

---

71 目之眈然而大,滿文讀作“yasa i morohon amba”,意即「目圓睜而大」。

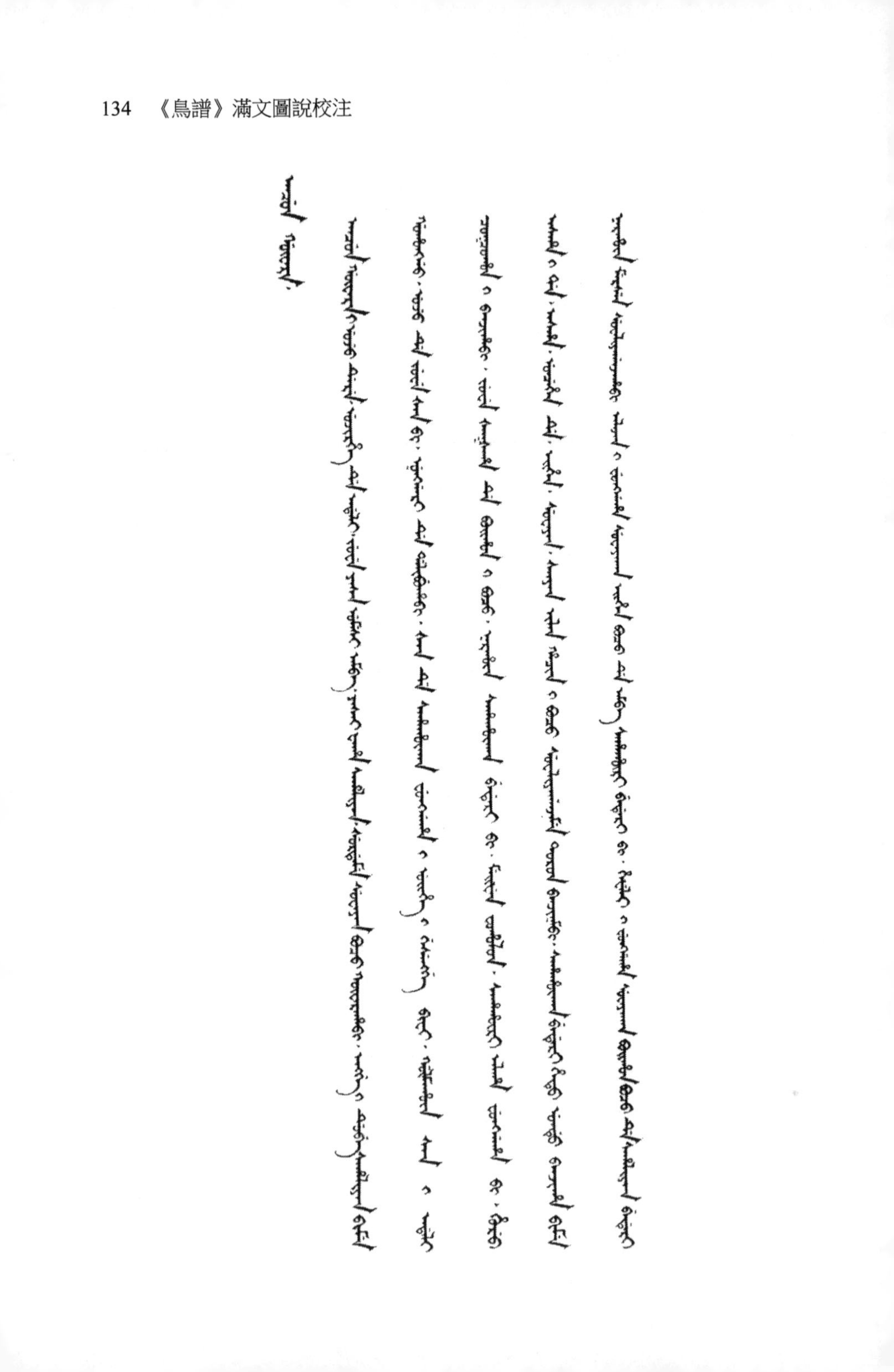

[illegible]

[illegible]

[illegible]

[illegible]

[illegible]

[illegible]

ancun gūwara.

ancun gūwara i uju, dere ujirhe de adali, juwe yasa umesi amba, yasai faha sahaliyan, šurdeme suwayan boco kūwarahabi, engge i dube sahaliyan bime gohonggo, uju de juwe šan bi, nunggari de dalibuhabi, šan de sahahūkan funggaha i uihe i gesengge bifi, gūlmahūn šan i adali cokcohon i banjihabi, juwe šakšaha de boihon i boco, narhūn sahahūkan bederi bi, meifen foholon, sahahūri alha funggaha bi, huru, asha i da, asha, uncehen de, eihen, suwayan, šanyan ilan hacin i boco suwaliyaganjame toron banjinambi, sahahūkan bederi hetu undu banjiha bime narhūn mersen suwaliyaganjahabi, alajan i funggaha suwayakan eihen boco de amba sahahūri bederi bi, hefeli i funggaha suwayakan boihon boco de sahaliyan bederi,

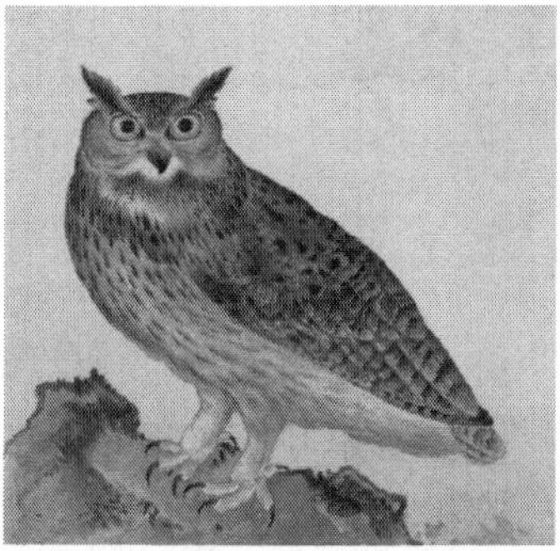

狠鶘

狠鶘，頭、面如狸[72]，兩目甚大，黑睛，黃暈，勾喙[73]，頭有雙耳，茸毛蔽之，耳上起蒼毛角，矗如兔耳，兩頰土色細蒼斑，短頸，蒼黑雜毛，背、膊、翅、尾赭、黃、白三色相暈，縱橫蒼黑斑，雜以細點，臆毛赭黃質蒼大斑，腹毛土黃質黑斑。

72 狸，滿文辭書作“ujirhi”，此作“ujirhe”，異。

73 勾喙，滿文讀作“engge i dube sahaliyan bime gohonggo”，意即「黑勾喙」。

[illegible]

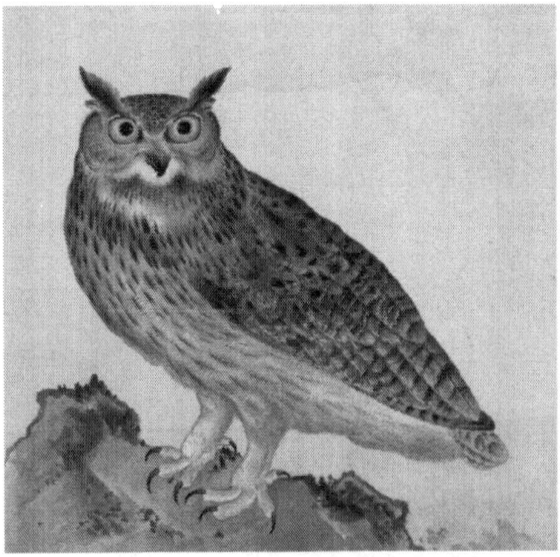

eihen boco alha bi, šanyakan nunggari bisire sira bethe, ošoho sahaliyan, inenggi šun de dogo i gese fuhali saburakū, asukilara be donjici sebkeme kemkime, asha funggaha suksureme sarambi, kemuni ini engge be kerkime, ho ho seme hūlambi, dobori de funiyehei gese jaka be gemu sabume mutembi, ere hūšahū i duwali inu. gashai nomun de, hūšahū omire de doosi sehebi. io yang bai hacingga ejetun de, hūšahū šeri, jai hūcin i muke be omirakū, damu aga muke asha de simeke manggi, teni bahafi muke omimbi sehebi. šajingga nomun i narhūn suhen de, hūšahū yabulan i yasa šun be tuwarakū bime terei funggala yasa sohiha be dasaci ombi sehebi.

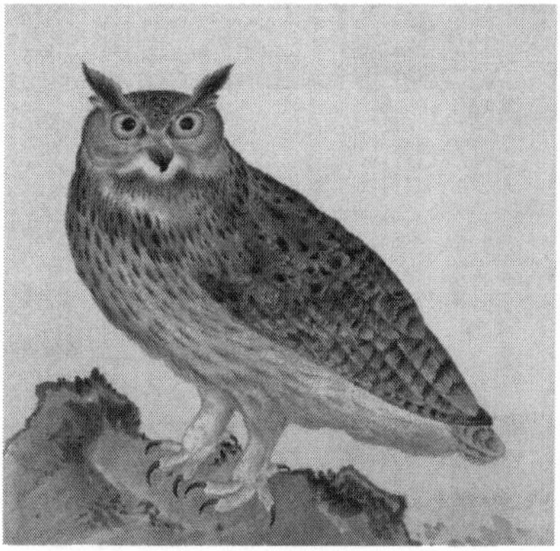

赭紋土白毛脛、足，黑爪，日中盲無所見，聞響奔撲，蒙茸羽翮，時嗑其觜，作合合聲，夜則燭見毫髮，鴟類也。《禽經》云：鴟以貪顧[74]。《酉陽雜俎》云：鴟不飲泉及井水，惟遇雨濡翮方得水飲。《春秋繁露》云：鴟梟目不視日，而其羽可去眛[75]。

74 鴟以貪顧，滿文讀作"hūšahū omire de doosi sehebi"，意即「鴟貪飲」。
75 其羽可去眛，滿文讀作"terei funggala yasa sohiha be dasaci ombi"，意即「其羽可治眼眛」。

ᠪᠣᠴᠣ ᠪᡳ ᠰᠠᡥᠠᡥᡡᠨ ᠪᡠᠯᡝᡴᡠ᠈ ᠰᡳᡵᡤᡝ ᠰᠠᡥᠠᡥᡡᠨ ᡝᠯᡩᡝᠮᠪᡠᡥᡝ ᠪᡝ᠈ ᠰᠠᡥᠠᠯᡳᠶᠠᠨ ᠪᠠᡳᡨᠠᠯᠠᡵᠠ ᠪᠣᠴᠣ ᡳ ᡝᡵᡤᡳᠶᠠᠨ ᠪᡠᡵᡤᡳᠨ ᠨᡳᡵᡤᡝ ᠪᠠᡳᡨᠠᠯᠠᡵᠠ

ᠪᡝᠰᡝᡥᡝ ᠪᡠᡵᡤᡳᠨ ᡳ ᠪᠣᠴᠣ ᠶᠠᠰᠠᡳ ᡨᡝᡵᡝ᠈ ᡥᡡᠸᠠᠩᡩᡳ ᡳ ᠨᡳᡵᡤᡝ ᡩᡝᡵᡤᡳ ᠶᠠᠨᠰᡝ ᡨᡠᠸᠠᠴᡳ ᠨᡳᠶᠠᠮᠠᠨᠴᡳ ᠪᠠᡳᡨᠠᠯᠠᡵᠠᡴᡡ᠈ ᠨᡝᠨᡝᠮᡝ ᠪᠠᡳᡨᠠᠯᠠᡵᠠ

ᠨᡳᠶᠠᠮᠠᠯᡳ ᡩᡝᡵᡤᡳ ᠪᡠᡵᡤᡳᠨ ᡝᡵᡤᡳᠶᠠᠨ ᠪᠣᠴᠣ ᠪᡳ ᠰᠠᡥᠠᡥᡡᠨ ᠪᡠᡵᡤᡳᠨ ᡨᡠᡵᡤᡠᠨ᠈ ᠨᡝᡴᡝᠯᡝᠮᡝ ᠰᠠᡥᠠᡥᡡᠨ ᠨᡝᡴᡝᠯᡝᠮᡝ ᠪᡳ᠈ ᠪᡝᠰᡝᡥᡝ ᠪᡳ

ᡨᠠᠯᠠ ᠪᡳ ᠠᠯᡥᠠᠩᡤᠠ ᠪᠣᠯᡤᠣᠮᡝ ᠪᠣᡵᠣᠨ ᡝᡵᡤᡳᠶᠠᠨ ᠪᡳ᠈ ᡝᡵᡤᡳ ᡳ ᠪᡳ ᠪᡳ ᠠᠨᡳᠶᠠᠯᡳᠶᠠᠨ ᠨᡝᡵᡤᡳᡵᡝ ᠪᠣᠯᡤᠣᠨ ᠨᡠᠸᠠᠩᡤᡳ ᠪᡳ᠈ ᠨᡳᡵᡤᡝ᠈ ᡨᡠᠸᠠᠴᡳ᠈ ᠪᡳᡵᡤᡝ᠈ ᠠᠮᡳᡵᠠ᠉

ᠠᠮᠠᠯᠠ ᡨᡠᠸᠠᠮᠪᡳ ᠪᡳᡵᡤᡝᠨ ᡳ ᡨᠠᠰᡳᠨ ᡨᠠᠯᠠ ᠰᠠᡥᠠᠯᡳᠶᠠᠨ᠈ ᡨᡠᠸᠠᡵᡤᡳᠶᠠᠨ ᠪᠣᠴᠣ ᠨᡝᠨᡝᠮᡝᡥᡝᠪᡳ᠈ ᠠᠮᡳᡵᠠ ᡳ ᡝᡵᡤᡳᡵᡳ ᠠᠰᠠᡥᠠᠯᡳᠶᠠᠨ ᠪᡳᡨᡝ ᠨᡝᠨᡝᠮᡝᡥᡝᠪᡳ

ᠠᠮᠠᠯᠠ ᡨᡠᠸᠠᠮᠪᡳ ᠪᡳᡵᡤᡝᠨ᠉

alha ujungga huweten.

alha ujungga huweten i yasai faha sahaliyan, šurdeme suwayan boco kūwarahabi, engge i dube sahaliyan bime gohonggo, yasa de šanyakan boihon bocoi alha bi, engge i da de sahahūkan fulenggi bocoi nunggari bi, uju, monggon, huru, asha, uncehen gemu bohokon eihen boco de sahaliyan bederi toron, narhūn sahaliyan mersen bi, huru de banjiha bederi i boco majige tumin, hefeli i funggaha amba farsi suksureme banjihabi, suwayakan boihon boco de sahaliyan bederi, gelfiyen sahahūkan alha bi, šanyakan boihon boco i nunggari bethe, sira ošoho

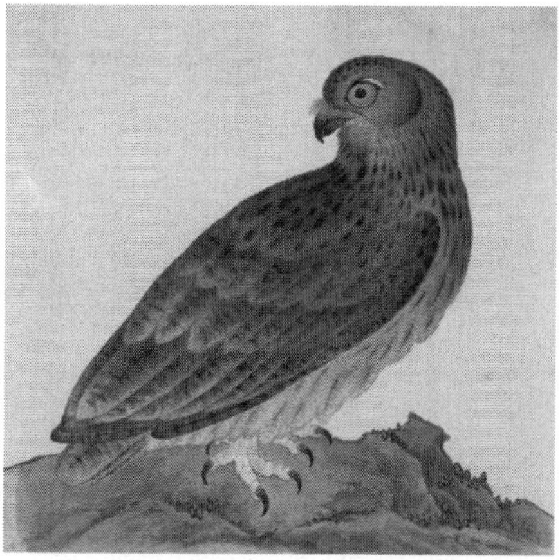

雲頭花豹

雲頭花豹，黑睛，黃暈，黑勾喙，目上有土白紋，觜根有蒼灰茸毛，頭、項、背、翅、尾俱赭土質黑斑暈細黑點，背上斑色稍深，腹毛大片聳起，土黃質黑斑，淺蒼紋，土白毛脛、足[76]，黑爪，

76 土白毛，滿文讀作“šanyakan boihon boco i nunggari”，意即「土白茸毛」。

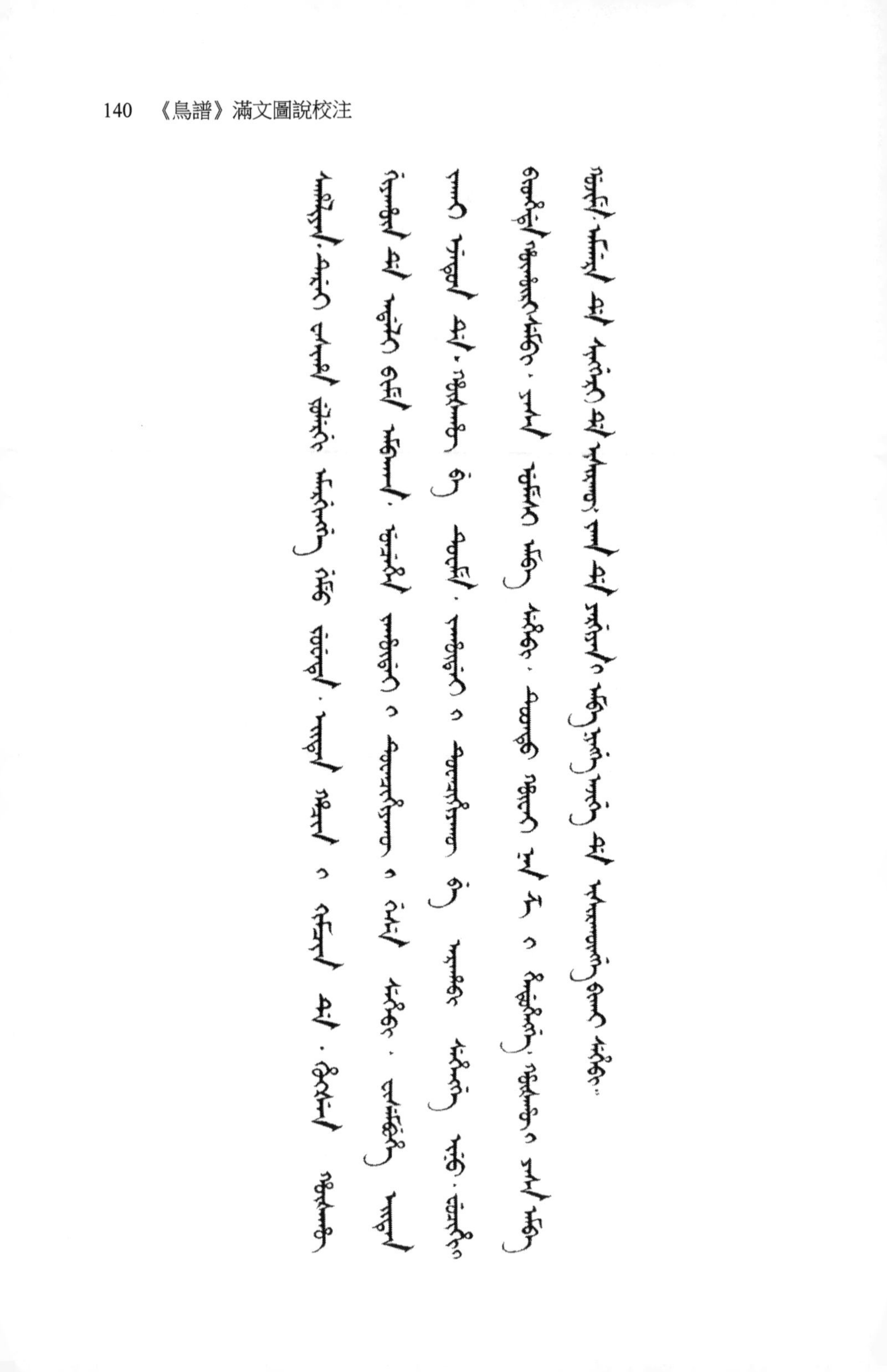

[illegible]

[illegible]

[illegible]

[illegible]

[illegible]

sahaliyan, terei wasiha julergi amargingge gemu juwete, eiten hacin i kimcin de, hukšen hūšahū giyahūn de adali bime ambakan, uncehen jahūdai i tuwancihiyakū i gese sehebi. fisembuhe eiten jakai ejetun de, hūšahū be tuwame, jahūdai i tuwancihiyakū be arahabi sehengge inu, fucihi i bithede hūhūri sembi, yasa umesi amba sehebi. tuttu hūwai nan dz i henduhengge, hūšahū i yasa amba gojime, amgara de singgeri de isirakū, jaka de yargiyan i amba ningge ajige de isirakūngge bikai sehebi.

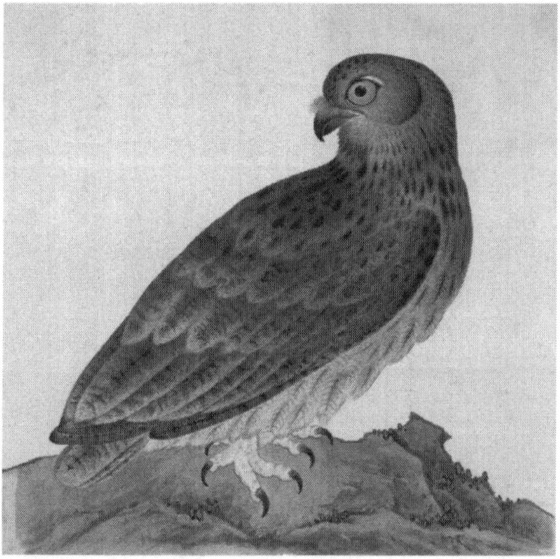

其趾前後各兩，《庶類考》云：「老鴟[77]，似鷹而大，尾如舟舵。」《續博物志》所謂「視鴟制舵」是也。梵書謂之阿黎耶[78]，目甚大。故《淮南子》曰：「鴟，目大而睡不若鼠。」物固有大不若小者。

77 老鴟，滿文讀作"hukšen hūšahū"，意即「年久的梟」。
78 阿黎耶，梵文讀作"hary-akṣa"，滿文讀作"hūhūli"，此作"hūhūri"，異。

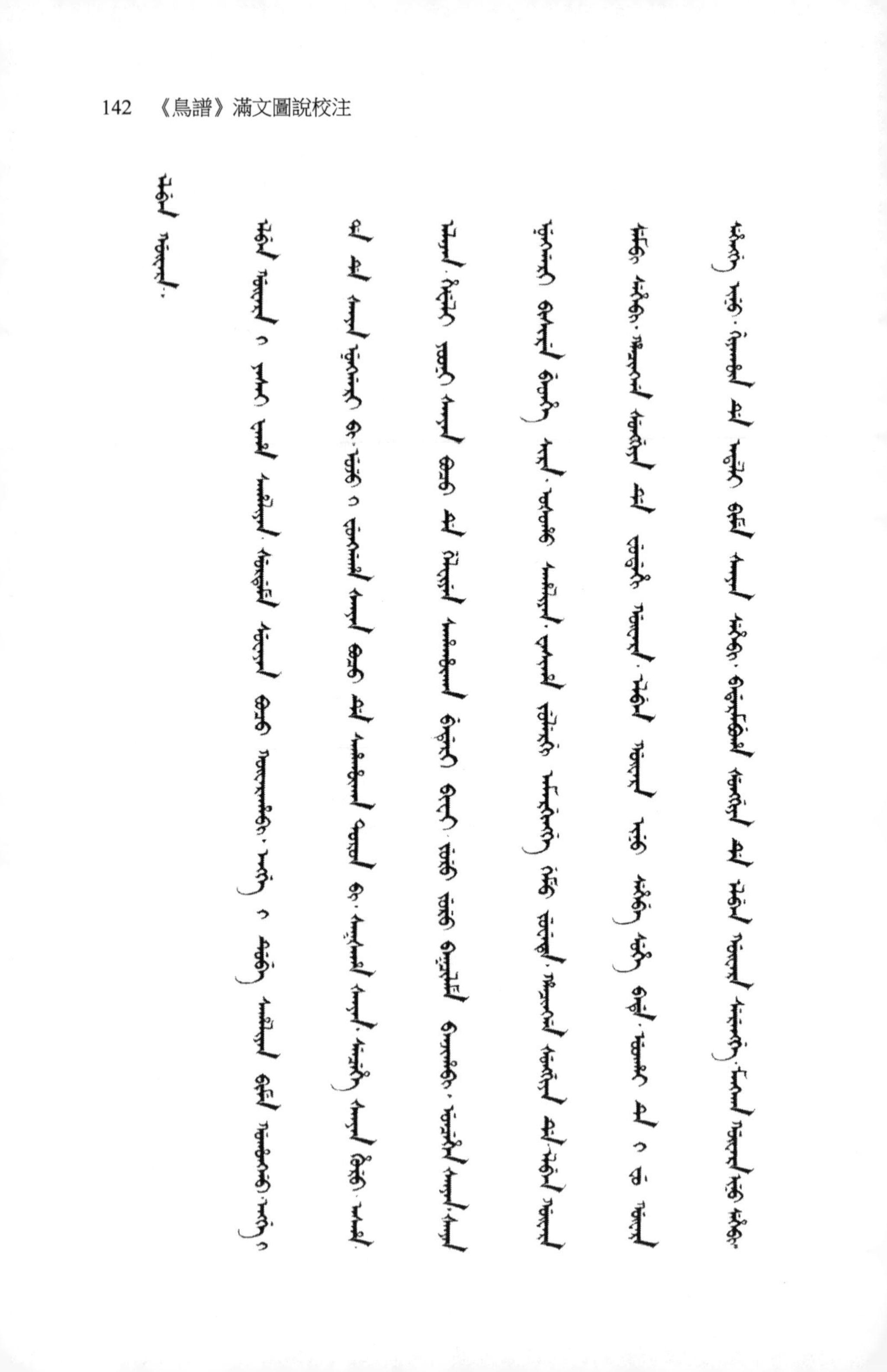

[illegible]

[illegible]

[illegible]

[illegible]

[illegible]

[illegible]

[illegible]

elben gūwara.

elben gūwara i yasai faha sahaliyan, šurdeme suwayan boco kūwarahabi, engge i dube sahaliyan bime gohonggo, engge i da de šanyan nunggari bi, uju i funggaha šanyan boco de sahahūkan toron bi, šakšaha šanyan, sencehe šanyan, huru, asha, alajan, hefeli yooni šanyan boco de gelfiyen sahahūkan bederi bifi juru juru bakcilame banjihabi, uncehen šanyan, šanyan nunggari bisire bethe, sira, ošoho sahaliyan, wasiha julergi amargingge gemu juwete, hancingga šunggiya de, elben gūwara sembi sehebi. hancingga šunggiya de, fudahi gūwara, elben gūwara inu sehebe suhe bade, uthai te i fu gūwara sehengge inu, giyahūn de adali bime šanyan sehebi. badarambuha šunggiya de, elben gūwara serengge, mangkan gūwara inu sehebi.

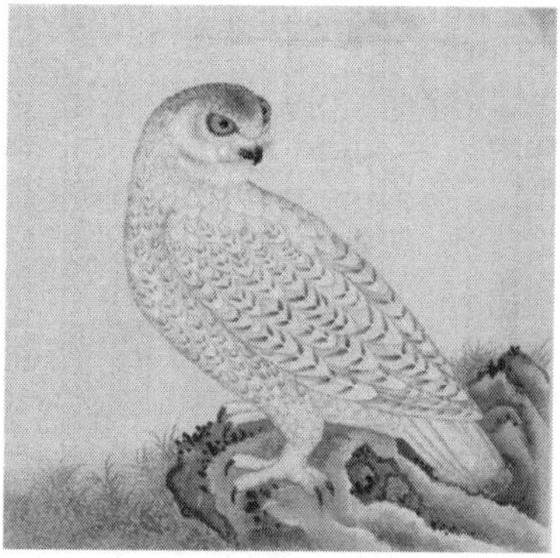

茅鴟

茅鴟，黑睛，黃暈，黑勾喙，喙根有茸白毛，頂毛白質蒼暈，白頰，白頷，背、翅、臆、腹俱白，有淺蒼斑，兩兩相對。白尾，白毛脛、足，黑爪，趾前後各兩。《爾雅》謂之茅鴟。《爾雅》：狂茅鴟。注云：今鵂鶹也，似鷹而白。《廣雅》云：茅鴟，𪁺也。

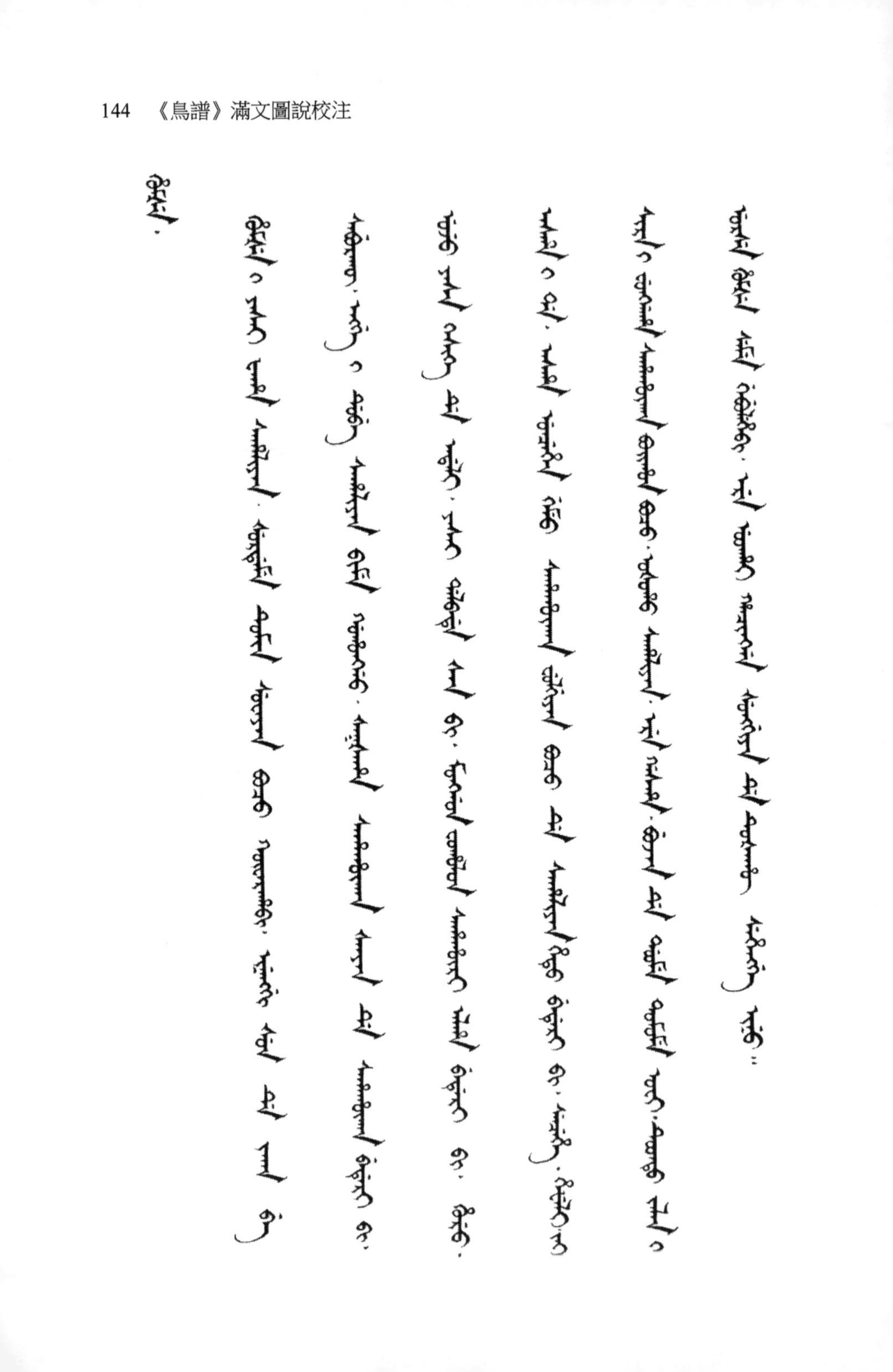

[illegible]

humše.

humše i yasai faha sahaliyan, šurdeme tumin suwayan boco kūwarahabi, inenggi šun de jaka be saburakū, engge i dube sahaliyan bime gohonggo, šakšaha sahahūkan šanyan de sahahūkan bederi bi, uju, yasa kesike de adali, yasai dalbade šan bi, monggon foholon sahahūri alha bederi bi, huru, asha i da, asha, uncehen gemu sahahūkan fulgiyan boco de sahaliyan hetu bederi bi, sencehe, hefeli jai sira i funggaha sahahūkan boihon boco, ošoho sahaliyan, ere gasha bujan de doome tomome ofi, tuttu jalan i urse humše seme gebulehebi, ere uthai hancingga šunggiya de, tušahū sehengge inu.

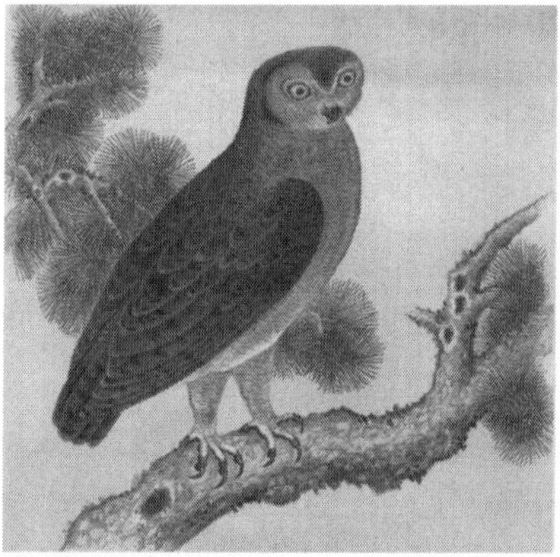

樹貓兒

樹貓兒，黑睛，深黃暈，日中不能見物，黑勾喙，蒼白頰，蒼斑，頭、眼如貓，眼旁有耳，短項蒼黑花紋。背、膊、翅、尾俱蒼赤質黑橫斑，頷、腹及脛毛蒼土色，黑爪，此鳥栖止樹林，故俗有樹貓之稱[79]，即《爾雅》之土梟也。

79 故俗有樹貓之稱，滿文讀作“tuttu jalan i urse humše seme gebulehebi”，句中「俗」，滿文讀作“jalan i urse”，意即「世人」，或作「世俗」。

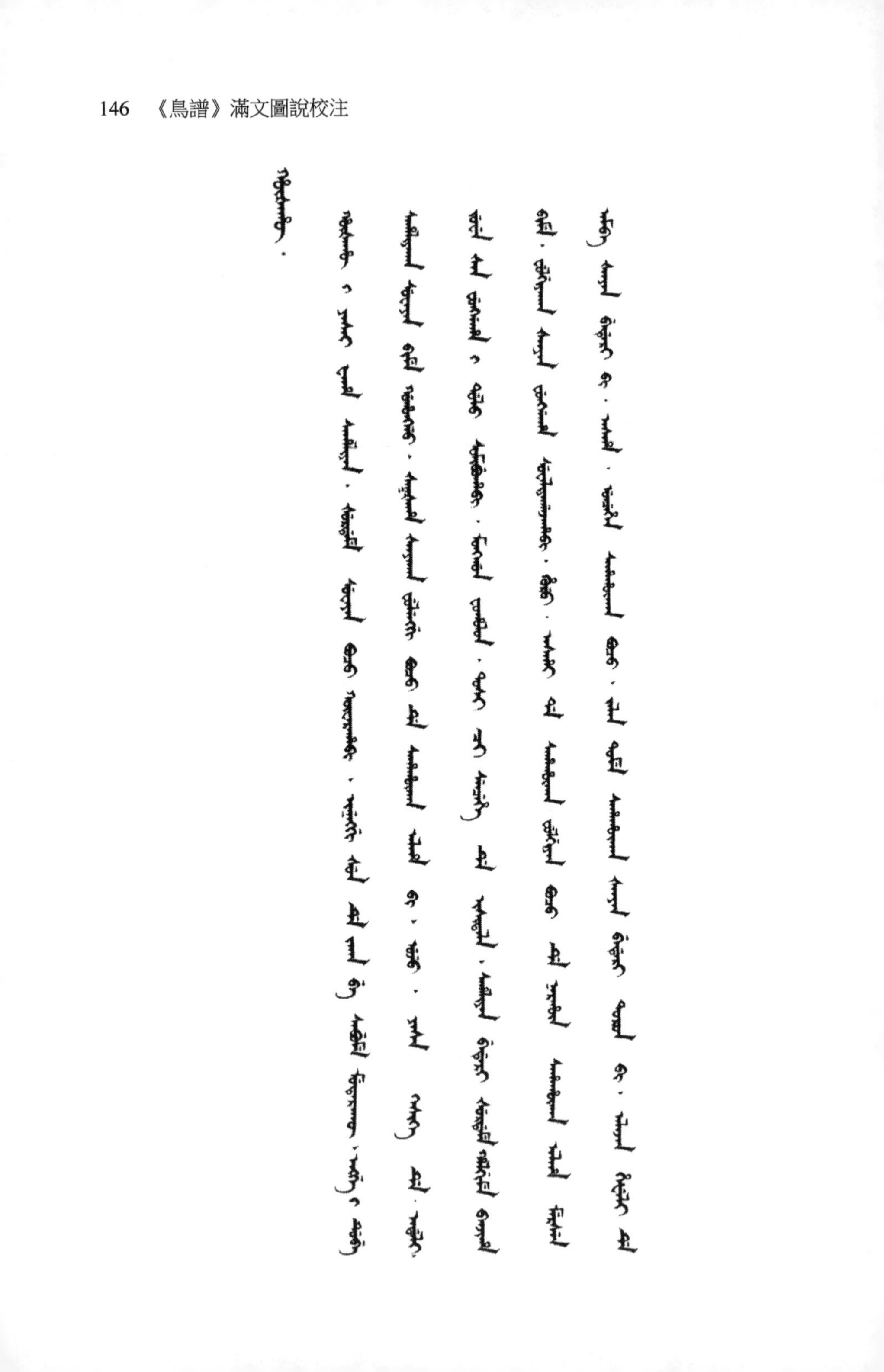

hūšahū.

hūšahū i yasai faha sahaliyan, šurdeme suwayan boco kūwarahabi, inenggi šun de jaka be sabume muterakū, engge i dube sahaliyakan suwayan bime gohonggo, šakšaha šanyakan funlenggi boco de sahahūkan alha bi, uju, yasa kesike de adali juwe šan funggaha i dolo somibuhabi, monggon foholon, tosi ci sencehe de isitala, sahaliyan bederi šurdeme halgime banjiha bime, fulgiyakan šanyan funggaha suwaliyaganjahabi, huru, ashai da sahahūkan fulgiyan boco de narhūn sahahūkan alha mersen amba šanyan bederi bi, asha, uncehen sahahūkan boco, jalan tome sahahūkan šanyan bederi toron bi, alajan, hefeli de

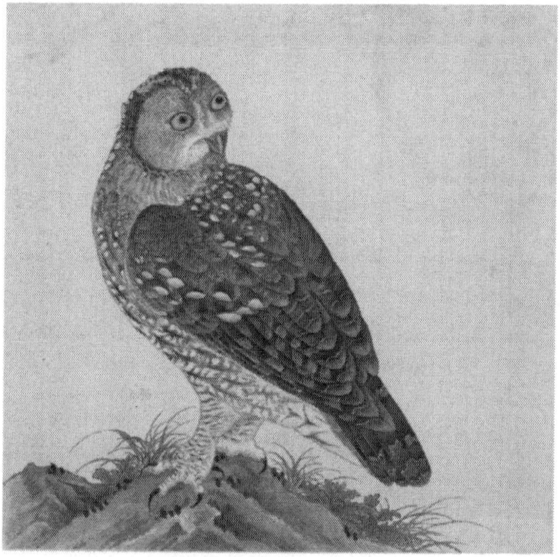

夜貓兒

夜貓兒，黑睛，黃暈，日中不能見物，黑黃勾喙，灰白頰帶蒼紋，頭、眼如貓，雙耳隱於毛中，短項，頂至頷黑斑旋繞雜以赤白毛。背、膊蒼赤質，細蒼紋點大白斑，翅尾蒼質，每節有蒼白斑暈，臆、腹

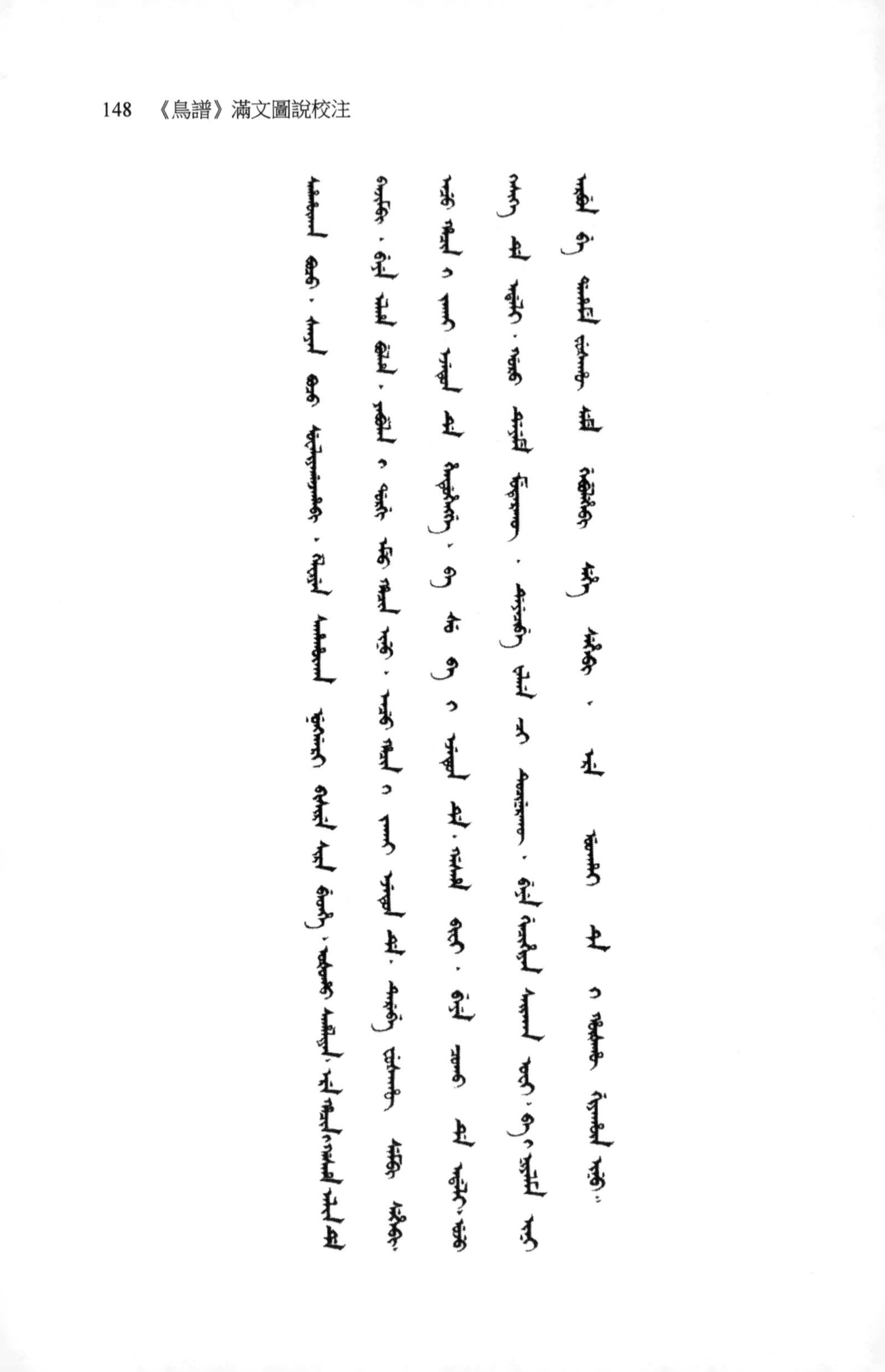

[illegible]

[illegible]

[illegible]

[illegible]

[illegible]

sahahūkan boco, šanyan boco suwaliyaganjahabi, gelfiyen sahahūkan nunggari bisire sira, bethe, ošoho sahaliyan, ere hacin i gasha alin de banjimbi, beye alha bulha, yabulan i dorgi emu hacin inu, encu hacin i jakai ejetun de, terebe fušahū sembi sehebi. encu hacin i jakai ejetun de henduhengge, ba šu ba i ejetun de, gasha bifi, beye coko de adali, uju kesike de adali, goro deyeme muterakū, deyecibe falga ci tucinerakū, beye gincihiyan saikan ofi, ba i niyalma ini arbun be dahame fušahū seme gebulehebi sehe sehebi. ere uthai te i hūšahū giyahūn inu.

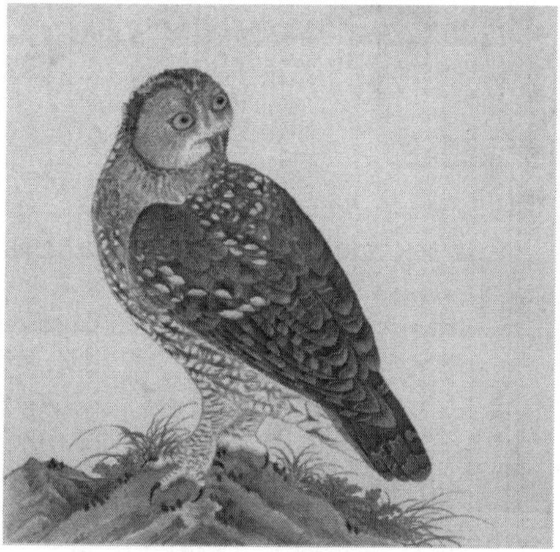

蒼白相間，淺蒼毛脛、足，黑爪。此種生長山中[80]，身有文采，梟之一種也。《異物志》謂之鵩。《異物志》云：《巴蜀記》曰：有鳥身如雞，頭如貓，不能遠飛，行不出境，體有文采，土俗因形名之曰鵩[81]，即今夜貓鷹也。

---

80 此種生長山中，滿文讀作"ere hacin i gasha alin de banjimbi"，意即「此種鳥生長山中」。

81 土俗因形名之曰鵩，句中「土俗」，滿文讀作"ba i niyalma"，意即「地方之人」。

ᠰᠠᡥᠠᡥᡡᡴᠠᠨ ᠰᡠᠸᠠᠶᠠᠨ ᠪᠣᠴᠣ ᠪᡳᠮᡝ᠈ ᠰᠠᡥᠠᡥᡡᡴᠠᠨ ᠪᠣᠯᠣ ᡶᡠᠩᡤᠠᡥᠠ ᠮᡝᡵᠰᡝᠨ ᠮᡝᡵᠰᡝᠨ ᠪᠣᠯᠣᡴᠣ᠈ ᠰᡳᠨᡳᠶᠠᡥᠠ ᠰᠠᡥᠠᡥᡡᡴᠠᠨ ᡶᡠᠩᡤᠠᡥᠠ᠈ ᠰᠠᠨᠠᠨ

ᠰᡠᠸᠠᠶᠠᠨ ᡶᡠᠩᡤᠠᡥᠠ ᠪᡝᡩᡝᡵᡳ᠈ ᠰᡠᠸᠠᠶᠠᠨ ᠰᡠᠸᠠᠶᠠᠨ ᠪᠣᠴᠣ ᠰᡳ ᠰᠠᠨᠠᠨ ᡶᡠᠩᡤᠠᡥᠠ ᡥᠠᡶᠠᠨᠰᠠᠨᠠᠪᡠᡵᡝ᠈ ᠰᡳᠨᡳᠶᠠᠨ᠈ ᡶᡠᠩᡤᠠᠯᠠ ᠰᡳᠨᡳᠶᠠᠨ

ᡩᡠᡵᡤᡳᠶᠠᠨ ᠰᡳ ᠰᡠᠸᠠᠶᠠᠨ ᠰᠠᡥᠠᡥᡡᡴᠠᠨ ᠰᡳᠨᠠᠨ ᠪᡝᡩᡝᡵᡳ᠈ ᠰᠠᠨᠠᠨ ᠰᡠᠸᠠᠶᠠᠨ ᠪᠣᠴᠣ ᡥᠠᡶᠠᠨᡨᠣᡶᠣᠪᡠᡵᡝ᠈ ᠣᡥᠣ᠈ ᠰᠠᠨᠠᠨ ᠰᡳ ᠰᡳ ᠰᠠᡥᠠᡥᡡᡴᠠᠨ

ᠪᠣᠴᠣ᠈ ᠰᡳᠨᡳᠶᠠᠨᠰᠠᠨᠠᠨ ᠣ ᠰᠠᠨ ᠣ ᠰᡳᠨᡳᠶᠠᠨ᠈ ᠰᠠᠨᡤᡤᠠᠨ ᠣ ᠰᡳᠨᡳᠶᠠᠣ ᠰᠠᠨᠠᠨ ᠪᠣᠴᠣ ᠰᡳ ᠰᡳᠨᠠᠨ ᠰᡠᠸᠠᠶᠠᠨ ᠪᠣᠴᠣᠨ ᠰᡳᠨᠠᠨ ᠪᠣ᠈ ᠰᡳᠨᡳᠶᠣ

ᠪᡳ᠈ ᡶᡠᠩᡤᠠᠯᠠ ᠣ ᠰᠠᠨᠠᠨ ᠰᡳᠨᡳ ᠰᠠᠨᠠᠨ᠈ ᡥᠠᡶᠠᠨᡤᡳ ᡶᡠᠩᡤᠠᠯᠠ ᠰᡳᠨᡳᠶᠠᠨ ᠪᠣᠴᠣ ᠰᠣᡥᠣᠨᡨᠣᠪᡠᡵᡝ᠈ ᠰᠣᡥᠣᠨ ᠰᡳ ᠰᡳᠨᡳ ᡥᠣᠰᠣᠨᡨᠣᠨ ᠣ ᠰᡳᠨᡳᠶᠣ

ᠪᡳ᠈
ᡨᡠᡵᡤᡳᠶᡝ᠈

fu gūwara.

fu gūwara i yasai faha sahaliyan, šurdeme tumin suwayan boco kūwarahabi, tosi de juwe funggaha i uihe bifi, gūlmahūn i šan i adali, šakšaha i dalba šanyan boco de gelfiyen eihen bocoi alha bi, uju, monggon de narhūn sahahūkan alha bimbime, šanyakan eihen boco tuyembuhebi, huru, ashai da de sahahūri alha bederi bimbime, gelfiyen eihen bocoi toron de šanyan bederi suwaliyaganjahabi, asha, dethe gelfiyen sahahūkan eihen boco bime, sahahūkan hetu bederi jergi jergi banjihabi, uncehen sahahūkan bederi, alajan

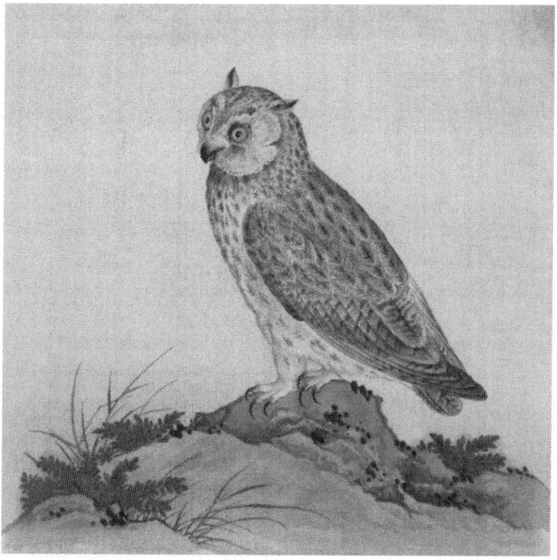

木兔

木兔，黑睛，深黃暈，頂有兩毛角如兔耳，頰旁白帶淺赭紋，頂、項碎蒼紋[82]，露赭白色，背、膊蒼黑花紋淡赭暈，間有白斑，翮、翅淡蒼赭色，蒼橫斑相次，蒼斑尾，

82 碎蒼紋，滿文讀作“narhūn sahahūkan alha”，意即「細蒼紋」。

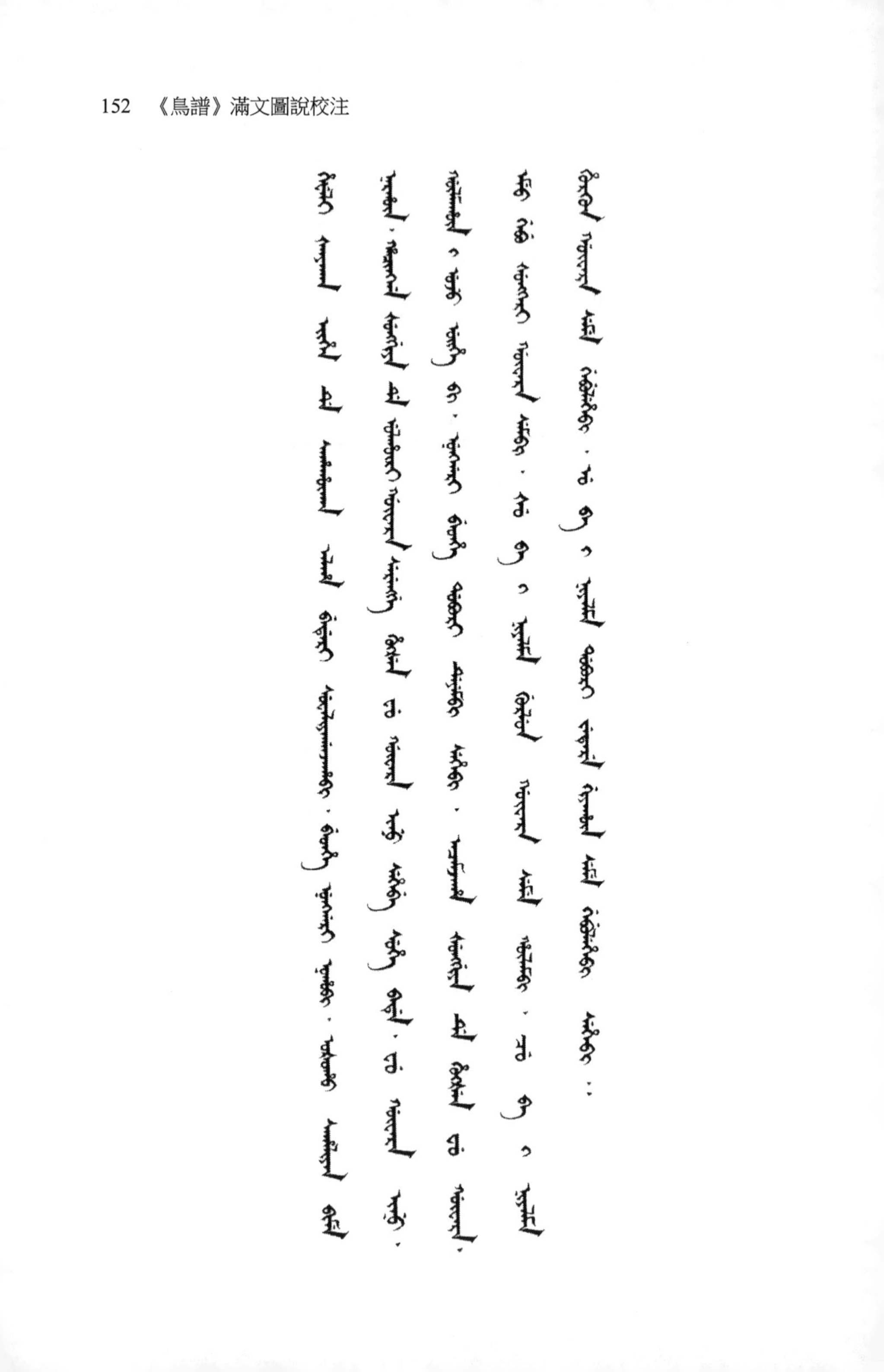

[illegible]

[illegible]

[illegible]

[illegible]

[illegible]

hefeli šanyakan eihen de sahahūkan alha bederi suwaliyaganjahabi, bethe nunggari nohobi, ošoho sahaliyan bime narhūn, hancingga šunggiya de, ulhūri gūwara serengge hukšen fu gūwara inu sehebe suhe bade, fu gūwara inu, gūlmahūn i uju uihe bi, nunggari bethe dobori deyembi sehebi. acamjaha šunggiya de, hukšen fu gūwara, emu gebu šungkeri gūwara sembi. šu ba i niyalma gurlun gūwara seme hūlambi, cu ba i niyalma hurkun gūwara seme gebulehebi, u ba i niyalma dobori jetere giyahūn seme gebulehebi sehebi.

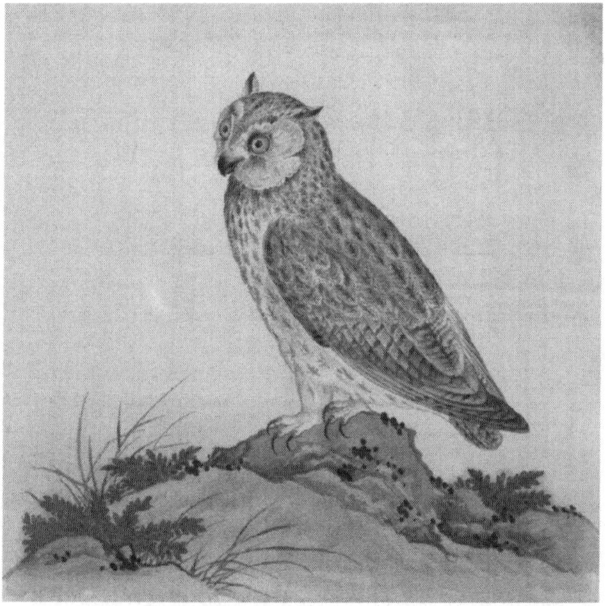

赭白臆、腹，帶蒼斑紋毛脛，細黑爪。《爾雅》：萑，老鵵。注云：木兔也，兔頭有角，毛腳，夜飛。《彙雅》云：老兔，一名萑，蜀人呼為轂轆鷹，楚人呼為呼唕鷹，吳人呼為夜食鷹。

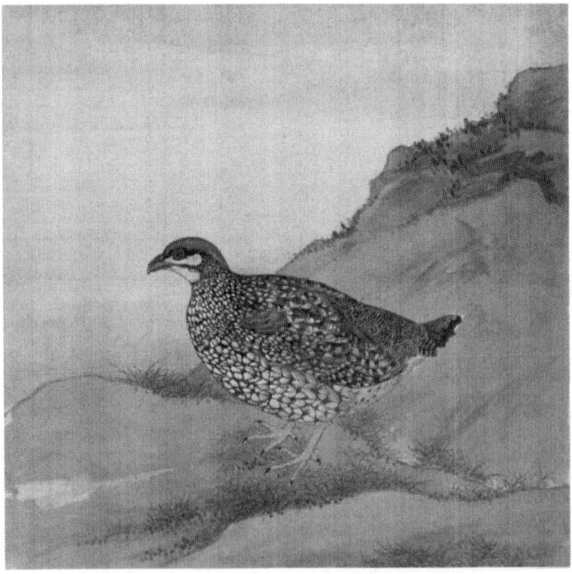

jukidun.

jukidun i yasai faha sahaliyan, šurdeme fulgiyakan sahaliyan boco kūwarahabi, yasai hūntahan niowanggiyan, engge gelfiyen sahaliyan, uju tosi tumin eihen boco, šakšaha sencehe šanyan boco de eihen boco bi, yasai dalba, jai engge i da de sahaliyan funggaha giyalame banjihabi, meifen ci alajan de isitala sahaliyan boco de šanyan bederi suwaliyaganjahabi, hefeli i bederi majige amba, ebci, jai uncehen de hanci bisire bade gelfiyen eihen bocoi toron bi, huru, ashai šanyan bederi de gemu eihen bocoi toron bi, ashai da de fulgiyan funggaha emu jalan, uncehen de hanci bisire huru i funggaha sahaliyan boco de suwayakan eihen bocoi alha bi, uncehen foholon bime sahaliyan, bethe suwayan, ošoho gelfiyen sahaliyan. gashai nomun de, sui yang ba i yokidun serengge, jukidun inu, deyeci urunakū julesi deyembi sehebi. jin an i ba junara sembi, giyang dung ni ba juyedun sembi sehebi. encu hacin i jakai ejetun de, jukidun šanyan

鶺鴒

鶺鴒，黑睛，赤黑暈，綠眶，淺黑觜，頭頂深赭色，頰、頷白色帶赭，眼旁及吻根界以黑毛，頸至臆黑質白斑相間，腹下斑較大，脇下及近尾處帶淺赭暈，背、翅白斑上皆有赭暈，肩上赤毛一節，近尾背毛黑質赭黃紋，黑短尾，黃足，淺黑爪。《禽經》云：隨陽越雉，鶺鴒也，飛必南翥[83]，晉安曰懷南，江左曰逐隱[84]。《異物記》云：鶺鴒，

83 飛必南翥，滿文讀作"deyeci urunakū julesi deyembi"，意即「飛時必向南飛」。

84 江左曰逐隱，句中「江左」，滿文讀作"giyang dung"，意即「江東」。

[illegible]

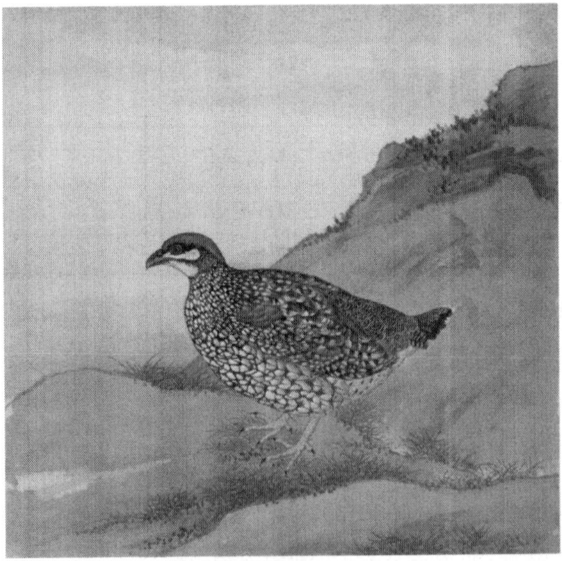

boco sahaliyan bocoi bederi banjiname ofi, ajige ulhūma de adali sehebi. julge te i ejehen de, julergi ba de bi, gebu jukidun sembi, julesi deyembi, gecen silenggi de sengguweme ofi, erde yamji asuru tucirakū, tucire de erin bi, dobori tomoho de terei huru be mooi abdaha de elbebumbi sehebi. nan yuwei ba i ejetun de jukidun gasha, ini gebu be hūlame durgime jurgime guwendembi, udu dergi wargi debsiteme deyecibe, tuktan asha sarara de neneme julesi forombi sehebi. io yang ba i hacingga ejetun de, jukidun deyere de, biya i ton de acabume deyembi, duibuleci aniya biyade, emgeri deyefi nakambi, tereci feye de tomofi, dasame deyere ba akū, jorgon biyade juwan juwenggeri deyeme ofi, jafara de dembei mangga, julergi ba i niyalma asu tulefi jafambi sehebi. tai ping forgon i duwelibun bithede, jukidun goko gūje seme guwendembi, geli

---

白黑成文，象小雉。《古今注》云：南方有鳥名鷓鴣，向南飛，畏霜露，早暮稀出，出則有時，夜棲則以樹葉覆其背。《南越志》云：鷓鴣鳥，其名自呼杜薄州，雖東西迴翔，然開翅之始，先南翥[85]。《酉陽雜俎》云：鷓鴣，飛逐月數，如正月一飛而止，但伏巢中不復起矣，十二月十二起，最難採[86]，南人設網取之。《太平御覽》云：鷓鴣自呼鈎輈格磔，又

85 先南翥，滿文讀作“neneme julesi forombi”，意即「先向南轉」。
86 最難採，滿文讀作“jafara de dembei mangga”，意即「最難捕」。

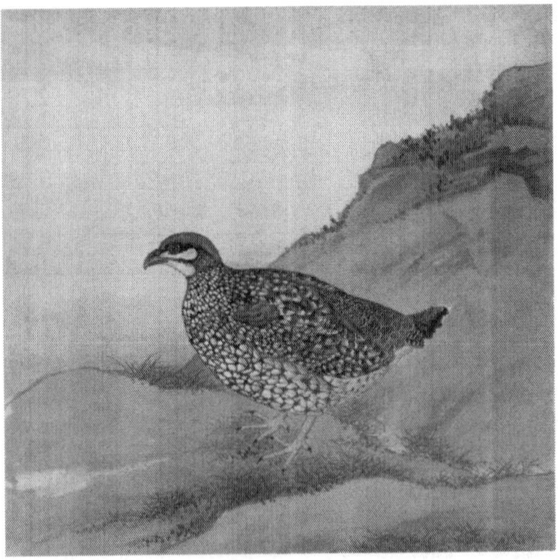

giyar gir jar jir seme guwendembi sehebi. lo fu ba i ejetun de, jukidun halhūn inenggi de teisulebuci, ishunde bakcilame guwendembi, erebe alin i jukidun sembi sehebi. šungkeri gisun be tukiyehe hacingga ejetun de, jukitun, emu gebu nesidun sembi, emu gebu ilkidun sembi sehebi. oktoi sekiyen i nirugan nomun de, jukidun, te i giyangsi, fugiyan, guwangdung, sycuwan goloi kui jeo fu i jergi bade gemu bi, arbun, emile coko de adali, uju mušu de adali, alajan de šanyan muheliyen mersen bi, huru i funggaha de šušu bocoi weren i gese bederi bi sehebi. oktoi sekiyen i bithede, jukidun urui bakcialme guwenderengge labdu sehebi. te i niyalma terei hūlara jilgan be age yabuci ojorakū sere nikan gisun de adali sembi, terei banin bolgo de amuran ofi, tuttu buthašara urse darhūwan be jafafi latubume gaimbi, embici bolikū cecike baitalafi jafambi, julergi ba i niyalma terebe šolofi jeme yali šanyan bime tarhūn, coko ulhūma ci amtangga seme gisurembi.

云懊惱澤家。《羅浮志》云：鷓鴣遇暖則相對而啼，謂之山鴣。《採蘭雜志》云：鷓鴣，一名內史，一名花豸。《本草圖經》云：鷓鴣，今江西、閩廣、蜀夔州郡皆有之，形似母雞，頭如鶉，臆有白圓點，背毛有紫浪文。《本草綱目》云：鷓鴣，多對啼，今俗謂其鳴曰行不得也哥哥[87]。其性好潔，獵人因以黐竿粘之，或用媒誘取，南人專以炙食充庖，云肉白而脆[88]，味勝雞雉。

---

87 行不得也哥哥，滿文讀作“age yabuci ojorakū sere nikan gisun de adali”，意即「如同漢語行不得也哥哥」。

88 肉白而脆，滿文讀作“yali šanyan bime tarhūn”，意即「肉白而肥」，此「脆」，當作「肥」。

[illegible]

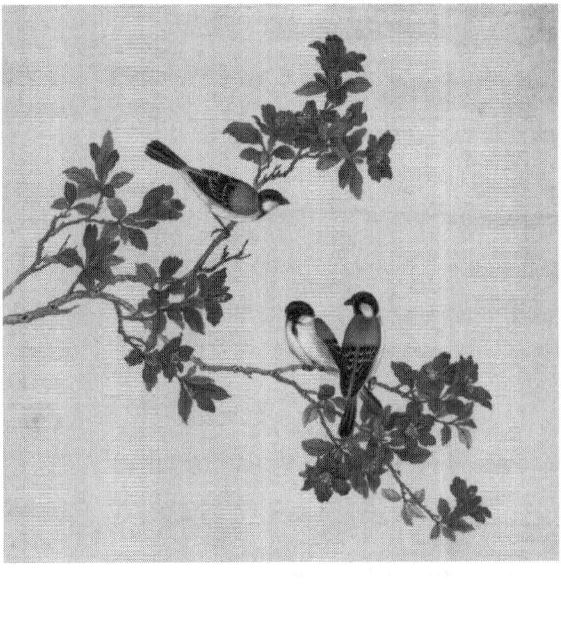

simari cecike, emu gebu sumari cecike, emu gebu simatun cecike, emu gebu tagiri cecike, emu gebu duyun cecike.

simari cecike i yasai faha sahaliyan, engge sahaliyan, uju monggon sahaliyan boco de yacin bederi bi, šakšaha i dalbade šanyan funggaha emu farsi, huru i julergi funggaha yacikan sahahūn boco, meiren, asha i da lamun, asha, uncehen sahaliyakan lamun, asha i dube šanyan, sencehe sahaliyan, hefeli gelfiyen šanyan, bethe, ošoho sahaliyan, terei guwenderengge aimaka bederere de isirakū sere nikan gisun i adali, fugiyan i bade, hurhui cecike seme gebulehebi, hancingga šunggiya de, jurjun sehe be suhe bade, sumari cecike inu, šu i bade tucimbi sehebi. gisun i suhen de, sumari cecike serengge, te i simari cecike inu sehebi. ha<u>n</u> gurun i suduri yang hiong ni ulabun i suhen de, tagiri cecike, emu gebu homida cecike sembi, emu gebu simari cecike

---

子規，一名子雋鳥，一名杜鵑，一名鷤鴂鳥，一名杜宇子規鳥，黑睛，黑觜，頭頂黑質青紋[89]，頰旁白毛一片，背前毛青蒼色，藍肩、膊，黑藍翅尾，白翅尖，黑頷，淺白腹。黑足、爪，其鳴若曰不如歸去[90]。福建名回回鳥。《爾雅》：巂周，疏：子巂鳥也，出蜀中。《說文》云：子巂，今謂之子規是也。《漢書•楊雄傳》[91]注：鷤鴂鳥，一名買鵤，一名子規，

---

89 頭頂，滿文讀作"uju monggon"，意即「頭項」，滿漢文義不合。

90 其鳴若曰不如歸去，滿文讀作"terei guwenderengge aimaka bederere de isirakū sere nikan gisun i adali"，意即「其鳴若漢語曰不如歸去」，此脫「漢語」字樣。

91 《漢書•楊雄傳》，句中「楊雄」，當作「揚雄」。

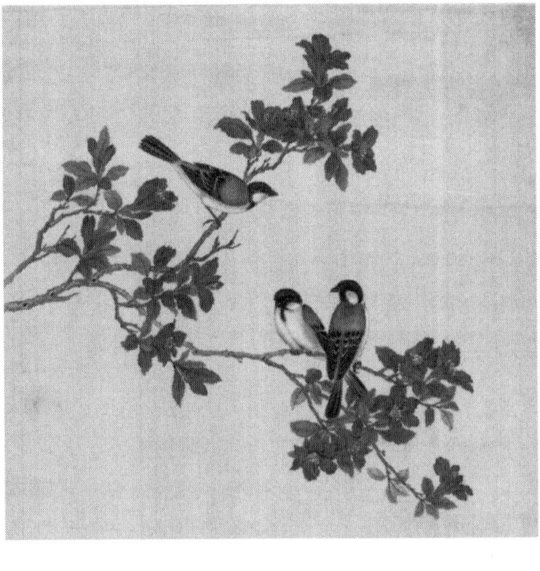

sembi, emu gebu simatun sembi, juwari dosika manggi guwendehe de eiten ilha yooni sihambi, tan sere nikan hergen be ememu bade ti seme arambi sehebi. gashai nomun i junggidei i suhen de, jorgon serengge, simari cecike inu, guwendere de urunakū amasi forombi sehebi. eo yuwei i bade terebe usari cecike sembi, dobori ci geretele guwendeme senggi orho moo de icembi, guwendere de gemu amasi forombi sehebi. giyang giyei bade simari cecike gosiholome guwendehe manggi, moo de fudasihūn lakiyame, siye bao seme guwendembi sehebi. šu io i bade duyun cecike serengge, wang di, doro be dasara de wargi alin de somime

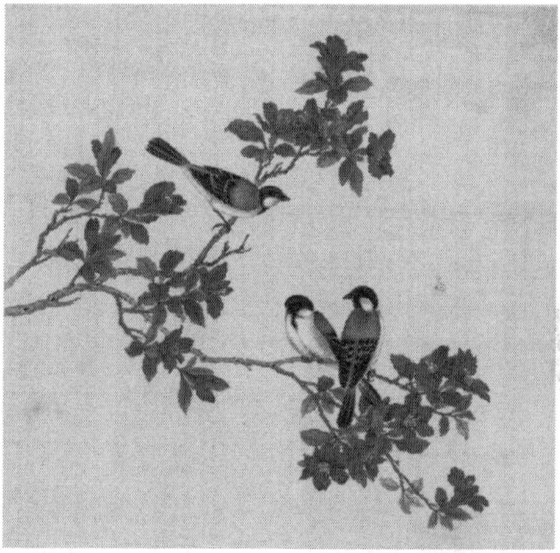

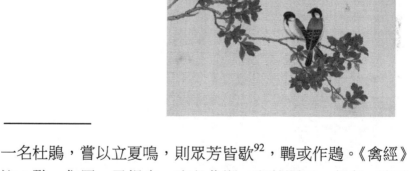

一名杜鵑，嘗以立夏鳴，則眾芳皆歇[92]，鷤或作鶗。《禽經》注：巂，巂周，子規也，啼必北嚮，甌越間曰：怨鳥，夜啼達旦，血漬草木，鳴皆北嚮。江介曰：子規啼苦，則倒懸於樹上，呼曰謝豹，蜀右曰：杜宇，望帝修道，處西山

92　眾芳皆歇，滿文讀作“eiten ilha yooni sihambi”，意即「眾花皆凋謝」。

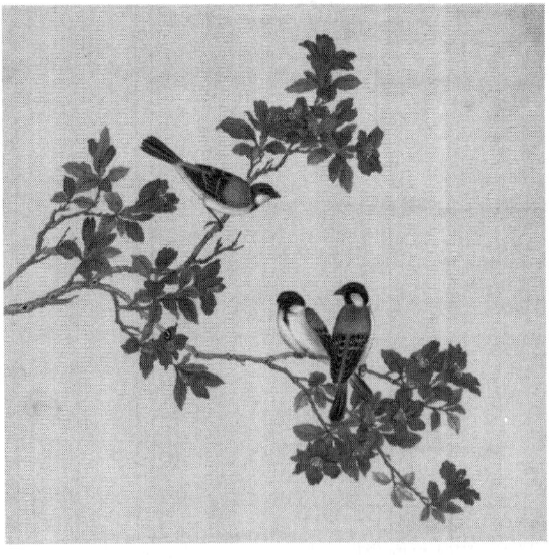

simatun cecike ome ubaliyaka sembi sehebi. ememu urse duyun cecike ome ubaliyame sembi, inu simari cecike sembi, niyengniyeri dosika manggi guwendembi, donjire urse nasara usara de isinambi sehebi. hacingga jakai ejetun de, tingguri cecike serengge, uthai simatun cecike inu sehebi. oktoi sekiyen i bithede, tingguri cecike šu i bade tucimbi, te i julergi bade inu bi, arbun cecike de adali bicibe, boco bohokon sahaliyan, damu umiyaha i jergi jaka be jembi, tuweri forgon de butun de dosimbi sehebi.

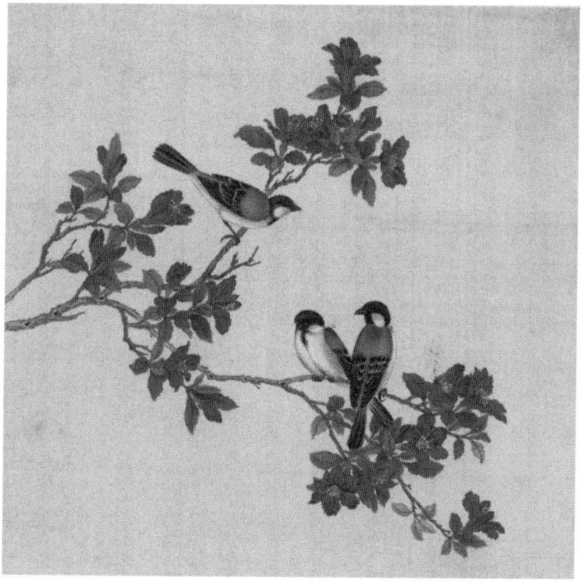

而隱化為杜鵑鳥，或云化為杜宇鳥，亦曰子規鳥。至春則啼，聞者悽惻。《博物志》：鷤鴂（音決，與鴂同），即杜鵑也。《本草綱目》：杜鵑出蜀中，今南方亦有之，狀如雀而色慘黑，惟食蟲蠹，冬月則藏蟄。

ᡥᠣᠩᡤᠣᠨ ᠴᡳᠴᡳᡴᡝ

ᡥᠣᠩᡤᠣᠨ ᠴᡳᠴᡳᡴᡝ ᡳ ᠠᠮᠪᠠ ᠵᡠᡵᡤᠠᠨ᠂ ᡤᠣᡵᠣ ᠰᠠᡥᠠᠯᡳᠶᠠᠨ᠂ ᡠᠵᡠ ᠰᠠᡥᠠᠯᡳᠶᠠᠨ᠂ ᡥᡠᡵᡠ ᠰᠠᡥᠠᠯᡳᠶᠠᠨ᠂ ᠮᡝᡳᡶᡝᠨ ᠰᠠᡥᠠᠯᡳᠶᠠᠨ᠂

ᠠᠯᡳᠮᠪᠠᡥᠠ ᠪᡝᠯᡝᡥᡝᠰᡝ ᠰᡠᡥᡠᠨ ᠪᠣᠴᠣ ᡶᡠᠯᡤᡳᠶᠠᠨ᠂ ᡠᠵᡠ ᠰᠠᡥᠠᠯᡳᠶᠠᠨ᠂ ᠪᠣᠵᡳ ᠵᡝᡵᡤᡳ ᠰᠣᡥᠣᠨ ᡤᡝᠯᡝ ᡠᡵᡤᡝ

ᠰᡠᠰᡠ᠂ ᡥᡡᠸᠠ᠂ ᡶᠠᡥᠠᠨ ᡤᠣᠶᠣ ᠰᠠᡥᠠᠯᡳᠶᠠᠨ ᡳ ᡥᡠᡨᡠ ᠪᡳ ᠠᠯᠠᡳ ᡥᠠᡩᠠ ᠰᡳᡥᡝ

ᠨᡳᠶᠠᠩᡤᠠ ᠰᡠᡥᡠᡩᡝᠯᡝ ᠵᡝᡵᡩᡝ ᡤᠠᠯᠠᠨ ᡠᡵᡠᠰᠠᠨ ᡤᡝᠯᡝ ᠪᡠᠯᡝᡴᡠ ᠮᡝᡵᡤᡝᠨ᠂ ᡤᡝᠯᡝᡥᡝ᠂ ᡝᠮᡤᡳ

ᡥᠣᠩᡤᠣᠨ ᠵᠠᡳᡥᠠ ᡳ ᠮᡳᠰᡳ ᡠᡵᡤᡝ᠂ ᡠᠵᡠ ᠰᠠᡥᠠᠯᡳᠶᠠᠨ ᡳᠰᡳᠨᡝᠮᠪᡳ᠂ ᡶᡠᠯᡤᡳᠶᠠᠨ᠂ ᠪᠣᠴᠣ ᠰᠠᡥᠠᠯᡳᠶᠠᠨ᠂

sunggari cecike.

sunggari cecike i yasa amba, yasai faha sahaliyan, engge sahaliyan, tosi sahaliyan, yasai dalbade narhūn šanyan funggaha mersen banjinafi šurdeme kūwarahabi, šakšaha, sencehe, monggon, huru, alajan, hefeli gemu sahaliyakan sika i boco de šanyan mersen jalukiyame banjihabi, asha sahaliyan, uncehen sahaliyan, doko ergi funggaha der seme šeyen, bethe ošoho sahaliyan, banin dabduri ofi, jilgan amba, urui debsiteme fekuceme toktorakū, ere amargi ba i gasha inu.

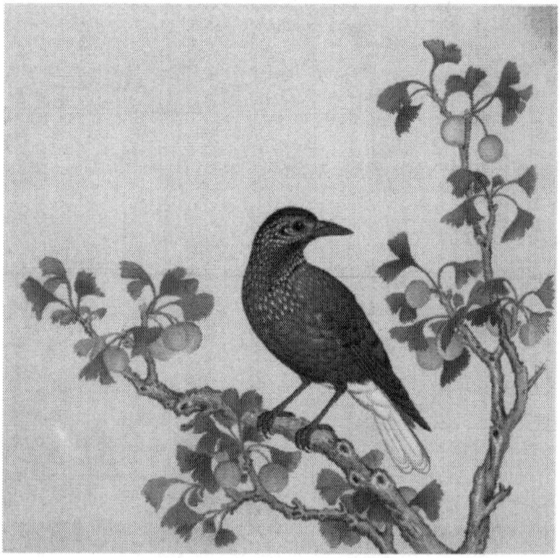

松花

松花，巨目，黑睛，黑觜，黑頂，目旁細白毛成點環周，頰、頷、項、背、臆、腹俱黑棕色白點滿之，黑翅，黑尾，裏毛純白[93]，黑足、爪，性噪，聲巨，跳躍不定，北方鳥也。

93 裏毛純白，句中「純白」，滿文讀作“der seme šeyen”，意即「皓皓之白」，或作「雪白」。滿文又作“der sere šeyen”，意即「潔白」。

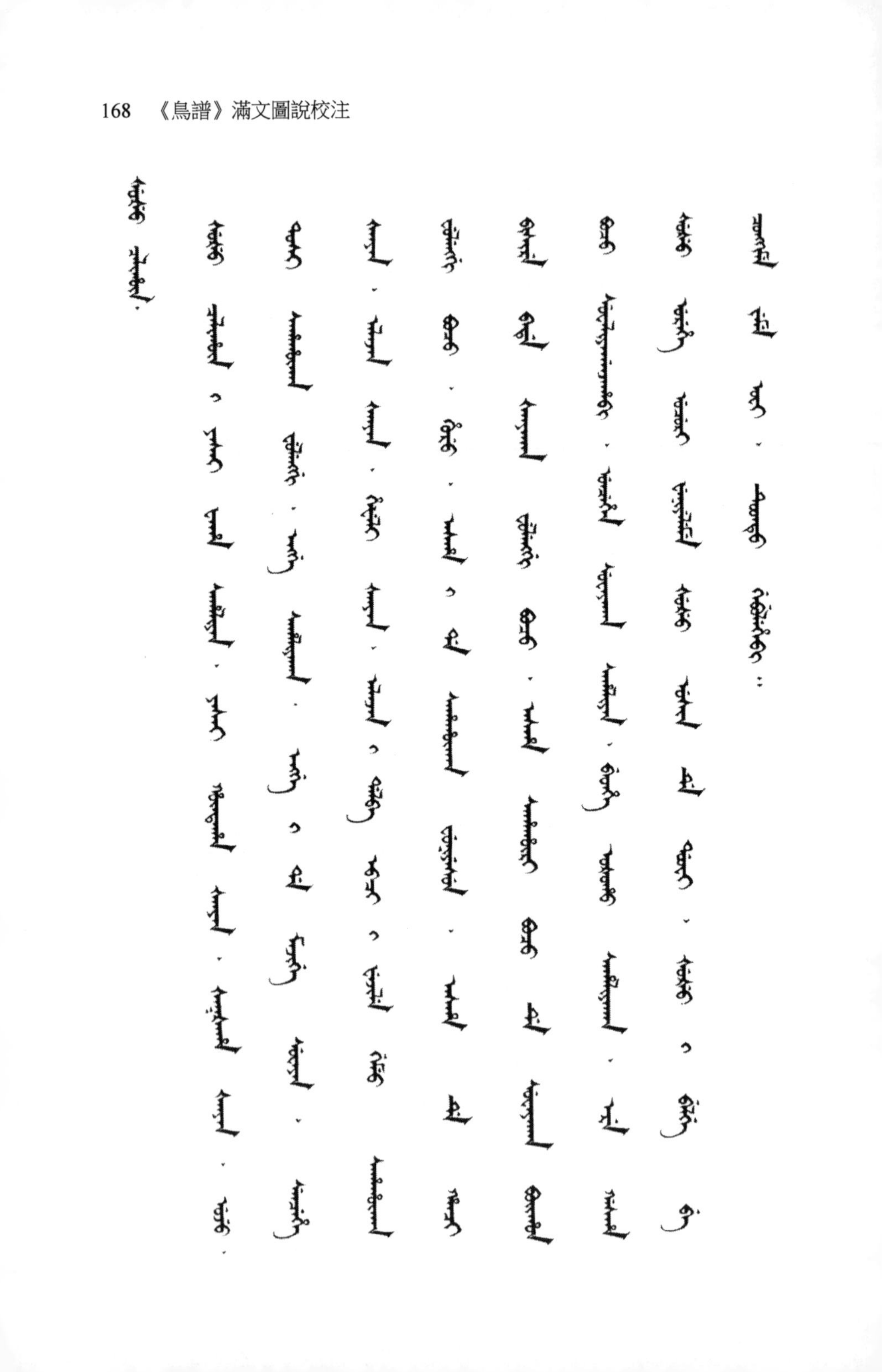

šušu calihūn.

šušu calihūn i yasai faha sahaliyan, yasai hūntahan šanyan, šakšaha šanyan, uju, tosi sahahūkan fulenggi, engge sahaliyakan, engge i da majige suwayan, sencehe šanyan, alajan šanyan, hefeli šanyan, alajan i dalba ebci i fejile gemu sahahūkan fulenggi boco, huru, asha i da sahahūkan funiyesun, asha de hanci bisire bade šanyakan fulenggi boco, asha sahahūri boco de suwayakan boihon boco suwaliyaganjahabi, uncehen suwayakan sahaliyan, bethe ošoho sahaliyakan. ere gasha šušu urehe ucuri feniyeleme šušu usin de doofi, šušu i belge be congkime jeme ofi, tuttu gebulehebi.

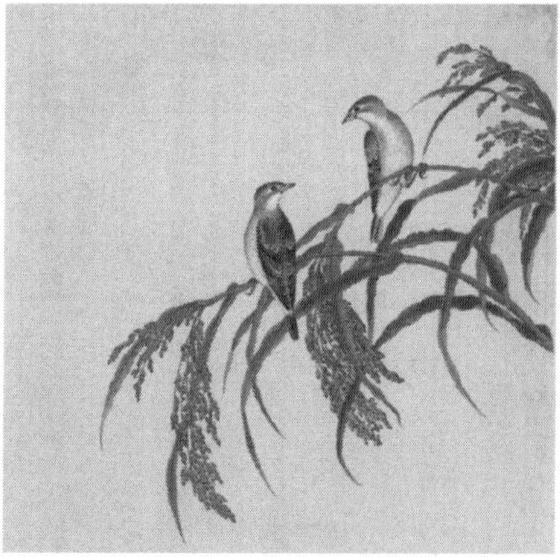

蜀黍雀

蜀黍雀，黑睛，白眶，白頰，蒼灰頭頂，淺黑觜，吻根微黃[94]，白頷，白臆，白腹，臆旁脅下皆蒼灰色，蒼褐背、膊，近翅灰白色，蒼黑翅褋以土黃色，黃黑尾，淺黑足、爪。此鳥秫熟時群栖于秫田間，啄秫粒食之，故名。

94 吻根微黃，句中「吻根」，滿文讀作“engge i da”，意即「觜根」，此作「吻根」，異。

ᠵᡠᡴᡳᠶᡝ ᠨᡳᠶᡝᡥᡝ

ᡤᡝᠯᡳᠶᡝᠨ ᡳᠯᡝᡨᡠ ᡳ ᡨᡠᠮᡳᠨ ᠰᡝᡴᡳᠶᡝᠨ · ᠨᡳᠶᡝᡥᡝ ᠰᡠᠸᠠᠶᠠᠨ · ᠰᠠᡥᠠᠯᡳᠶᠠᠨ · ᡥᡠᡵᡠ ᠠᠯᠠᠵᠠᠨ ᠰᠠᡥᠠᡥᡡᠨ ᠣᠯᠣᠪᠣ

ᡠᠵᡠ ᡠᠨᡳᠶᡝᡨᡝᡵᡝ ᠪᠣᠴᠣ ᠰᡠᡥᡠᡴᡝᠨ ᠪᡝᠯᡤᡝᠨ ᡨᡠᠮᡳᠨ · ᡝᠩᡤᡝ · ᡝᡵᡝ ᠪᡝ ᠰᡳᡥᡝᠨ ᡳ ᡤᡝᠮᡠ ᡤᡝᠯᡳ ᠰᡠᡥᡠᡴᡝᠨ ᡨᡝᠪᡠᠴᡳ

ᠰᠠᡥᠠᠯᡳᠶᠠᠨ · ᡤᡝᠨᡝᡥᡝ ᡳ ᠵᡝᡴᡠ ᠰᠠᡥᠠᠯᡳᠶᠠᠨ ᡨᡠᡵᡤᡠᠨ ᡤᡳᠶᠠᠨ ᠰᡠᠸᠠᠶᠠᠨ ᠪᠣᠴᠣ ᠣᡧᠣᡥᠣᡵᠣ · ᡤᡝᠮᡠ ᡨᡠᠪᡨᡝᠨ

ᡨᡠᠮᡳᠨᡴᡝᠨ ᠪᠣᠴᠣ · ᡳᠯᡝᡨᡠ · ᠰᡠᡥᡠᡴᡝᠨ · ᡝᠯᡤᡳᠶᡝᠨ ᡳ ᠪᠣᠴᠣ ᡳ ᠪᠣᠴᠣ ᡤᡳᠶᠠᠨ ᠰᡠᠸᠠᠶᠠᠨ · ᠨᡳᠶᠣᠮᠣ ᠵᡝᠨ ᡨᡠᠮᡳᠨ

ᠰᠠᡥᠠᡥᡡᡴᡝᠨ ᠪᠣᠴᠣ ᡨᡠᠮᡳᠨᡨᡠᠯᡝᠮᠪᡠᡵᡝ · ᡤᡝᠯᡳᠶᡝᠨ ᠴᡝ ᠰᡝᡵᡝ ᠣᠮᠣᠨ ᠪᠣᠴᠣ ᡳ ᠰᡠᠸᠠᠶᠠᠨ ᡨᡠᠮᡳᠨ ᠰᡠᡥᡠ

ᡝᠯᡠᠮᡝ ᠵᡠᠸᡝᡵᡤᡝᠨ ᠰᡝᡴᡳᠶᡝᠨ · ᡨᡝᡵᡝᠪᡠ ᡨᡝᠪᡠᠴᡝᠨ ::

sišari cecike.

sišari cecike i yasai faha sahaliyan, engge fulgiyakan suwayan, juwe šakšaha de šanyan funggaha bifi suksureme banjihabi, uju, meifen ci alajan de isitala gemu sahaliyan, hefeli i fejile sahaliyan funggaha majige šanyan boco tuyembuhebi, huru fulgiyakan funiyesun boco, asha, dethe, uncehen i boco majige tumin, ashai jerin šanyakan niowanggiyan boco suwaliyaganjahabi, uncehen de hanci bisire huru i funggaha inu šanyan, bethe fulgiyakan suwayan, ošoho sahaliyan.

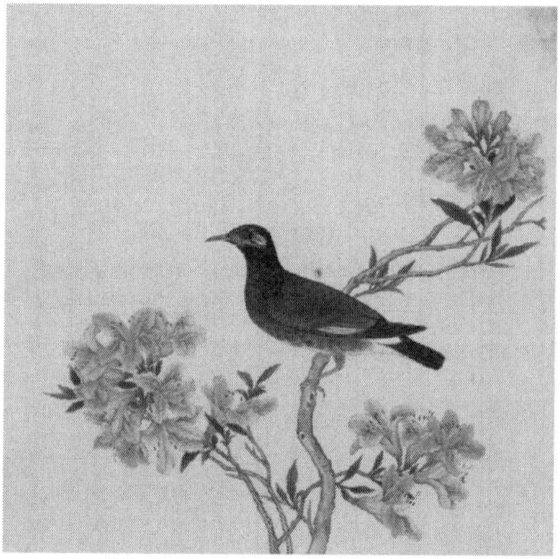

麻葉雀[95]

麻葉雀，黑睛，丹黃觜，兩頰白毛花簇，頭、頸至臆俱黑，腹下黑毛中微露白質，赤褐背，翅、翮、尾色稍深，翅邊間以白緣[96]，近尾背毛亦白，赤黃足，黑爪。

95 麻葉雀，滿文讀作“sišari cecike”，句中“sišari”，意即「苧麻」。

96 翅邊間以白緣，句中「白緣」，滿文讀作“šanyakan niowanggiyan”，意即「白綠」，句中「緣」，當作「綠」。

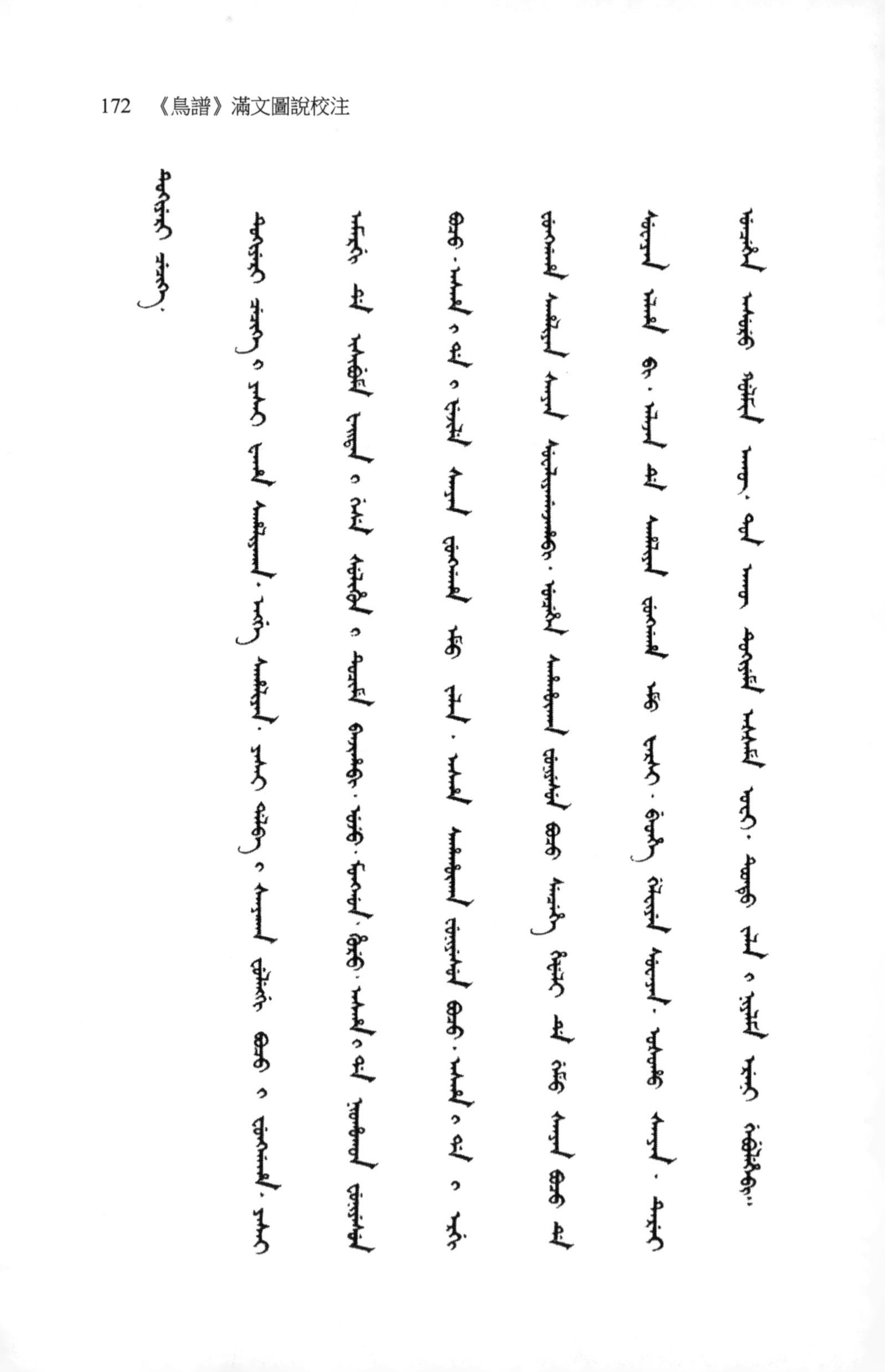

[illegible]

tukiyeri cecike.

tukiyeri cecike i yasai faha sahaliyan, engge sahaliyan, yasai dalba i šanyakan fulenggi boco i funggaha, yasai amargi de isibume faitan i gese šulihun i tucime banjihabi, uju, monggon, huru, asha i da niohokon funiyesun boco, asha i da i fejile šanyan funggaha emu jalan, asha sahahūkan funiyesun boco, asha i da i ergi funggaha sahaliyan šanyan suwaliyaganjahabi, uncehen sahahūkan funiyesun boco, sencehe, hefeli de gemu šanyan boco de suwayan alha bi, alajan de sahaliyan funggaha emu farsi, bethe gelfiyen suwayan, ošoho šanyan, terei uncehen asuru golmin akū, ton akū tukiyeme aššame ofi, tuttu jalan i niyalma ereni gebulehebi.

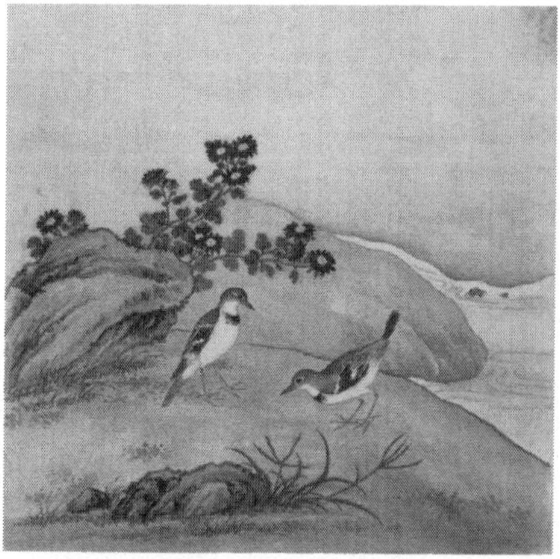

搖臀雀

搖臀雀，淺黑睛，黑觜，目旁灰白毛，至眼後尖出如眉。頂、項、背、膊茶褐色，膊下白毛一節，蒼褐翅，翅根毛黑白相間，蒼褐尾，頷、腹皆白質黃紋，當臆黑毛一片，淺黃足，白爪，其尾不甚長，而時動搖，故俗以此名之[97]。

97 故俗以此名之，句中「俗」，滿文讀作“jalan i niyalma”，意即「世人」。

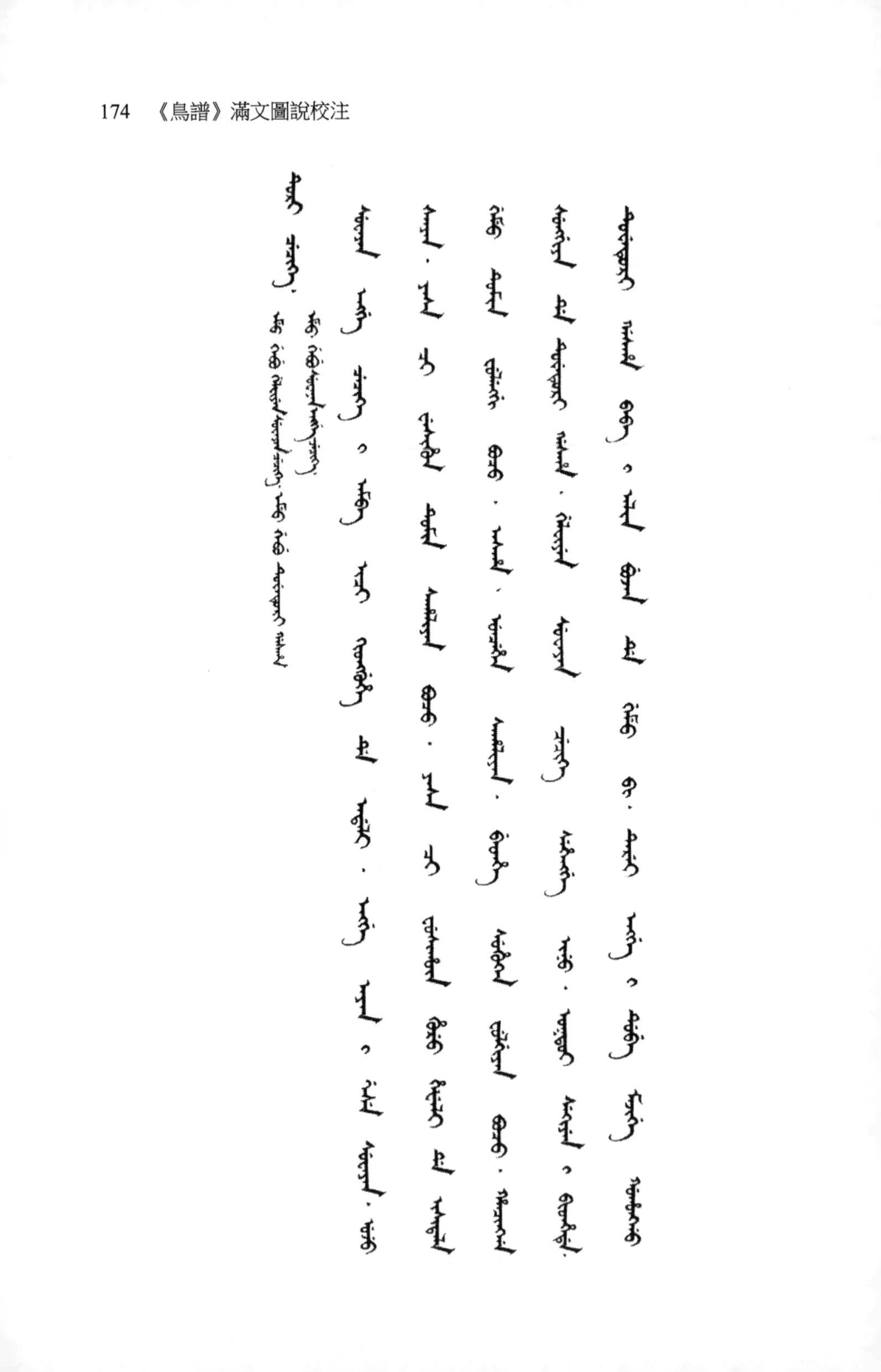

[illegible]

[illegible]

[illegible]

[illegible]

[illegible]

[illegible]

[illegible]

turi cecike, emu gebu gelfiyen suwayan cecike, emu gebu tuweturi gasha, emu gebu suwayan engge cecike.

suwayan engge cecike i amba ici kiongguhe de adali, engge ayan i gese suwayan, uju šanyan, yasa ci wesihun tumin sahaliyan boco, yasa ci fusihūn huru, hefeli de isitala gemu tumin fulenggi boco, asha, uncehen sahaliyan, bethe suhuken fulgiyan boco. hancingga šunggiya de, tuweturi gasha, gelfiyen suwayan cecike sehengge inu. oktoi sekiyen i bithede, tuweturi gasha baba i alin bujan de gemu bi, terei engge i dube majige gohonggo

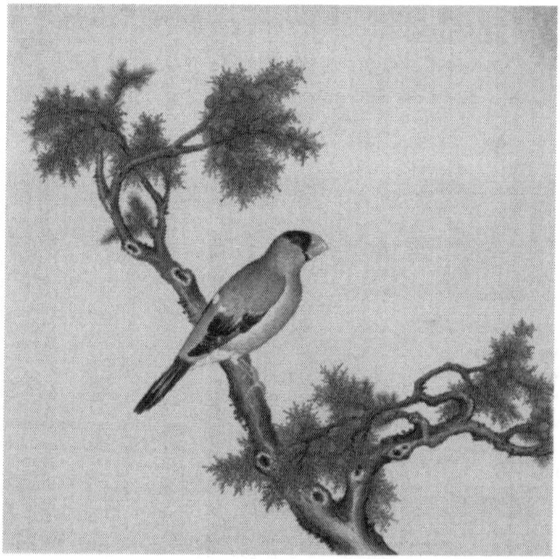

梧桐，一名竊黃[98]，一名冬鳸，一名蠟觜[99]

蠟觜，大如鸜鵒，觜黃若蠟，頭白，目以上深黑色，目以下至背及腹皆深灰色，黑翅尾，牙紅色足。《爾雅》所謂冬鳸、竊黃是也。《本草綱目》云：鳸鳥，處處山林有之，其觜喙微曲

98 竊黃，滿文讀作“gelfiyen suwayan cecike”，意即「淺黃雀」。
99 蠟觜，滿文讀作“suwayan engge cecike”，意即「黃觜雀」。

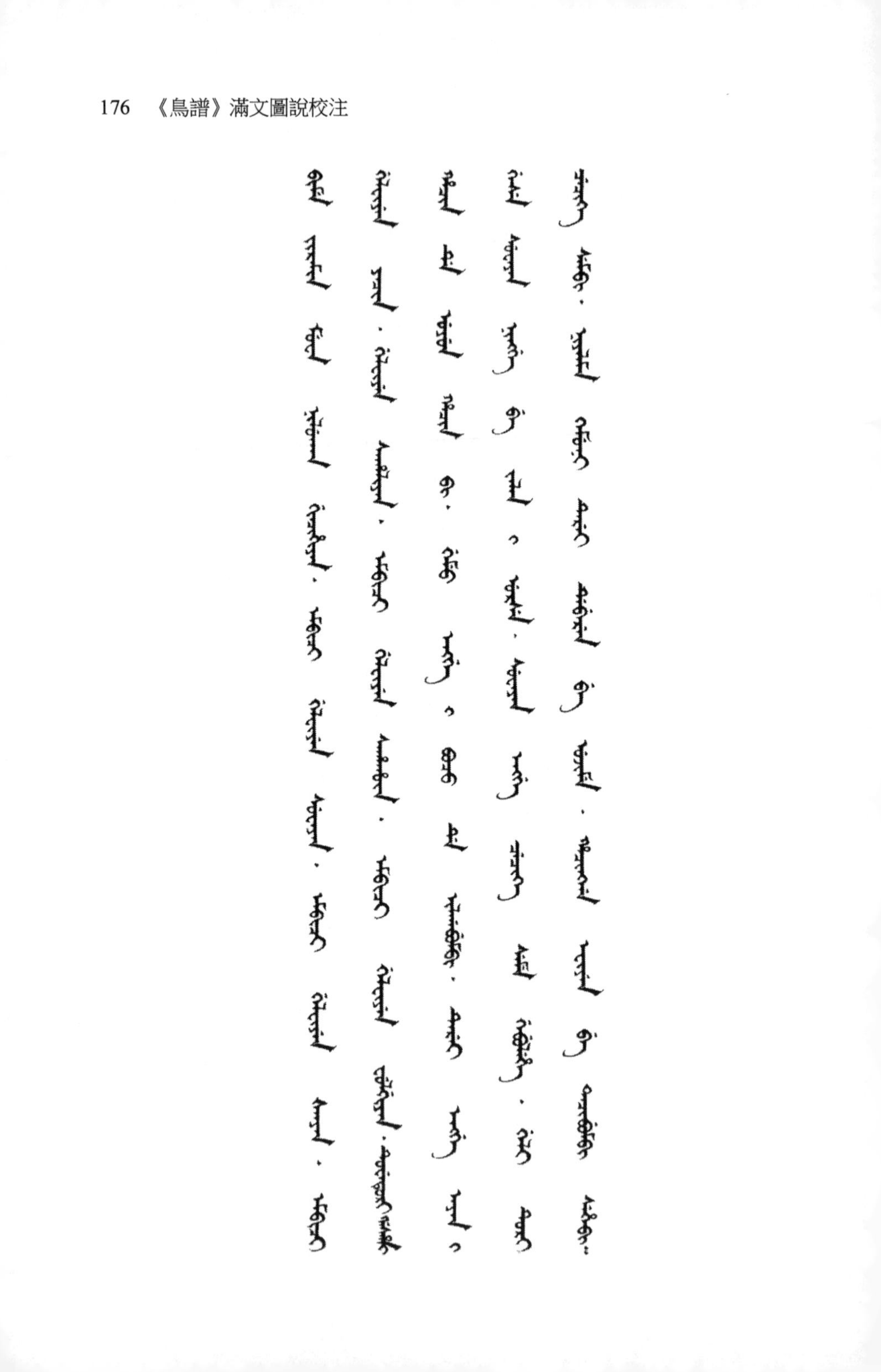

bime jiramin muwa nilukan gincihiyan, embici gelfiyen suwayan, embici gelfiyen šanyan, embici gelfiyen yacin, gelfiyen sahaliyan, embici gelfiyen sahahūn, embici gelfiyen fulgiyan. tuweturi gasha i hacin de uyun hacin bi, gemu engge i boco de ilgabumbi, terei engge ayan i gese suwayan ningge be jalan i urse, suwayan engge cecike seme gebulehe, geli turi cecike sembi, niyalma kemuni terei deberen be ujime, hacingga efiyen be tacibumbi sehebi.

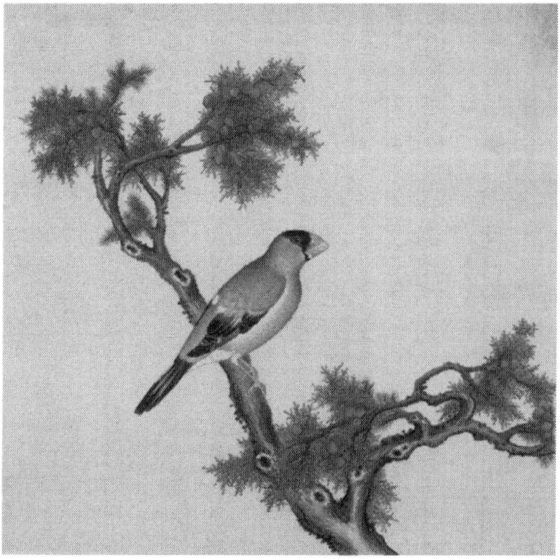

而厚壯光瑩，或淺黃、淺白[100]，或淺青[101]、淺黑，或淺元[102]、淺丹[103]。鳫類有九種，皆以喙色別之，其觜凝黃如蠟者，俗名蠟觜，亦曰梧桐，人家多畜其雛，教作戲舞。

---

100 淺白，滿文讀作“embici gelfiyen šanyan”，意即「或淺白」。

101 或淺青，滿文讀作“embici gelfiyen yacin”，句中“yacin”，漢字或作「黑」，或作「青」。

102 或淺元，滿文讀作“embici gelfiyen sahahūn”，意即「或淺淡黑色」。

103 淺丹，滿文讀作“embici gelfiyen fulgiyan”，意即「或淺紅」。

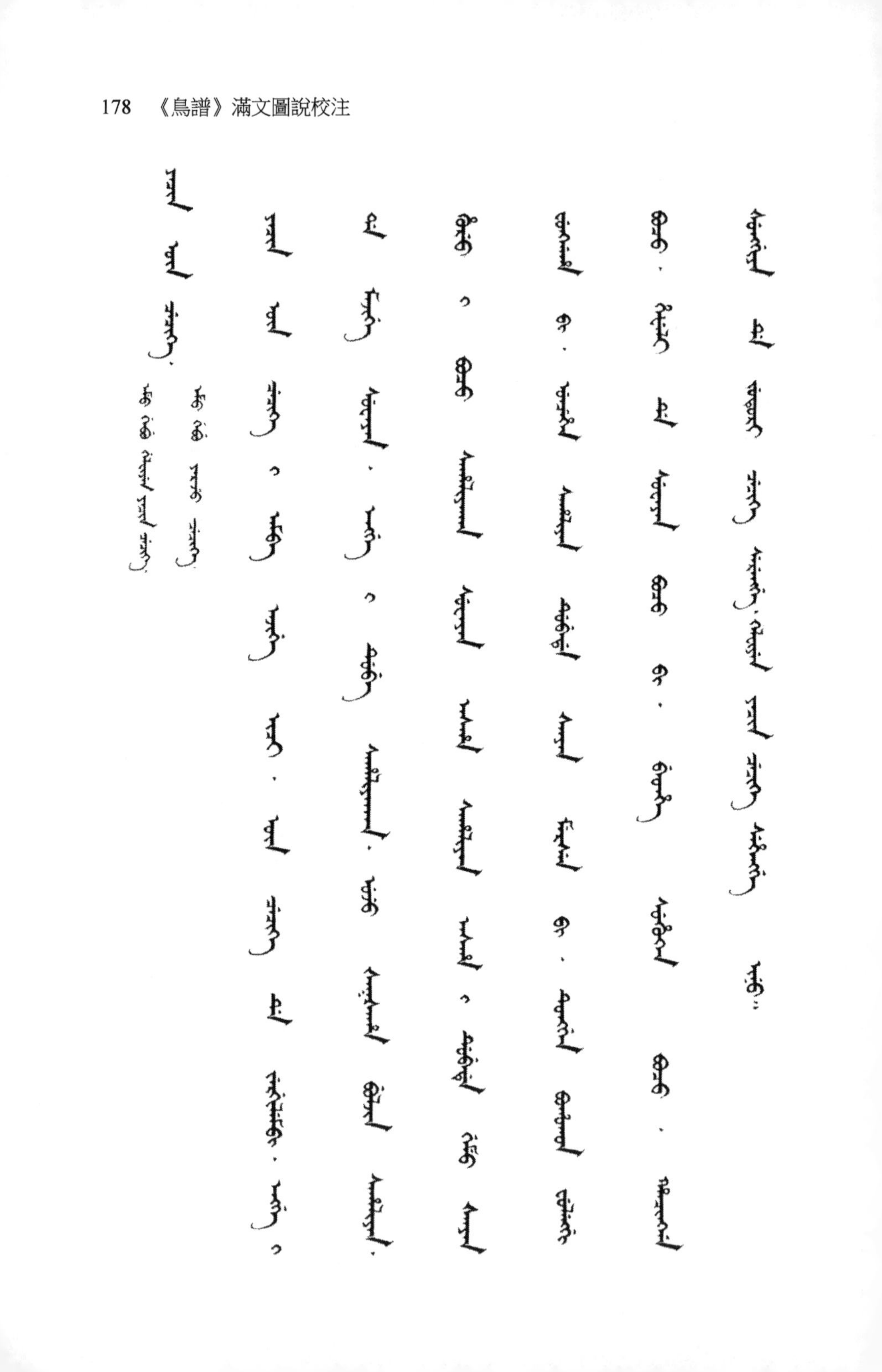

yacin ūn cecike, emu gebu gelfiyen yacin cecike, emu gebu yarju cecike.

yacin ūn cecike i amba ajige ici, ūn cecike de jergilembi, engge i da majige suwayan, engge i dube sahaliyakan, uju, šakšaha buljin sahaliyan, huru i boco sahaliyakan suwayan, asha sahaliyan, asha i dubede gemu šanyan funggaha bi, uncehen sahaliyan dubede šanyan mersen bi, tunggen bohokon fulenggi boco, hefeli de suwayan boco bi, bethe suhuken boco. hancingga šunggiya de, juturi cecike serengge, gelfiyen yacin cecike sehengge inu.

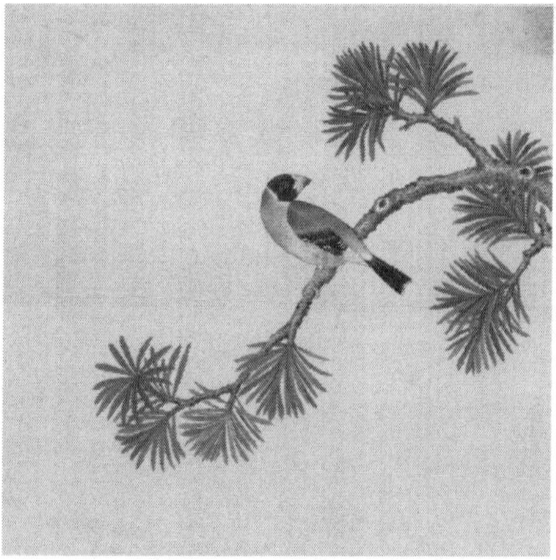

皂兒，一名竊元，一名豹頭

皂兒，大小與灰兒相等[104]，觜根微黃，喙淺黑色，頭、頰純黑，背色黑黃，黑翅，翅尖俱有白毛，黑尾，尖有白點，胸慘灰色，腹下帶黃[105]，米色足，《爾雅》所謂夏鳸、竊元是也。

104 灰兒，滿文讀作"ūn cecike"，意即「炭兒」，又名「麥鷄」。
105 腹下帶黃，滿文讀作"hefeli de suwayan boco bi"，意即「腹有黃色」。

ᠰᠠᠮᠠ ᠨᡳᠩᡤᡝᠨ
ᡨᡠᠪᡝ ᡨᡠᠪᡝ ᠨᡳᠩᡤᡝᠨ ᠰᡝᠮᡝ
ᡨᡠᠪᡝ ᡨᡠᠪᡝ ᠰᡝᠪᡴᡝᠨ ᠰᠠᠮᠠ ᠰᡝᠮᡝ

ᠰᠠᠮᠠ ᠨᡳᠩᡤᡝᠨ ᡳ ᠪᡝᠶᡝ᠈ ᠪᠣᠴᠣ ᠨᡳᠩᡤᡝᠨ ᠵᡠ ᠰᠠᠮᠠ᠈ ᠰᠠᠮᠠ ᠨᡳᠣᠸᠠᠩᡤᡳᠶᠠᠨ ᠰᠠᡥᠠᡵᡳ ᠪᠣᠴᠣ᠈ ᠰᡝᠮᡝ ᠰᡠᠸᠠᠶᠠᠨ ᠪᠣᠴᠣ᠉
ᡠᠴᡠᠨ ᡳ ᠰᡠᠸᠠᡵᡳᠶᠠᠨ ᠰᠠᠮᠠ ᠪᠣᠴᠣ᠈ ᡤᠣᠯᠮᡳᠨ ᠰᡠᠸᠠᠶᠠᠨ᠈ ᡥᡝᡵᡤᡝᠨ ᠰᠠᠮᠠ ᠨᡳᠣᠸᠠᠩᡤᡳᠶᠠᠨ᠈ ᠰᠠᡥᠠᠯᡳᠶᠠᠨ ᠰᠠᡥᠠᠮᠠ ᠪᠣᠴᠣ᠉
ᠮᡠᡴᡳᡵᡝᠨ ᡳ ᠵᡝᡵᡤᡝ᠈ ᠰᡝᠮᡝ ᠰᡠᠸᠠᡵᡳᠶᠠᠨ ᠮᡝᡳᡶᡝᠨ᠈ ᠨᡳᠣᠸᠠᠩᡤᡳᠶᠠᠨ ᠰᠠᡥᠠᠮᠠ ᠪᠣᠴᠣ᠈ ᡨᠣᠨ ᡳ ᡠᠵᡠ᠈ ᠰᡠᠸᠠᠶᠠᠨ᠈ ᠰᠠᡥᠠᠯᡳᠶᠠᠨ ᠵᡠᡵᡤᠠᠨ᠈ ᡥᡠᠯᡤᡳᠶᠠᠨ᠉
ᠠᠯᠠᠮᡳᠨ ᠪᡝᠶᡝ ᠨᡳᠣᠸᠠᠩᡤᡳᠶᠠᠨ᠈ ᠮᡠᠰᡝ ᠰᡝᠮᡝ ᡠᠯᡳᠶᡝᠪᡳ᠉ ᡨᡝᠪᡠᠸᡝᠯᡝ᠈ ᠰᡠᠸᠠᠶᠠᠨ ᡤᠣᠯᠮᡳᠨ ᠰᡝᠮᡝ᠈ ᠰᡝᡳᠪᡳᠨ᠈ ᠨᡳᠩᡤᡝᠨ᠈ ᠰᠠᡥᠠᠮᠠ ᠪᠣᠴᠣ᠈ ᠰᡠᠸᠠᠶᠠᠨ᠉
ᠵᡳᡥᡝ᠈ ᡳᠩᡤᠣᡥᡝᠨ ᡳ ᡠᠴᡠᠩᡤᡝ᠈ ᠨᡳᠣᠸᠠᠩᡤᡳᠶᠠᠨ ᠰᡝᠪᡴᡝᠨ ᡳ ᡳᠩᡤᡝ᠈ ᠪᠣᠴᠣ ᠰᠠᠮᠠ᠈ ᠨᡳᠣᠸᠠᠩᡤᡳᠶᠠᠨ᠈ ᠪᠣᠴᠣ᠈ ᠨᡳᠣᠸᠠᠩᡤᡳᠶᠠᠨ ᠰᠠᠮᠠ ᡳᠰᡳᠨ᠉
ᡠᠯᡳᠶᡝᡥᡝᠪᡳ᠈ ᡳᡵᡤᡝ ᡳᡵᡤᡝ ᠰᠠᠮᠠ ᡠᠰᡠᠸᠠᠶᠠᠨ᠈ ᠨᡳᠩᡤᡝᠨ ᠪᠣᠴᠣ ᠪᡳ ᡠᠯᡳᠶᡝᡥᡝᠪᡳ᠉

ūn cecike, emu gebu gelfiyen šanyan cecike, emu gebu nituri cecike.

ūn cecike i beye, turi cecike ci ajige, engge gelfiyen šanyan boco, uju funiyesun boco, tosi i funggaha fulenggi boco, huru sahaliyakan suwayan, hefeli gelfiyen šanyan, asha, uncehen sahaliyan boco, asha i da jai uncehen i dubede gemu šanyan funggaha bi, bethe šanyakan fulgiyan. hancingga šunggiya de, nituri cecike serengge, gelfiyen šanyan cecike sehengge inu, oktoi sekiyen i bithede, lii ši je<u>n</u> i henduhengge, terei engge nimenggi i gese gelfiyen šanyan ofi, tuttu gelfiyen šanyan cecike seme gebulehebi, kiye sere nikan hergen serengge, gelfiyen boco be henduhebi sehebi.

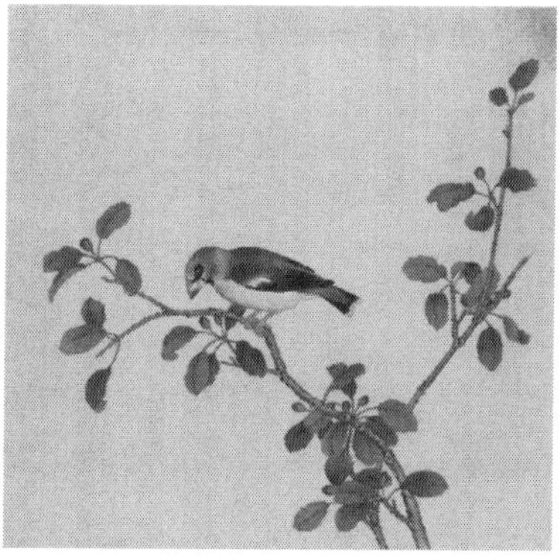

灰兒，一名竊脂，一名桑鳸

灰兒，形小於梧桐，觜作淺白色，頭作褐色，頂毛灰色，黑黃背，淺白腹，翅、尾黑色，膊及尾尖皆有白毛，粉紅足。《爾雅》所謂桑鳸、竊脂是也。《本草綱目》李時珍曰：其觜淡白如脂，故名竊脂，竊，淺色也[106]。

106 竊，淺色也，滿文讀作"kiye sere nikan hergen serengge, gelfiyen boco be henduhebi sehebi"，意即「漢字竊，淺色也」。

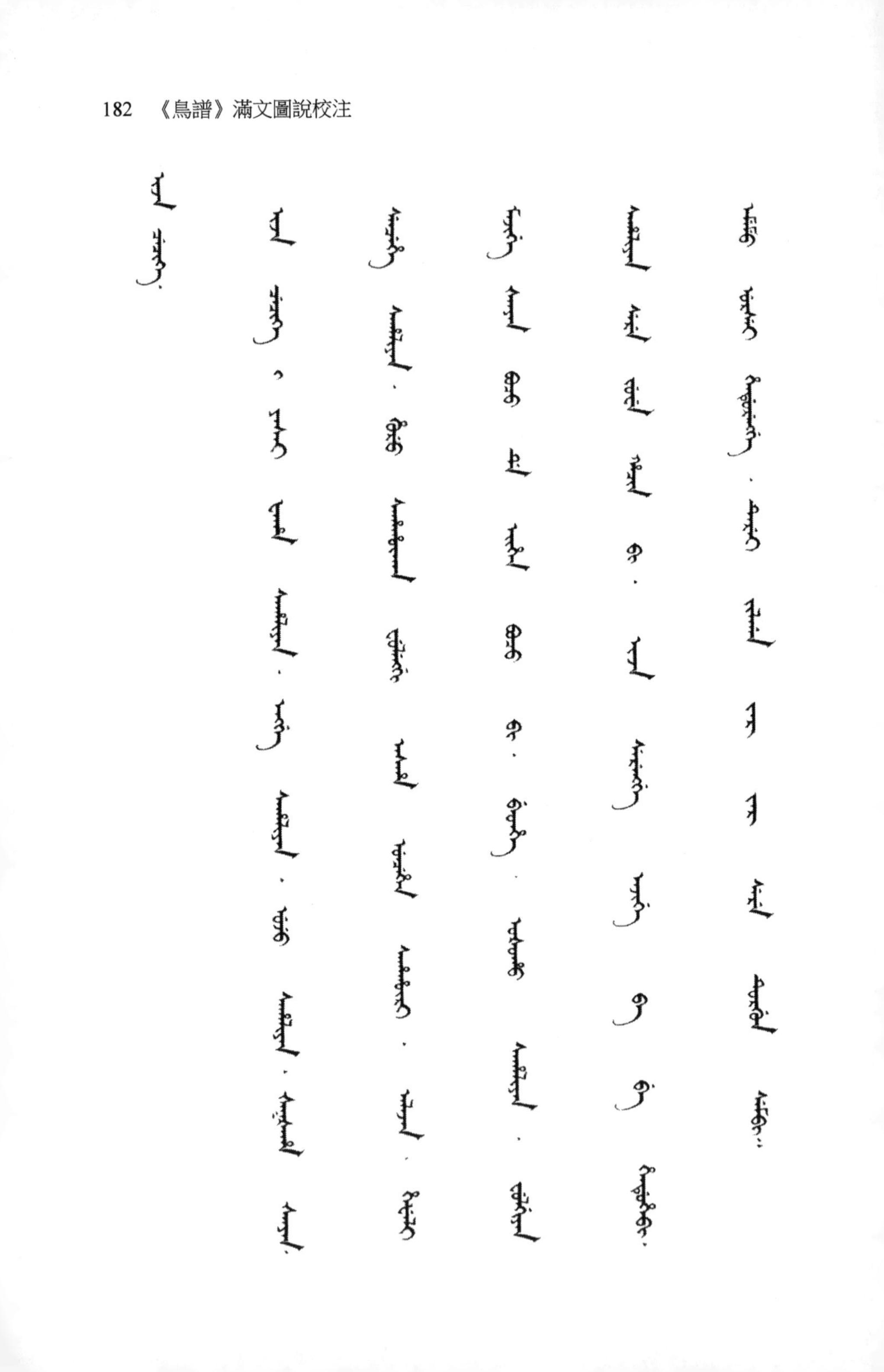

[illegible]

[illegible]

[illegible]

[illegible]

[illegible]

[illegible]

ija cecike.

ija cecike i yasai faha sahaliyan, engge sahaliyan, uju sahaliyan, šakšaha šanyan, sencehe sahaliyan, huru sahahūkan fulenggi, asha, uncehen sahaūri, alajan, hefeli majige šanyan boco de eihen boco bi, bethe, ošoho sahaliyan, fulgiyan sahaliyan sere juwe hacin bi, ija serengge ajige ba be henduhebi. ememu ursei hendurengge, terei jilgan jar jar sere turgun sembi.

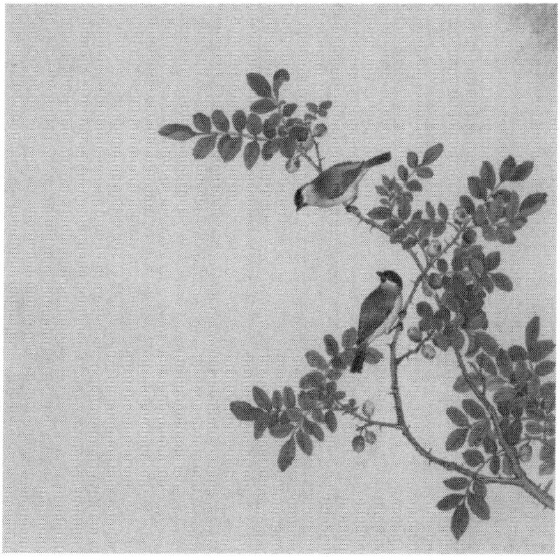

仔仔黑

仔仔黑[107]，黑睛，黑觜，黑頭，白頰，黑頷，蒼灰背，蒼黑翅尾，臆、腹微白帶赭[108]。黑足、爪，有紅黑二種。仔仔者，言其小也，或曰，以其聲吱吱然。

107 仔仔黑，滿文讀作"ija cecike"，句中"ija"，意即「牛虻」，又作「瞎虻」，"ija cecike"，漢字作「仔仔黑」，以喻其小。

108 臆、腹微白帶赭，滿文讀作"alajan, hefeli majige šanyan boco de eihen boco bi"，意即「臆、腹微白色上有赭色」。

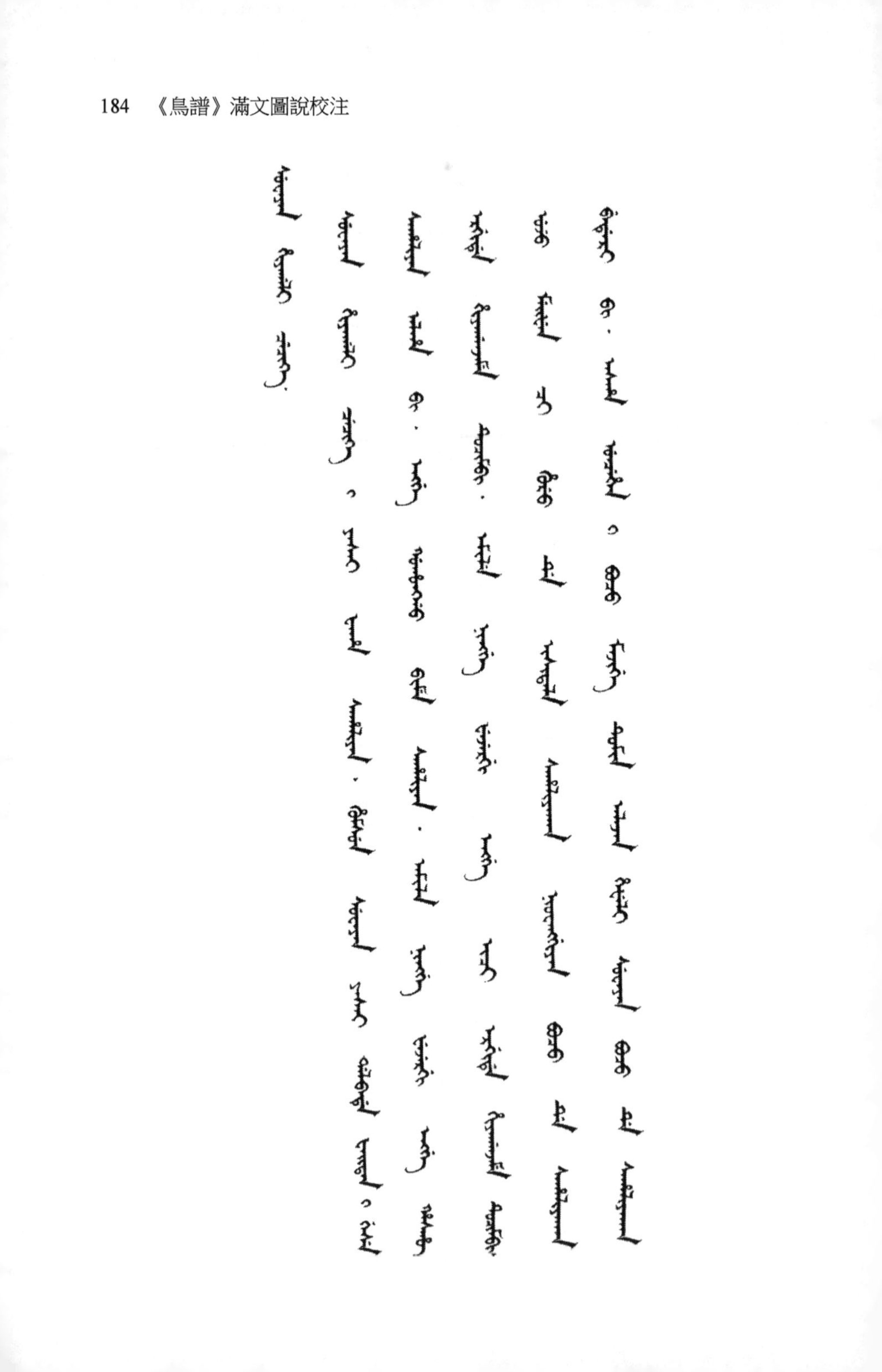

suwayan hiyagali cecike.

suwayan hiyagali cecike i yasai faha sahaliyan, humsun suwayan yasai dalbade faitan i gese sahaliyan alha bi, engge gohonggo bime sahaliyan, amila ningge fejergi engge hashū ergide hiyaganjame tucimbi, emile ningge fejergi engge ici ergide hiyaganjame tucimbi, uju, meifen ci huru de isitala sahaliyakan niowanggiyan boco de sahaliyakan bederi bi, asha, uncehen i boco majige tumin, alajan, hefeli suwayan boco de sahaliyakan

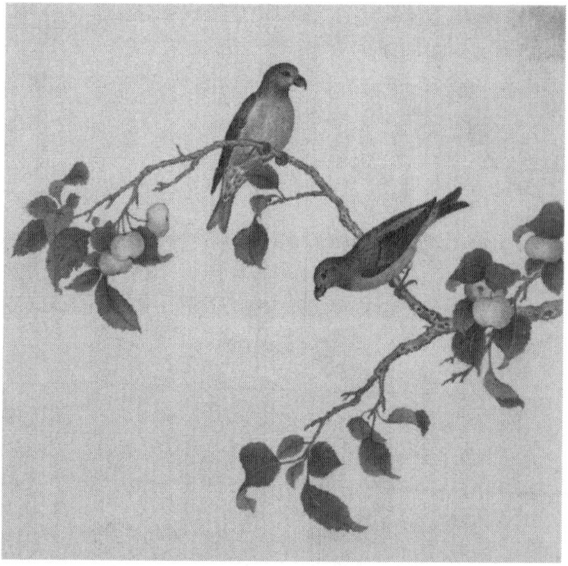

黃交觜

黃交觜，黑睛，黃瞼，眼旁有黑紋如眉，黑鉤啄[109]，雄者下味交出于左，雌者下味交出于右，頭、頸至背黑綠質淺黑斑，翅、尾色稍深，黃臆、腹

109 黑鉤啄，滿文讀作“engge gohonggo bime sahaliyan”，意即「觜鉤而黑」。漢字「喙」，滿文讀作“engge i dube”，此作「啄」，誤。

ᠠᠰᡥᠠ ᠪᠣᠣᠯᠠ ᠪᡳ᠈ ᡧᡠᡧᡠᠯᡝ ᡩᡝ ᡧᠠᠩᡤᡳᠶᠠᠨ ᠪᡝᡩᡝᡵᡳ ᠪᠣᠴᠣ᠈ ᡶᡠᠩᡤᠠᠯᠠ ᠰᠠᡥᠠᡵᠠ ᠠᠯᡥᠠᠩᡤᠠ ᠪᠣᠴᠣ

ᠰᠠᡥᠠᠯᡳᠶᠠᡴᠠᠨ ᠠᠯᡥᠠᠨ᠈ ᠪᡠᡵᡤᡳᠨ ᡩᡝ ᠰᡳᡥᡝᠨ ᠠᠶᠣᠨ᠈ ᡧᡠᡧᡠᠩᡤᡝ ᠵᡝᠩ ᠪᠣᠴᠣ ᠰᠠᡥᠠᡵᠠᠨ ᠰᡝᠶᡝᠨ

ᡳᠰᡳ ᠨᡳᠣᠸᠠᠩᡤᡳᠶᠠᡴᠠᠨ᠈ ᠪᠣᡵᠣᠨ ᠰᡠᠸᠠᠶᠠᠨ ᠠᠯᡥᠠᡵᠠ ᠰᠠᡥᠠᠯᡳᠶᠠᠨ ᡴᡠᠪᡠᠯᡳᠨ ᡩᡝ ᠪᠣᠴᠣ ᠰᠠᡥᠠᡵᠠᠨ ᠰᡝᠶᡝᠨ

ᡨᠠᠨᡤᡳᠶᠠᠨ ᡤᡳᠶᠠᠨ ᠪᡳᠶᠠᠨ᠈ ᠰᡠᠸᠠᠶᠠᠨ ᠰᠠᡥᠠᡵᠠᠨ ᠪᠣᠴᠣᠩᡤᠣ ᡤᡳᡵᡠᠨ᠈ ᠨᡳ ᠠ ᠵᡝ ᠮᡝ ᡩᡝ

ᠪᡠᠯᡝᡴᡠᠪᡳ᠈ ᠵᡳᠰᡠᠨ ᠪᠣᡤᠣᠨ ᠵᡳᡥᡝ ᠰᡝᡴᡝᠨ ᠪᡳ᠉

alha toron bi, uncehen de hanci bisire huru i funggaha suwayan sahaliyan boco suwaliyaganjame tasha i bederi de adali ofi, tuttu geli kuri hiyagali cecike seme gebulehebi, bethe, ošoho sahaliyan. acamjaha šunggiya de, kuri hiyagali cecike engge murin tarin i goholome hiyaganjame banjihabi sehebi. lu an šan̲ alin de tucimbi, niyalmai boode inu ujirengge bi.

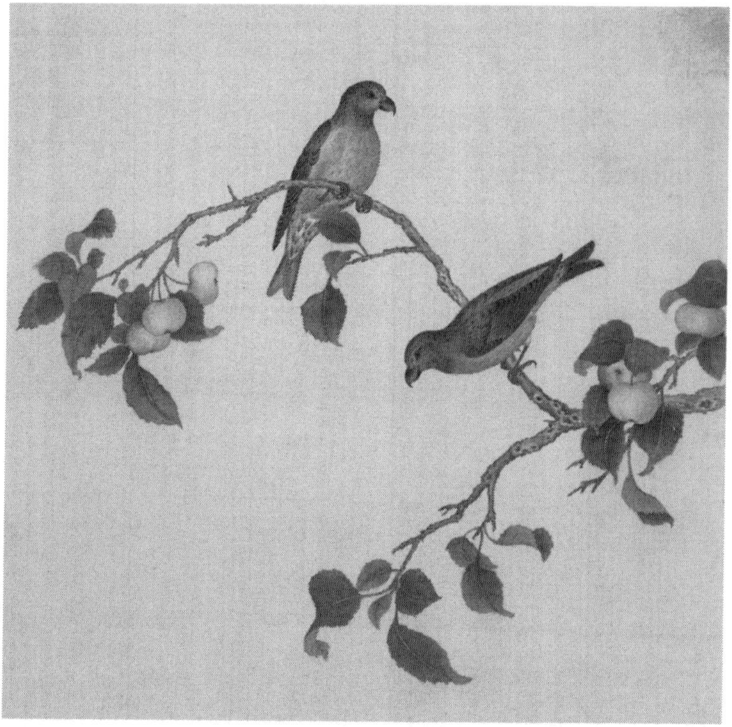

帶淺蒼紋暈，近尾背毛黃黑相間，有如虎斑，故亦名虎皮鈎交觜，黑足、爪，《彙雅》虎皮鈎交觜，其觜扭別鈎交。六安山中有之，人家間有畜之者[110]。

110 人家間有畜之者，滿文讀作"niyalmai boode inu ujirengge bi"，意即「人家亦有畜之者」，滿漢文義略異。

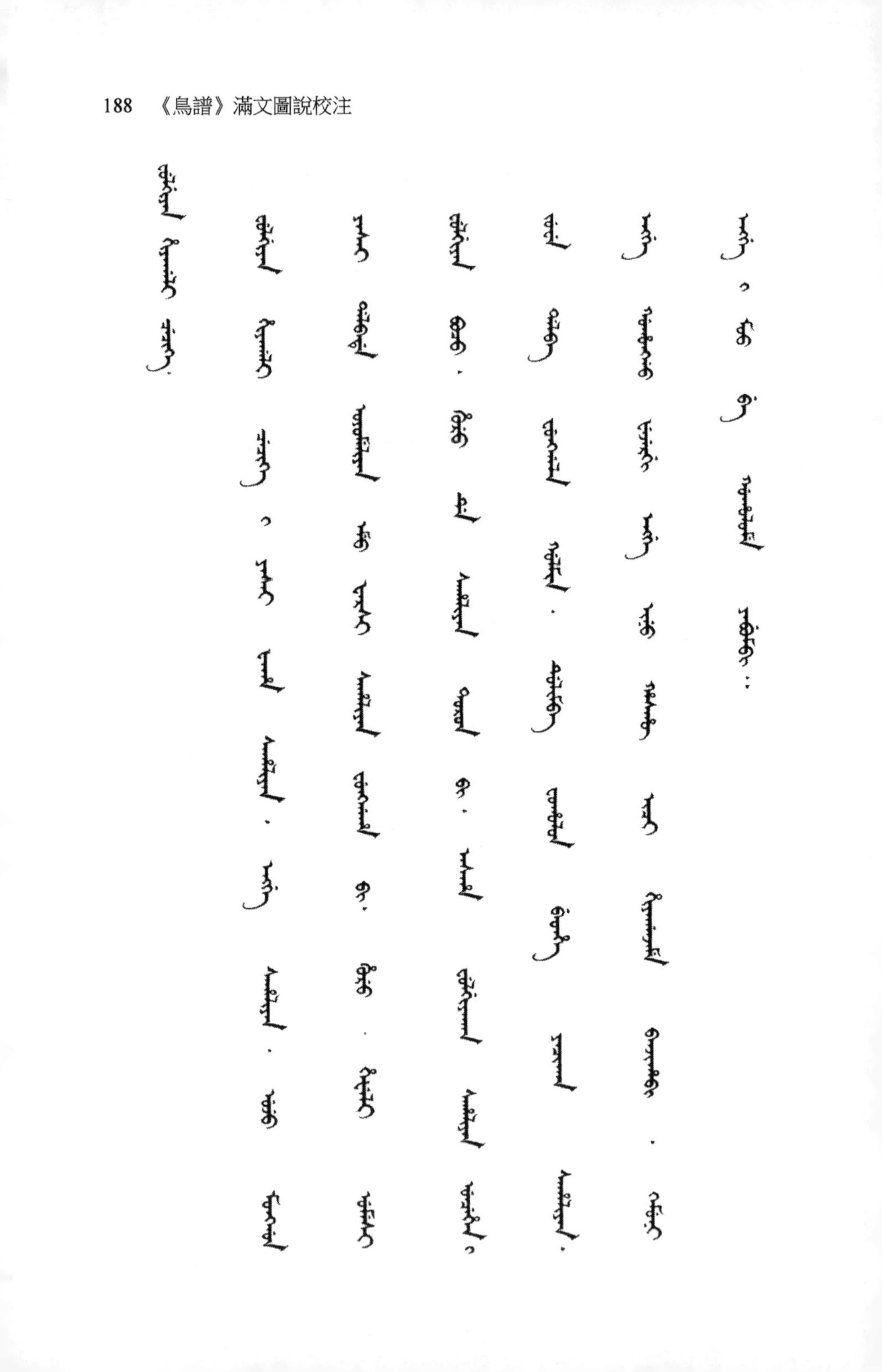

fulgiyan hiyagali cecike.

fulgiyan hiyagali cecike i yasai faha sahaliyan, engge sahaliyan, uju, monggon, yasai dalbade oyomeliyan emu fari sahaliyan funggaha bi, huru, hefeli umesi fulgiyan boco, huru de sahaliyan toron bi, asha fulgiyakan sahaliyan, uncehen i juwe dalba funggala golmin, dulimba foholon bethe yacikan sahaliyan, engge gohonggo, fejergi engge inu hashū ici hiyaganjame banjihabi, kemuni engge i moo be goholome yabumbi.

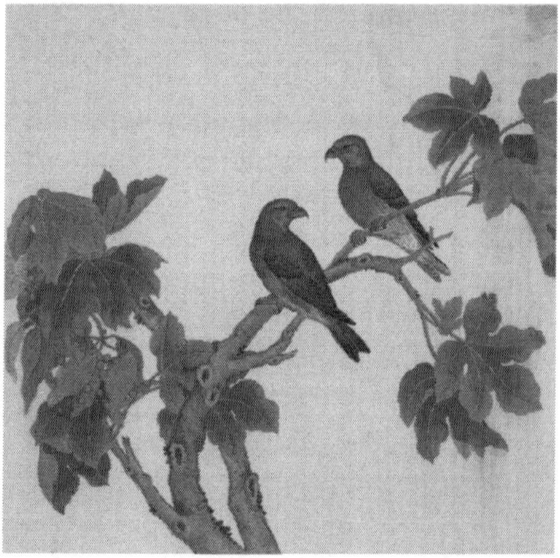

紅交觜

紅交觜[111]，黑睛，黑觜，頭、項目旁有黑毛一彎，背、腹殷紅色，背有黑暈，赤黑翅，尾兩邊長[112]，中竘[113]，青黑足，勾喙，下味亦左右交，嘗以觜鈎樹而行。

111 紅交觜，滿文讀作"fulgiyan hiyagali cecike"，句中"hiyagali"，又作"hiyahali"，意即「牽扯」。

112 尾兩邊長，滿文讀作"uncehen i juwe dalba funggala golmin"，意即「尾兩邊翎長」，此脫落「翎」字樣。

113 中竘，滿文讀作"dulimba foholon"，意即「中短」。

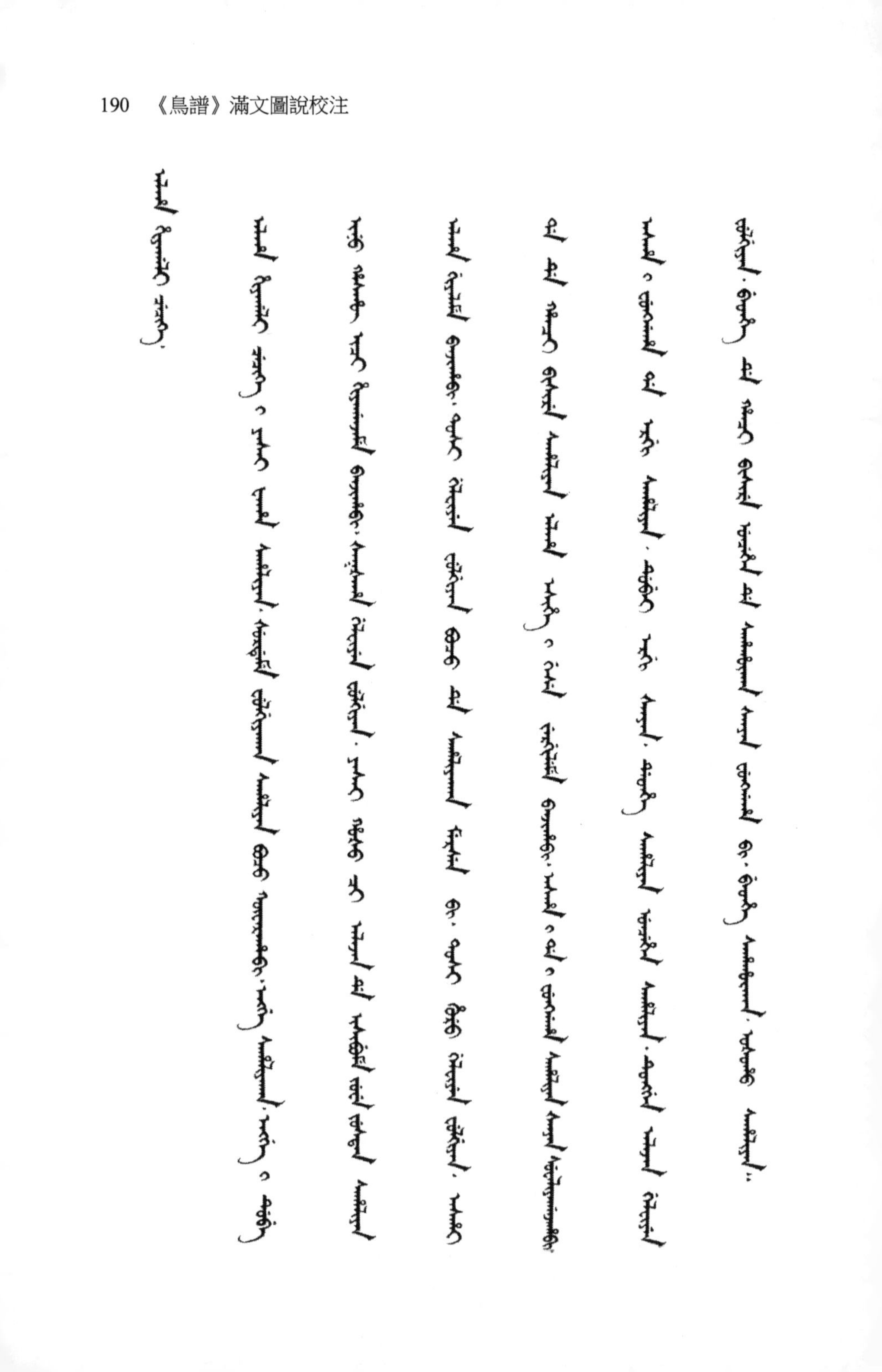

[illegible]

[illegible]

[illegible]

[illegible]

[illegible]

[illegible]

[illegible]

alha hiyagali cecike.

alha hiyagali cecike i yasai faha sahaliyan, šurdeme fulgiyakan sahaliyan boco kūwarahabi, engge sahaliyakan, engge i dube inu hashū ici hiyaganjame banjihabi, šakšaha gelfiyen fulgiyan, yasai hošo ci alajan de isibume juwe justan sahaliyan alha giyalame banjihabi, tosi gelfiyen fulgiyan boco de sahaliyakan mersen bi, tosi, huru gelfiyen fulgiyan, ashai da de hanci bisire sahaliyan alha esihe i gese jergileme banjihabi, asha i da i funggaha sahaliyan šanyan suwaliyaganjahabi, asha i funggaha da ergi sahaliyan, dubei ergi šanyan, dethe sahaliyan uncehen sahaliyan, tunggen, alajan gelfiyen fulgiyan, bethe de hanci bisire uncehen de sahahūkan šanyan funggaha bi, bethe sahahūkan, ošoho sahaliyan.

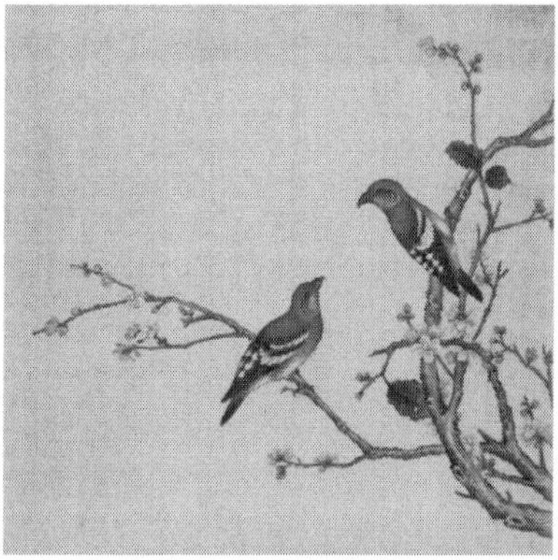

花交觜

花交觜，黑睛，赤黑暈，淺黑觜，喙尖亦左右交，淺紅頰，目末至臆界以黑紋兩道，淡紅頂淺黑點。淡紅項、背[114]，近膊黑紋鱗次，膊毛黑白相間，翅毛黑根白尖，黑翮，黑尾，淡紅胸、腹[115]，近足尾處有蒼白毛，蒼足，黑爪。

114　淡紅項、背，句中「項」，滿文讀作"tosi"，意即「頂」，此作「項」，誤。
115　淡紅胸、腹，句中「腹」，滿文讀作"alajan"，意即「膊」，此作「腹」，誤。

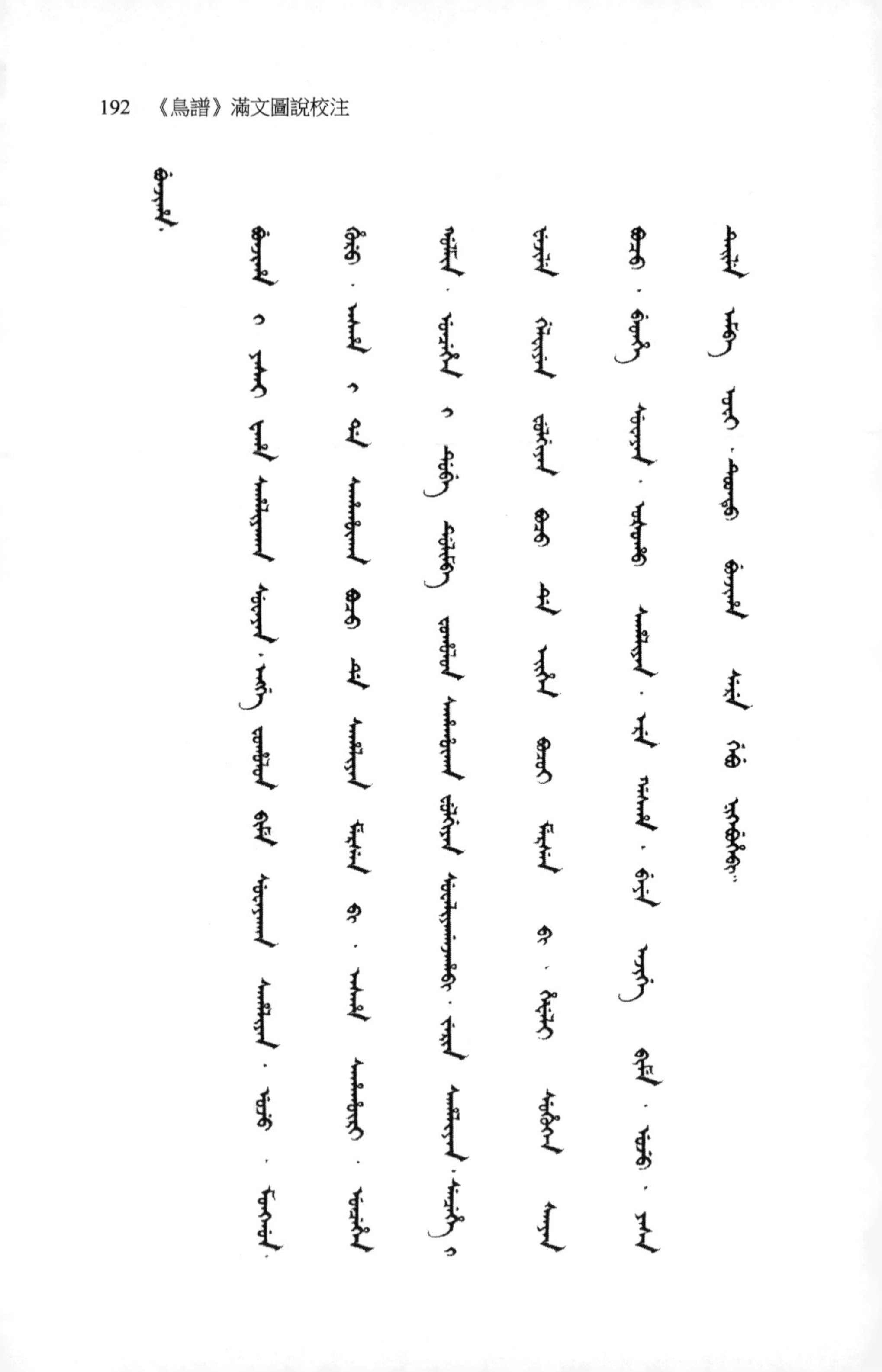

bunjiha.

bunjiha i yasai faha sahaliyakan suwayan, engge foholon bime suwayakan sahaliyan, uju, monggon, huru, asha i da sahahūkan boco de sahaliyan mersen bi, asha sahahūri, uncehen golmin, uncehen i dube dulimba foholon sahahūkan fulgiyan suwaliyaganjahabi, jerin sahaliyan, sencehe i fejile gelfiyen fulgiyan boco de eihen bocoi mersen bi, hefeli suhuken šanyan boco, bethe suwayan, ošoho sahaliyan, ere gasha beye ajige bime uju, yasa teile amba ofi, tuttu bunjiha sere gebu nikebuhebi.

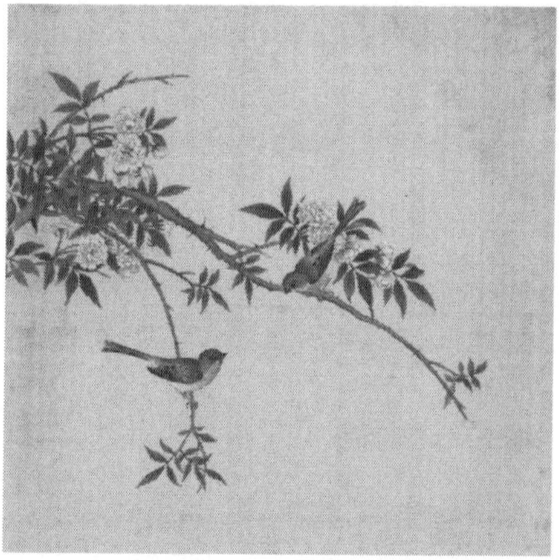

虎頭雀

虎頭雀，黑黃睛，黃黑短觜，頭、項、背、膊蒼質黑點，蒼黑翅，長尾，其末中坳[116]，蒼赤相間，黑邊，頷下淺赤有赭點[117]，米白腹，黃足，黑爪。此鳥身小而頭、眼獨大，故有虎頭之名。

116 其末中坳，滿文讀作“uncehen i dube dulimba foholon”，意即「尾尖中短」。

117 淺赤有赭點，滿文讀作“gelfiyen fulgiyan boco de eihen mersen bi”，意即「在淺紅色上有赭色點」，此「赭」，當作「赭」。

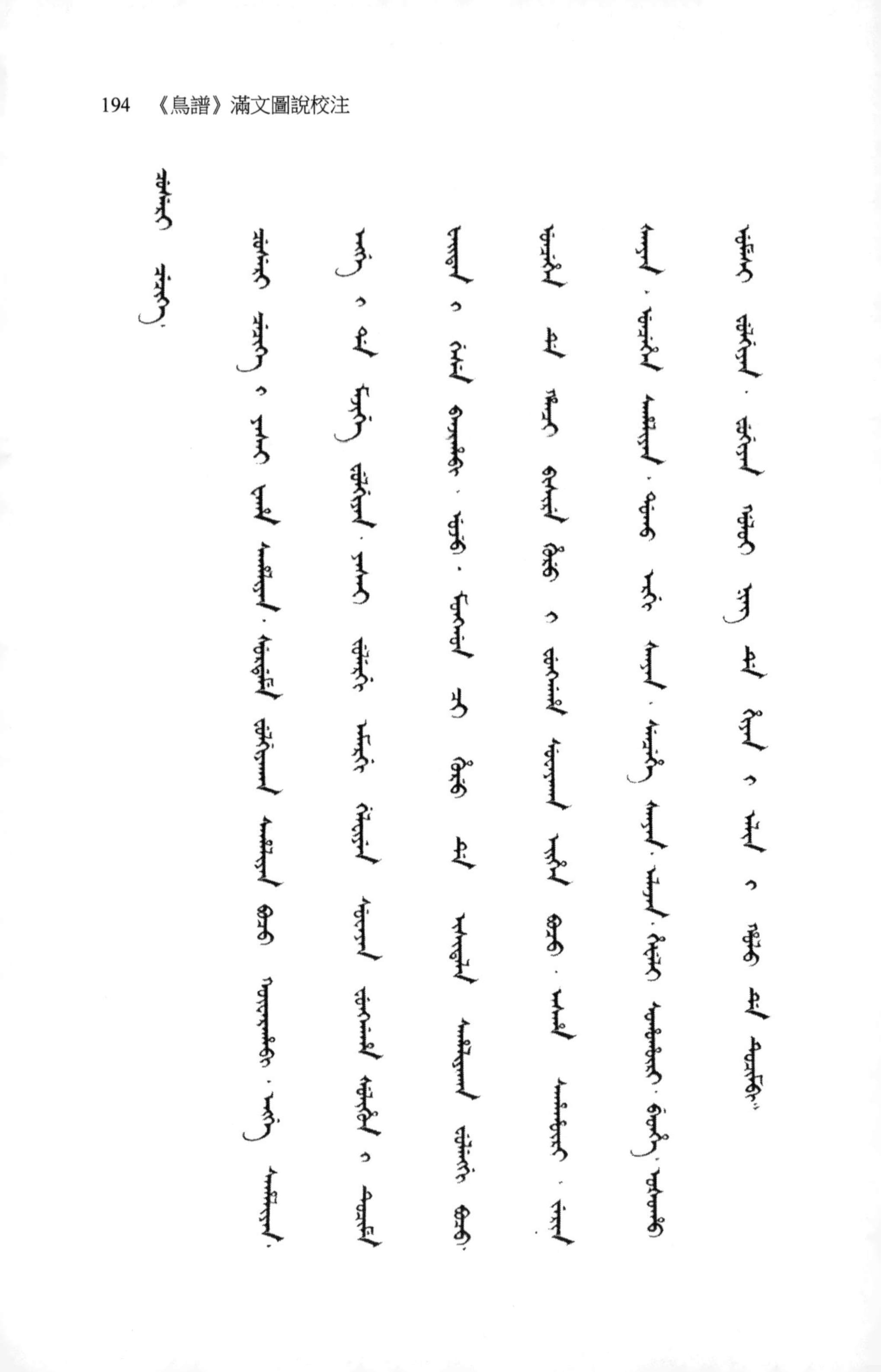

cuseri cecike.

cuseri cecike i yasai faha sahaliyan, šurdeme fulgiyakan sahaliyan boco kūwarahabi, engge sahaliyan, engge i da majige fulgiyan, yasai julergi amargi gelfiyen suwayan funggaha šulihun i tucime faitan i gese banjihabi, uju, monggon ci huru de isitala sahaliyakan fulenggi boco, uncehen de hanci bisire huru i funggaha suwayakan eihen boco, asha sahahūri, jerin šanyan, uncehen sahaliyan, doko ergi šanyan, sencehe šanyan, alajan, hefeli sohohūri, bethe, ošoho umesi fulgiyan, fugiyan goloi ning de hiyan i alin i holo de tucimbi.

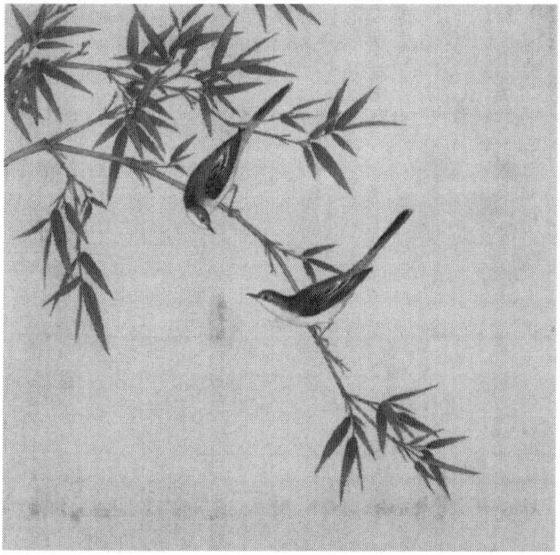

竹葉鳥

竹葉鳥，黑睛，赤黑暈，黑觜，吻根微紅[118]，目前後淺黃毛尖出如眉，頂、項至背黑灰色，近尾背毛赭黃色，蒼黑翅，白邊，黑尾白裏，白頷，嬌黃臆、腹，殷紅足、爪，出福建寧德縣山谷內。

118 吻根微紅，滿文讀作“engge i da majige fulgiyan”，意即「觜根微紅」。

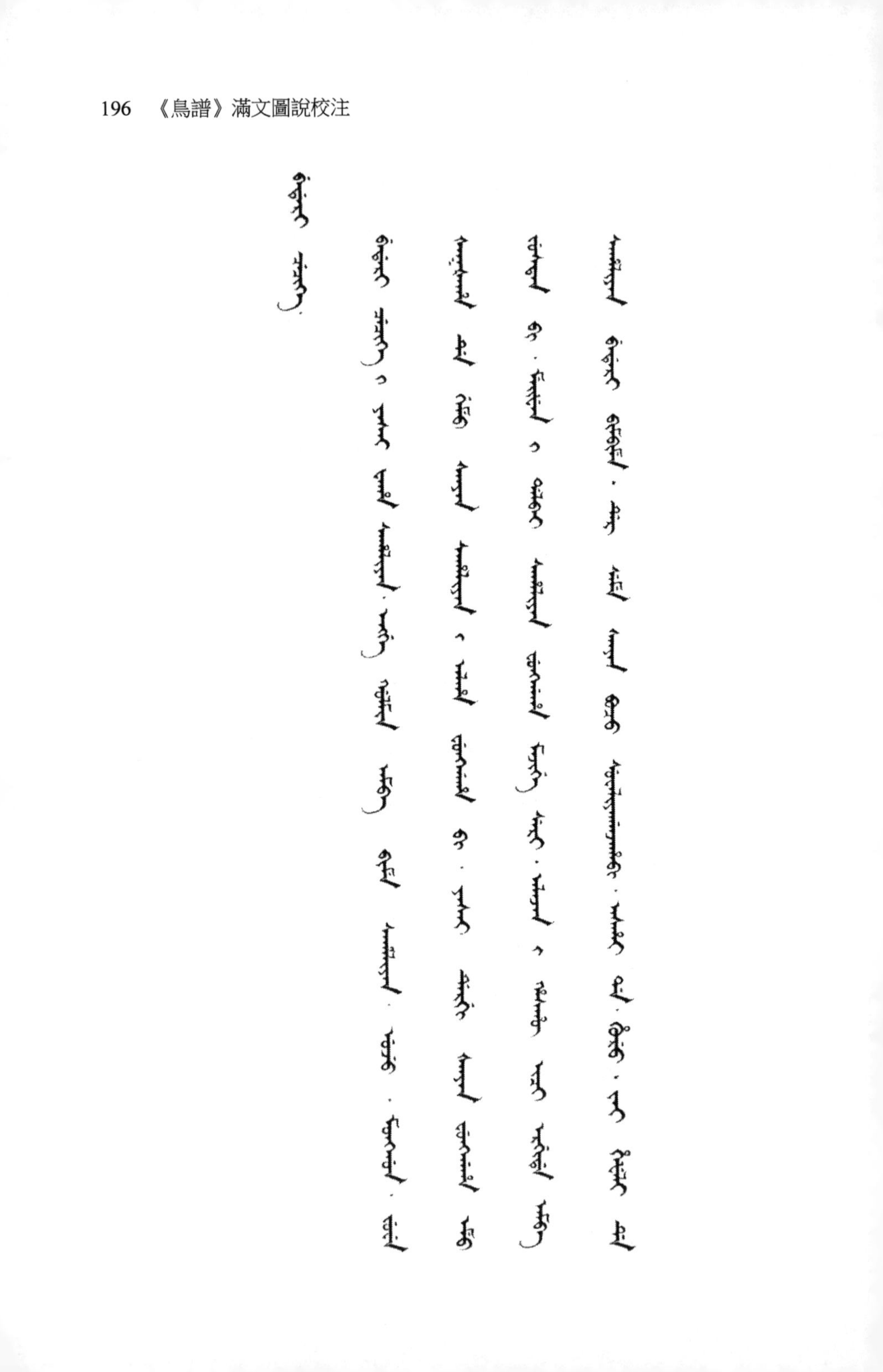

[illegible]

[illegible]

[illegible]

[illegible]

[illegible]

bederi cecike.

bederi cecike i yasai faha sahaliyan, engge golmin amba bime sahaliyan, uju, monggon juwe šakšaha de gemu šanyan sahaliyan i alha fungggaha bi, yasai dergi šanyan funggaha emu justan bi, meifen i dalbai sahaliyan funggaha majige seri, alajan i hashū ici ergide amba sahaliyan bederi bimbime, der seme šanyan boco suwaliyaganjahabi, ashai da, huru, jai hefeli de

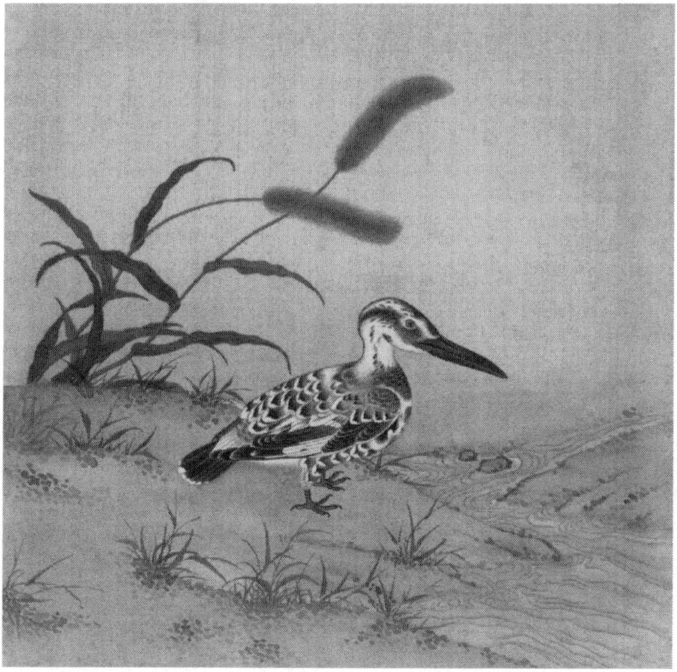

花斑鳥

花斑鳥，黑睛，黑長巨觜，頭、項、兩頰皆白黑花毛，目上白毛一道，頸旁黑毛稍稀，臆左右有大黑斑，間以純白，肩、背及腹

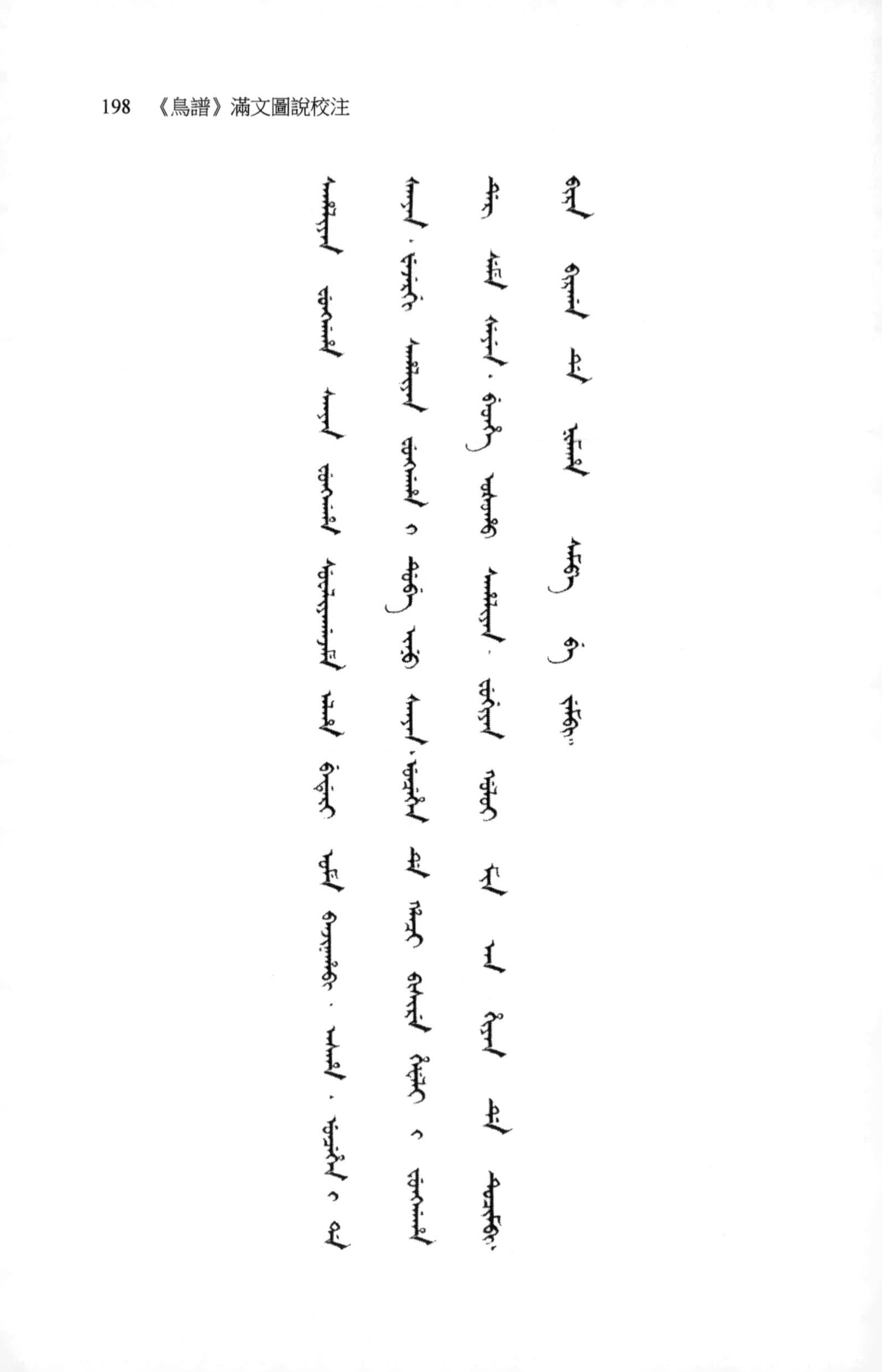

sahaliyan funggaha šanyan funggaha suwaliyaganjame alha bederi ome banjinahabi, asha, uncehen i da šanyan, fejergi sahaliyan funggaha i dube inu šanyan, uncehen de hanci bisire hefeli i funggaha der seme šeyen, bethe ošoho sahaliyan, fugiyan goloi min an hiyan de tucimbi, bira birgan de nimaha sampa be jembi.

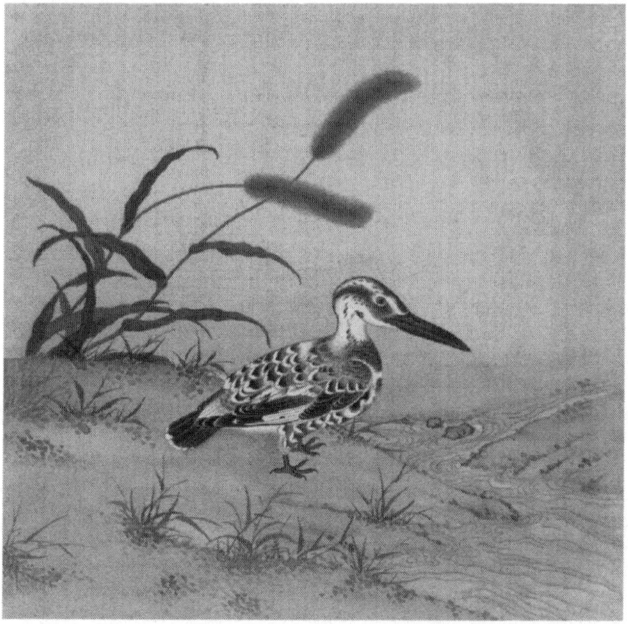

黑白相間成花斑[119]，翮、尾根白，下黑毛末亦白，近尾腹毛純白，黑足、爪，出福建閩安縣溪港處，食魚蝦[120]。

---

119 黑白相間成花斑，滿文讀作"sahaliyan funggaha šanyan funggaha suwaliyaganjame alha bederi ome banjinahabi"，意即「黑毛白毛相間長成花斑」。

120 溪港處食魚蝦，句中「溪港」，滿文讀作"bira birgan"，意即「河川」，或作「溪河」。

[illegible]

[illegible]

[illegible]

[illegible]

[illegible]

[illegible]

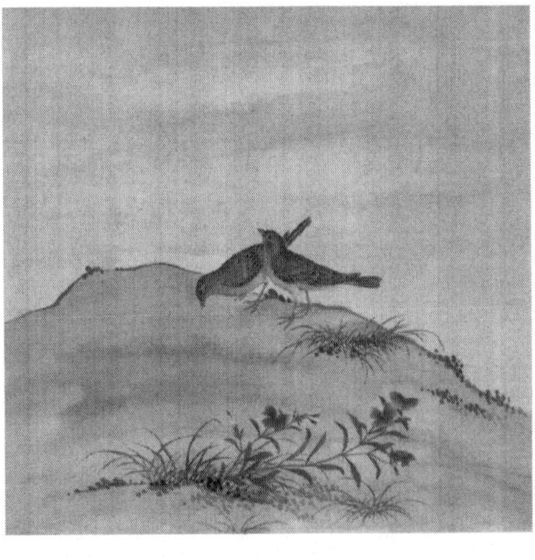

guwenderhen, emu gebu bilerhen, emu gebu mulderhen, emu gebu jorgirhen.

guwenderhen i yasai faha sahaliyan, šurdeme fulgiyakan suwayan boco kūwarahabi, humsun suwayan, engge suhuken šanyan boco, šakšaha de šulihun i tucime faitan i gese banjiha funggaha bi, uju, monggon sahahūkan šanyan de sahahūri mersen, sahahūkan huru de sahaliyan mersen bi, asha, uncehen sahahūri, jerin suhuken šanyan boco, hefeli suhuken šanyan boco, bethe suhuken suwayan boco, ošoho sahaliyan, ere gasha, abka i gereme hamime, luku orho ci guweme dekdembi, guwendereleme deyeme, wesihun tugi de sucuname ofi, tuttu jalan i urse guwenderhen seme gebulehebi, ere uthai hancingga šunggiya de, mulderhen sehengge inu, hancingga šunggiya de, munderhen serengge bilerhen sehe be

---

告天子，一名天鸙，一名天鷚，一名叫天子

告天子，黑睛，赤黃暈，黃瞼，米白觜，頰上有毛尖出如眉，蒼白頭、項蒼黑點，蒼背黑點，蒼黑翅、尾米白邊，米白腹，米黃足，黑爪，此鳥天將明時，於草際飛鳴而起，且鳴且上[121]，高入雲表，故俗呼告天子，即《爾雅》之天鷚也。《爾雅》：鷚[122]，天鸙。

---

121 且鳴且上，滿文讀作"guwendereleme deyeme"，意即「且鳴且飛」。
122 鷚，滿文當讀作"mulderhen"，此作"munderhen"，誤。

[illegible]

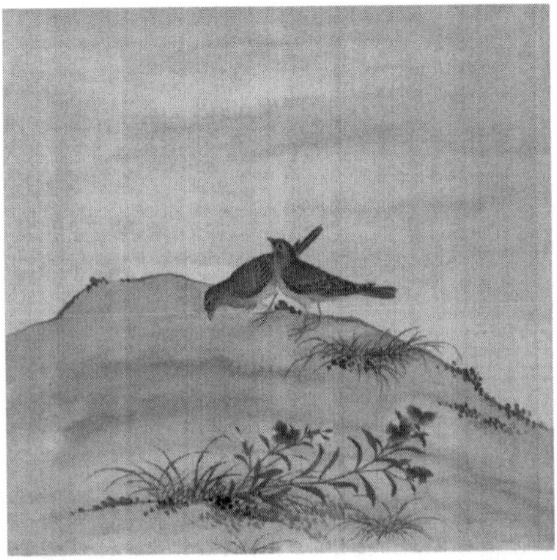

suhe bade, amba ici cibin cecike de adali, boco mušu de adali, wesihun deyeme guwendere de amuran sehebi. te giyang dung ni bade mulderhen seme gebulehebi, hergen mulderhen seme aracibe, an i hūlara de kemuni guwenderhen seme hūlambi, terei guwenderengge, bileri fulgiyere gese, arbun bocihe bicibe guwendere mangga, jilgan den bime mudan gilajin. somishūn temgetungge duwalibun i bithede, guwenderhen funiyesun boco mušu de adali bime ajige, mederi jakarame ba i luku orho de labdu bi, gersi fersi erinde abka gilha oci, guwendereleme deyeme šuwe seme tugi de isiname jurgirengge sirkedeme nakarakū, emu gebu jorgirhen sembi sehebi.

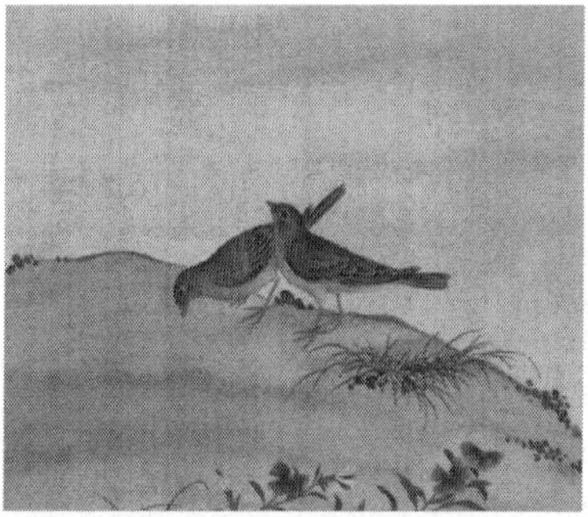

注：大如燕雀，色如鶉，好高飛作聲，今江東名之曰天鷚，字書鷚，俗呼告天鳥，其鳴如龠，形醜善鳴，聲高多韵。《潛確類書》：告天子，褐色如鶉而小，海上、叢草中多有之[123]，黎明時，遇天晴霽，且飛且鳴，直上雲端，其聲連綿不已[124]，一云叫天子[125]。

123 海上叢草，滿文讀作“mederi jakarame ba i luku orho”，意即「濱海叢草」。

124 其聲連綿，句中「聲」，滿文作“jurgirengge”。按「譟鳴」，滿文讀作“jorgirengge”，此作“jurgirengge”，異。

125 一云叫天子，滿文讀作“emu gebu jorgirhen sembi”，意即「一名叫天子」，或作「一名叫田子」。

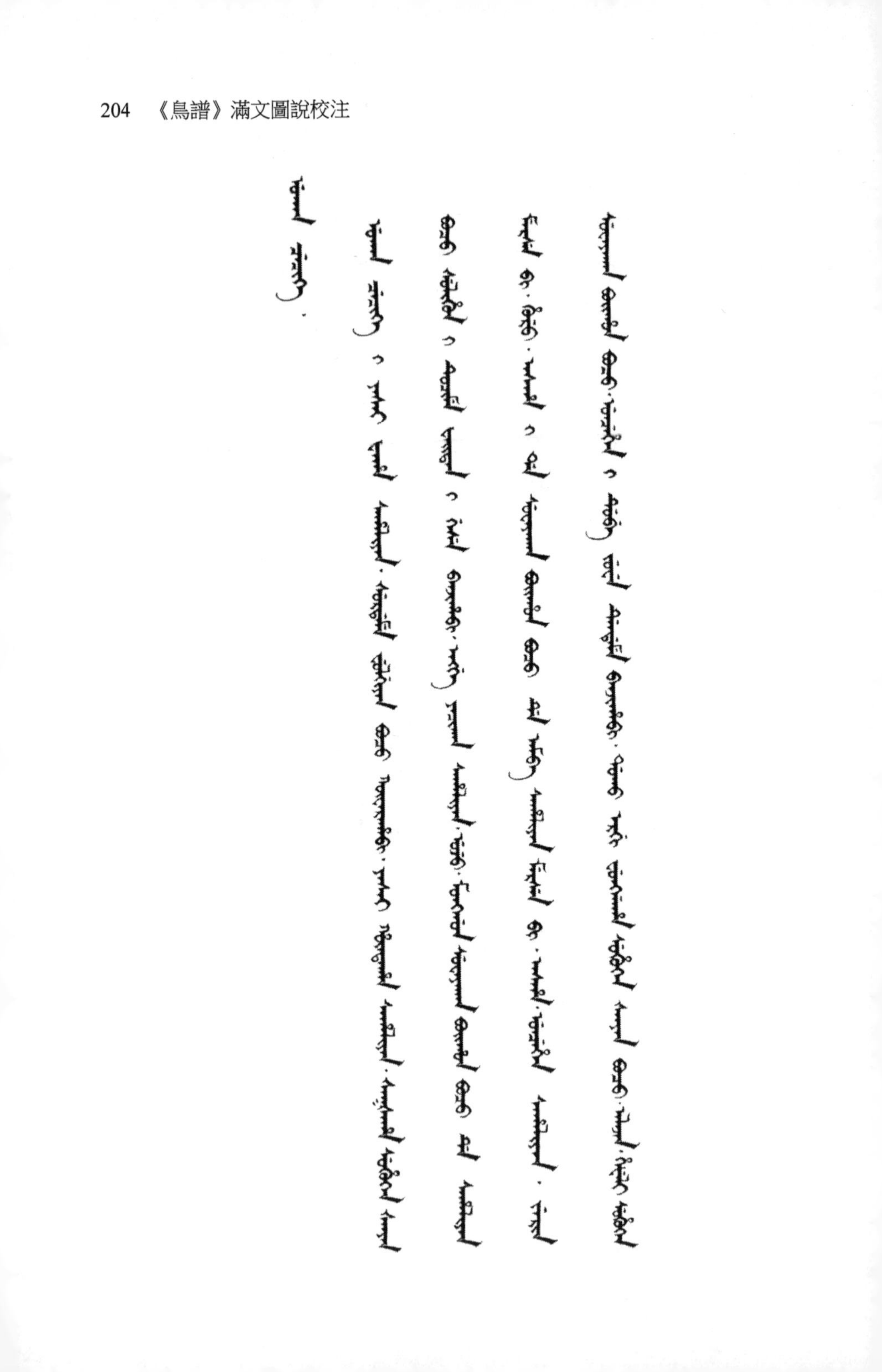

[illegible]

ukan cecike.

ukan cecike i yasai faha sahaliyan, šurdeme fulgiyan boco kūwarahabi, yasai hūntahan sahaliyan, šakšaha suhuken šanyan boco šulihun i tucime faitan i gese banjihabi, engge yacikan sahaliyan, uju, monggon suwayakan boihon boco de sahaliyan mersen bi, huru, asha i da suwayakan boihon boco de amba sahaliyan mersen bi, asha, uncehen sahaliyan, jerin suwayakan boihon boco, uncehen i dube juwe dendeme banjihabi, doko ergi funggaha suhuken šanyan boco, alajan, hefeli suhuken

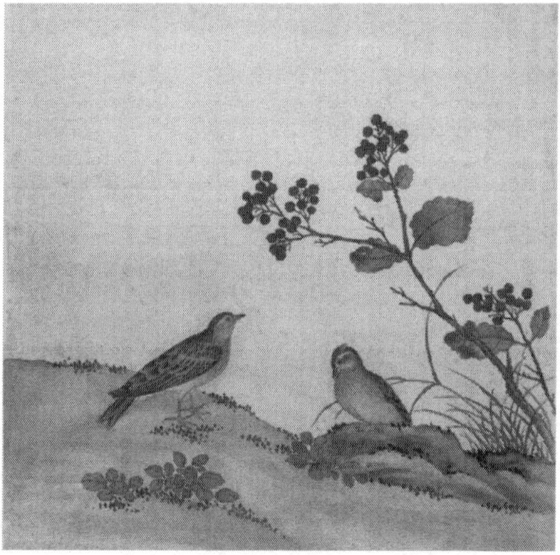

鐵脚[126]

鐵脚，黑睛，赤暈，黑眶，米白頰尖如眉，青黑觜，土黃頭、項黑點，土黃背、膊大黑點，黑翅、尾，土黃邊，尾分兩岐，裹毛米白，

126 鐵脚，滿文讀作"ukan cecike"，意即「青頭雀」。

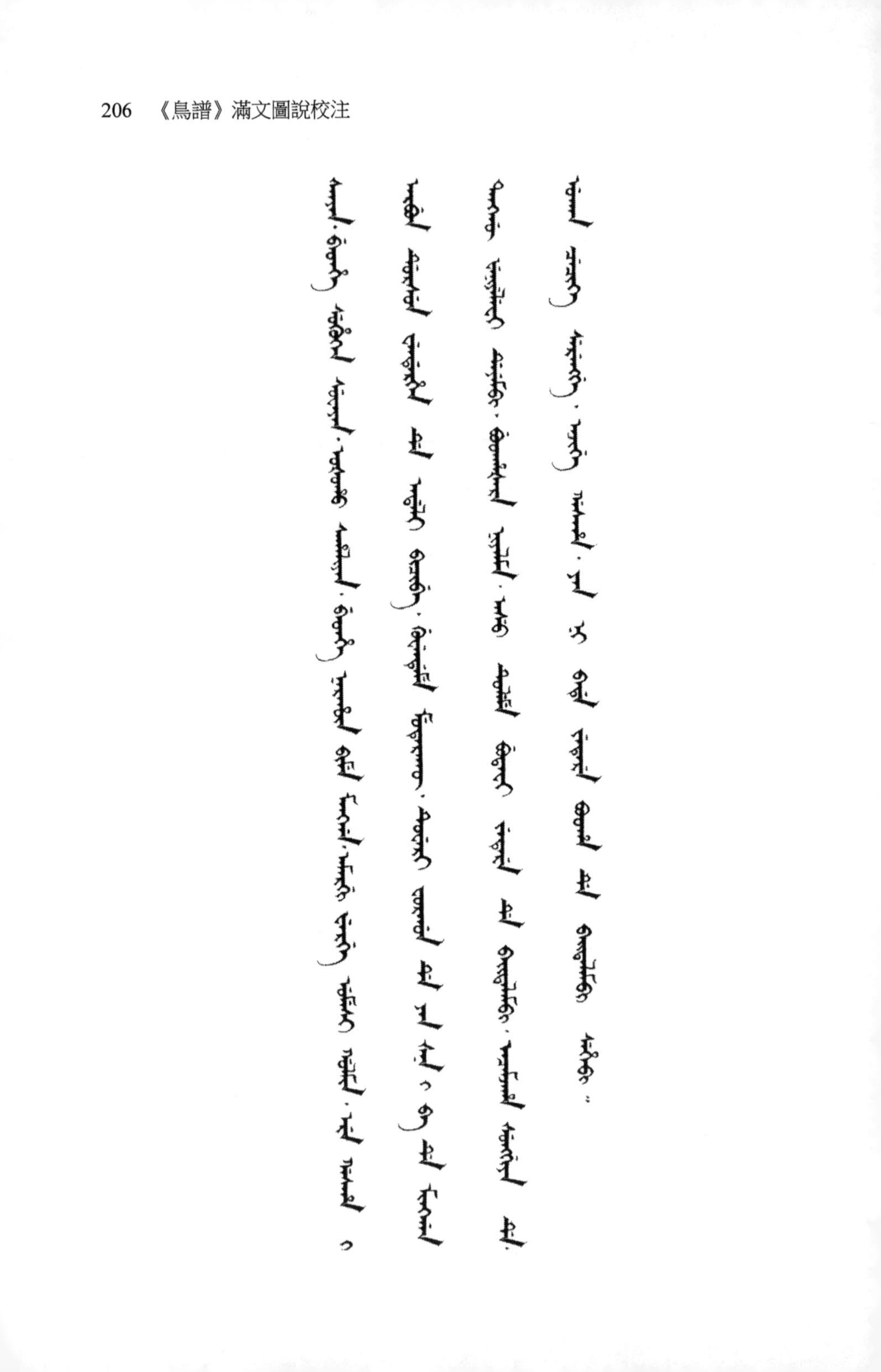

šanyan, bethe suhuken suwayan, ošoho sahaliyan, bethe narhūn bime mangga, amargi ferge umesi golmin, ere gasha i arbun dursun wenderhen de adali bicibe, guwendeme muterakū, tuweri forgon de yan šan i ba de minggan tanggū feniyelefi deyembi, buthašara niyalma, asu tuleme butafi jetere de baitalambi. acamjaha šunggiya de, ukan cecike serengge, ajige gasha, yan ni bade jetere booha de baitalambi sehebi.

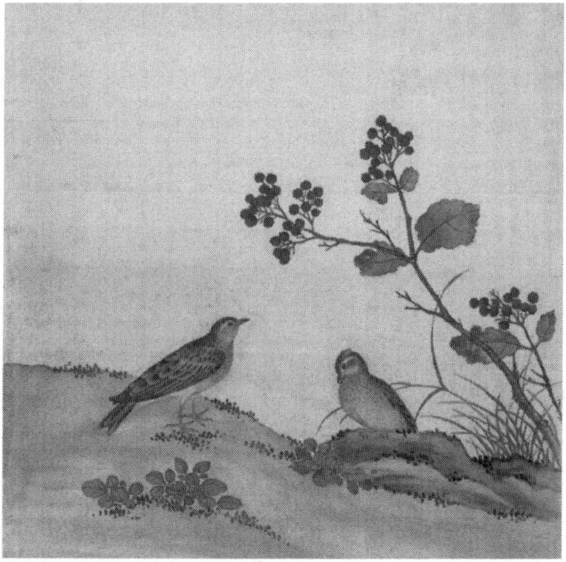

米白臆、腹，米黃足，黑爪，足細而勁，後距甚長，此鳥形狀與阿蘭相似而不能鳴，燕山冬月間，飛輒千百成群，羅者[127]，張網獲之，充庖廚而已[128]，《彙雅》：鐵脚，小鳥，燕中充食品。

---

127 羅者，滿文讀作"buthašara niyalma"，意即「打牲的人」。
128 充庖廚而已，滿文讀作"jetere de baitalambi"，意即「用於吃食」。

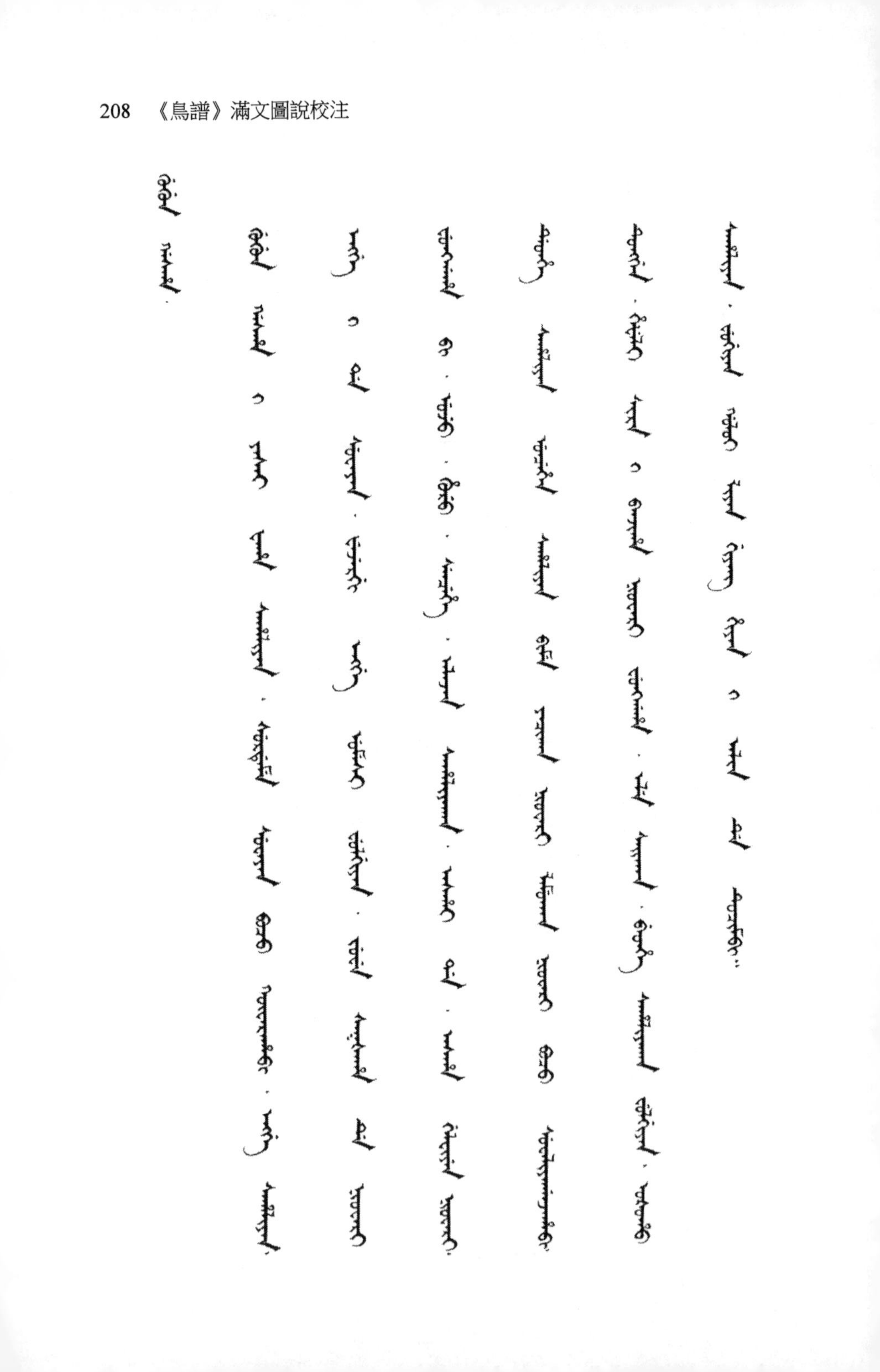

gugun gasha.

gugun gasha i yasai faha sahaliyan, šurdeme suwayan boco kūwarahabi, engge sahaliyan, engge i da suwayan, fejergi engge umesi fulgiyan, juwe šakšaha de niowari funggaha bi, uju, huru sencehe, alajan sahaliyakan, ashai da, asha gelfiyen niowari, dethe sahaliyan, uncehen sahaliyan bime yacikan niowari lamukan niowari boco suwaliyaganjahabi, tunggen, hefeli, sira i banjiha niowari funggaha, ele saikan, bethe sahaliyakan fulgiyan, ošoho sahaliyan, fugiyan goloi liyan giyang hiyan i alin de tucimbi.

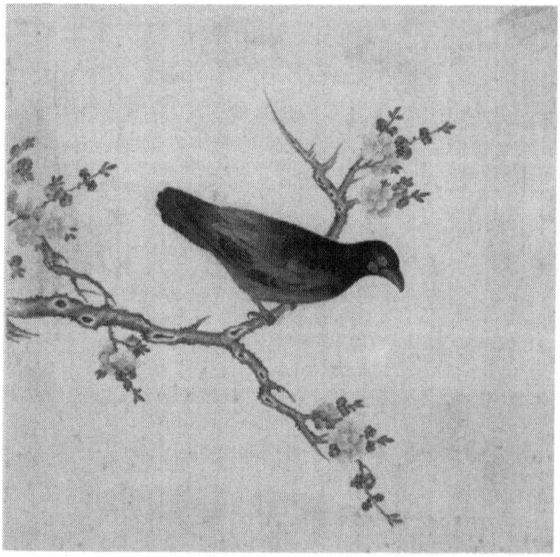

國公鳥

國公鳥，黑睛，黃暈，黑觜，黃吻，下觜鮮紅，兩頰有翠毛，頭、背、頷、臆淺黑色，膊、翅縹翠[129]，黑翮、黑尾，間以翠青翠藍，胸、腹、脛根毛翠色，尤鮮[130]，黑紅足，黑爪，出福建連江縣山中。

129 縹翠，滿文讀作“gelfiyen niowari”，意即「淺翠」。
130 尤鮮，滿文讀作“ele saikan”，意即「尤美」。

ᡧᠠᠩᡤᡳᠶᠠᠨ ᠴᡝᠴᡳᡴᡝ

ᡧᠠᠩᡤᡳᠶᠠᠨ ᠴᡝᠴᡳᡴᡝ ᡳ ᡤᡳᠶᠠᠨ ᠵᡳᠩ ᠰᠠᡥᠠᠯᡳᠶᠠᠨ᠈ ᡶᡠᠯᡤᡳᠶᠠᠨ ᠰᡠᠸᠠᠶᠠᠨ ᠪᠣᠴᠣ ᠰᡠᡥᡝᠨ ᠰᡝᠮᠪᡳ᠉

ᡥᡝᡵᡤᡝᠨ᠈ ᠰᠠᡥᠠᠯᡳᠶᠠᠨ᠈ ᠪᡝᡵᡤᡝᠨ ᠰᠠᡥᠠᠯᡳᠶᠠᠨ᠈ ᠪᠣᠴᠣ᠈ ᠰᠠᡥᠠᠯᡳᠶᠠᠨ᠈ ᡥᡝᠮᡝᠨ ᠵᡳᠮᡝ ᡳ ᡶᡳᠶᠠᠩᡤᡡ ᠰᠠᡥᠠᠯᡳᠶᠠᠨ᠈ ᠶᠠᠰᠠ᠈

ᠵᡳᠮᡝ ᡤᡝᠩᡤᡳᠶᡝᠨ ᠵᡝᡨᡝᡵᡝ ᠪᠣ᠈ ᠶᠠᠰᡳ᠈ ᠰᠠᡥᠠᠯᡳᠶᠠᠨ᠈ ᠰᡠᡥᡝᠨ ᠰᡝᠮᠪᡳ᠉

ᡨᡝᠩᡤᡳᠶᡝᠨ ᠪᡝᡵᡤᡝᠨ ᡤᡳᠶᠠᠨ ᠵᡳᡵᡤᠠᠨ ᠰᡠᡥᡝᠨ ᠪᠣᠴᠣ᠈ ᡶᡠᠩᡤᠠᠯᠠ ᡨᡠᡵᡤᠠᠨ᠈ ᠰᡠᡥᡝᠨ᠈ ᠵᡳᠩᡤᡳ᠈

ᠪᠣᠴᠣ᠈ ᠰᡳᠯᡳᠮᡝ ᡤᡝᡵᡤᡝᠨ ᠰᠠᡥᠠᠯᡳᠶᠠᠨ ᠠ ᠵᡝᡩᡝᠨ ᠰᠠᡥᠠᠯᡳᠶᠠᠨ ᠪᠣᠴᠣ ᠰᡝᠮᠪᡳ᠉

mejin cecike.

mejin cecike i yasai faha sahaliyan, šurdeme fulgiyakan sahaliyan boco kūwarahabi, uju šanyan, monggon, meifen sahaliyan, huru sahaliyan, uncehen de hanci bisire huru i funggaha šanyan, ashai da de šanyan funggaha emu jalan bi, dethe, asha sahaliyakan, hefeli šanyan, uncehen golmin bime dubede juwe gargan dendeme banjihabi, tumin sahaliyan boco, dube ergi šanyan, bethe ošoho suhuken boco, fugiyan goloi min an i mederi jakarame bade tucimbi, nimaha

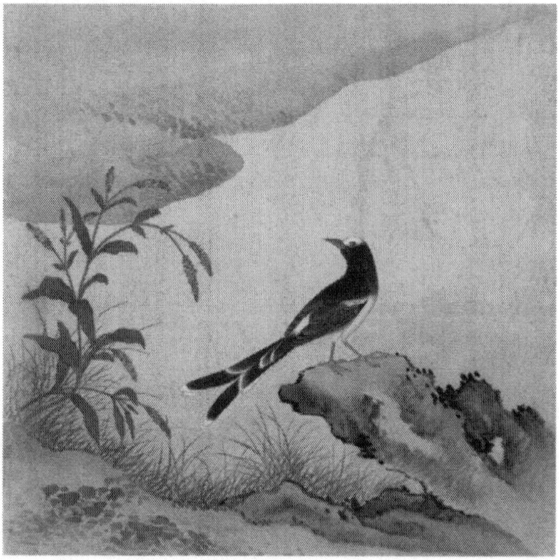

信鳥

信鳥，黑睛，赤黑暈，白頂，黑頸、項，黑背，近尾背毛白色，膊上白毛一節，淺黑翮、翅，白腹，長尾分二岐，深黑色白尖，米色足、爪[131]，出福建閩安鎮海邊，

131 米色足爪，句中「米色」，滿文讀作"suhun"，牙色，滿文讀作"suhuken"。句中「米色」，作"suhuken"，異。

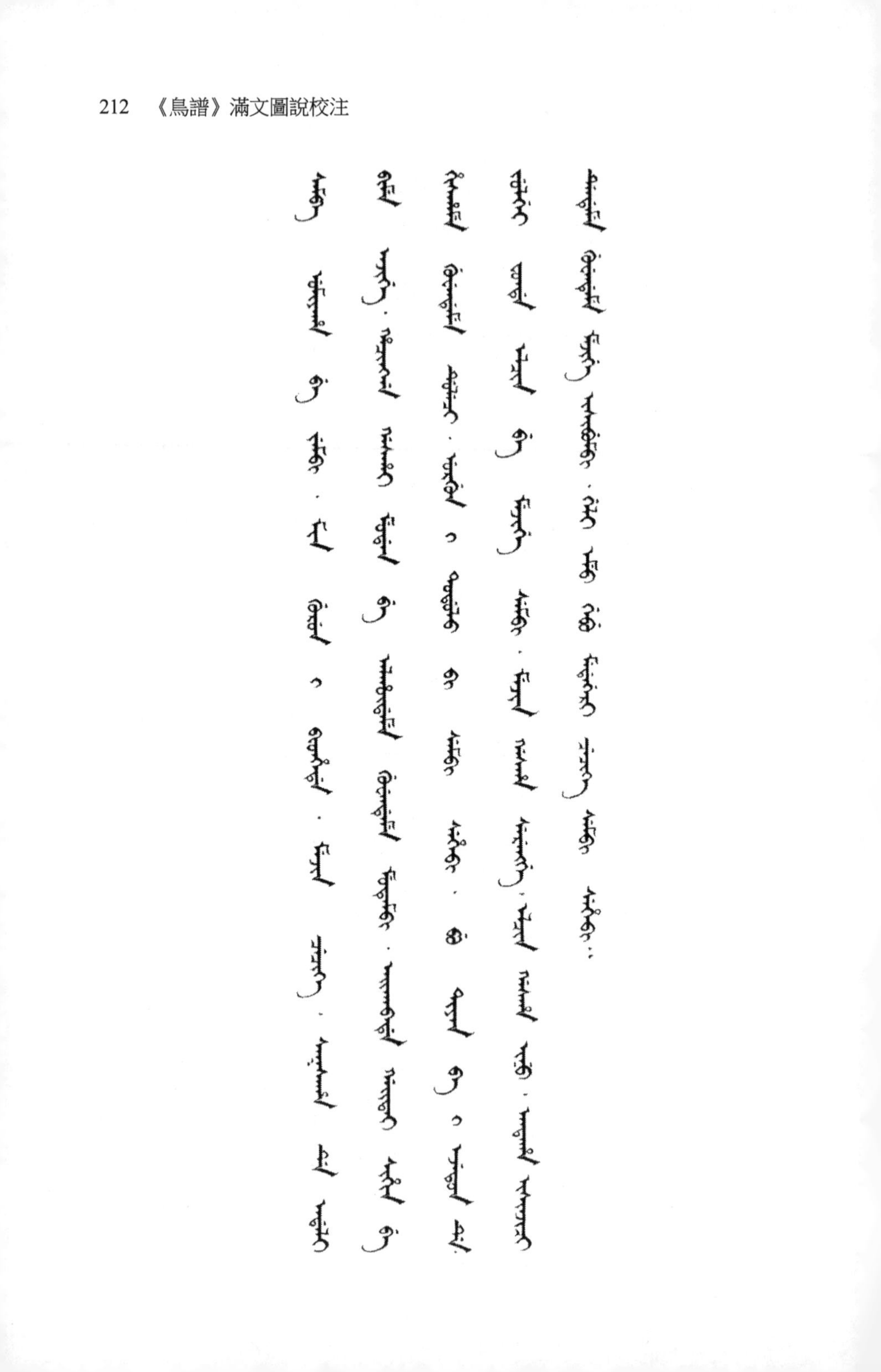

[illegible]

[illegible]

[illegible]

[illegible]

[illegible]

sampa umiyaha be jembi, min gurun i bithede, mejin cecike, saksaha de adali bime ajige, hacingga gashai mudan be alhūdame guwendeme mutembi, aikabade gaitai sihin be hishame guwendeme duleci, urgun i todolo bi sembi sehebi. pu tiyan ba i ejetun de, julgei fonde elcin be mejige sembi, mejin gasha serengge, elcin gasha inu, antaha isinjici dendeme guwendeme mejige isibumbi, geli emu gebu medegeri cecike sembi sehebi.

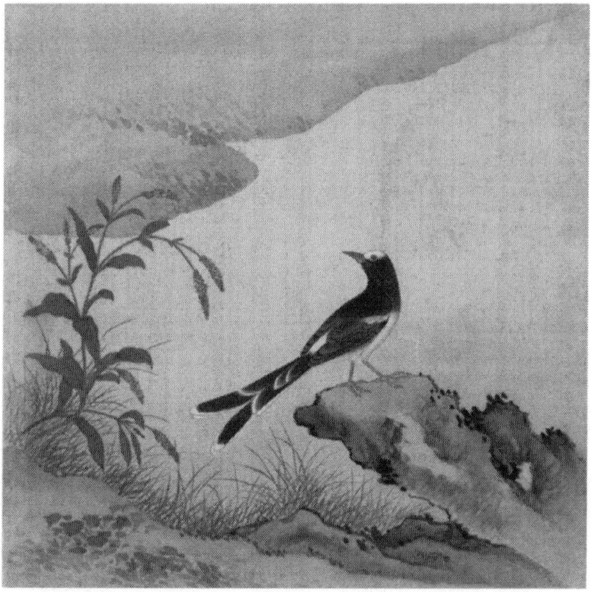

食魚蝦草蟲。《閩書》云[132]：信鳥，似鵲而小，能為百禽聲[133]，忽鳴而過簷間，其占為有喜。《莆志》云：古謂使為信，信鳥者，使鳥也，客至則飛鳴為信，又名進鳥。

132 閩書，滿文當讀作“min ba i bithede”，此作“min gurun i bithede”，疑誤。

133 能為百禽聲，滿文讀作“hacingga gashai mudan be alhūdame guwendeme mutembi”，意即「能模仿各種禽鳥的鳴叫聲」。

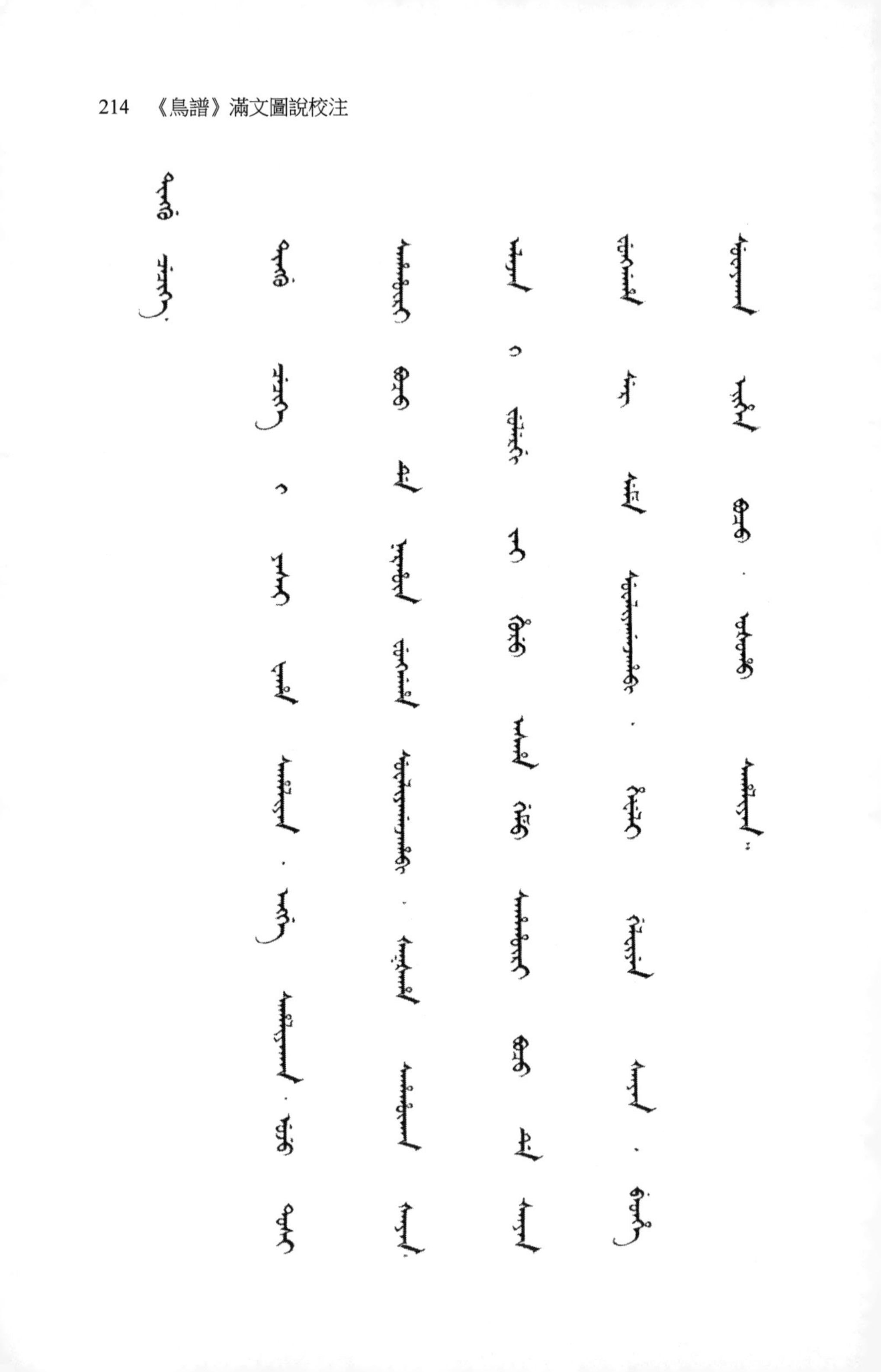

tinggu cecike.

tinggu cecike i yasai faha sahaliyan, engge sahaliyakan, uju, tosi sahahūri boco de narhūn funggaha suwaliyaganjahabi, šakšaha sahahūkan šanyan, alajan i julergi jai huru, asha gemu sahahūri boco de šanyan funggaha ser seme suwaliyaganjahabi, hefeli gelfiyen šanyan, bethe suwayakan eihen boco, ošoho sahaliyan.

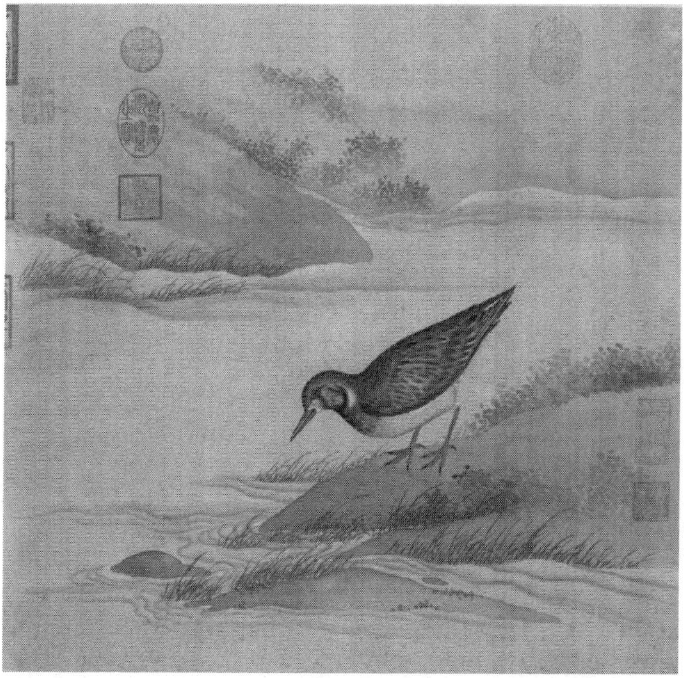

提壺鳥

提壺鳥，黑睛，淺黑觜，頭、頂蒼色間細毛[134]，蒼白頰，臆前及背、翅俱蒼黑色略間白毛，淺白腹。赭黃足，黑爪。

134 頭、頂蒼色間細毛，句中「蒼色」，滿文讀作"sahahūri boco"，意即「烏黑色」，又作「蒼黑色」，此作「蒼色」，脫落「黑」字樣。

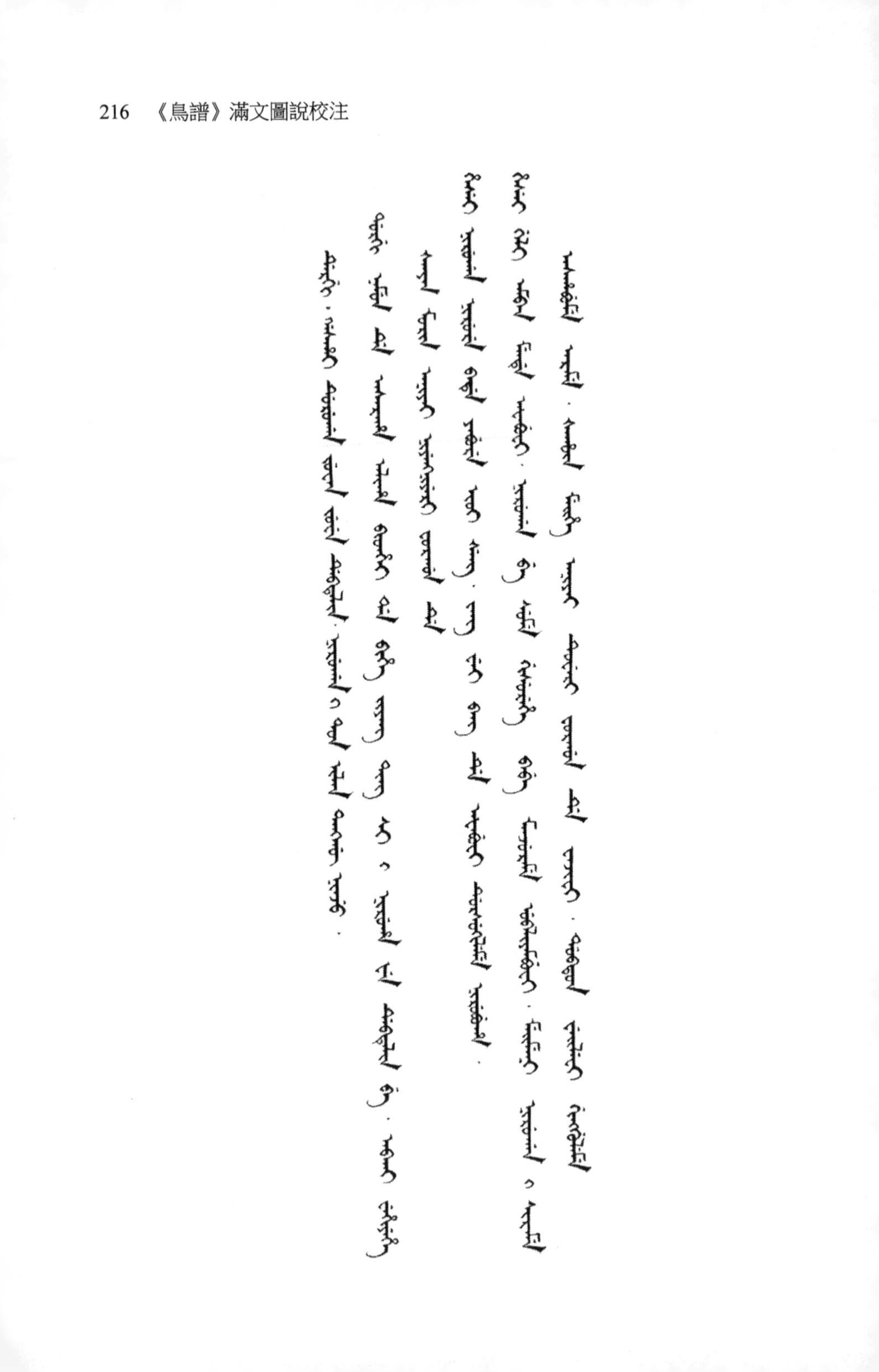

[illegible]

[illegible]

[illegible]

[illegible]

[illegible]

[illegible]

dergi, gashai durugan juwan juwe debtelin, nirugan i ton ilan tanggū ninju, dorgi namun de asaraha, aliha bithei da bihe jiyang ting si i niruha fe debtelin be, abkai wehiyehe šanyan morin aniyai niyengniyeri forgon de, hesei nirugan nirure bade yabure ioi šeng, jang wei bang de afabufi dursukileme nirubuha, hesei geli amban mende afabufi, nirugan be sume gisurehe babe manjurame ubaliyambufi, meimeni nirugan i sirame ashabume arame, šahūn meihe aniyai tuweri forgon de wajifi, dobton weilefi gingguleme

---

右《鳥譜》十二冊，為圖三百有六十，內府舊藏[135]，故大學士蔣廷錫設色本[136]。乾隆庚午春敕畫院供奉[137]余省、張為邦摹繪，並命臣等以國書譯圖說，系於各幀之左，迄辛巳冬竣事，

---

135 內府舊藏，滿文讀作“dorgi namun de asaraha”，意即「內庫所藏」。

136 故大學士蔣廷錫設色本，滿文讀作“aliha bithei da bihe jiyang ting si i niruha fe debtelin be”，意即「將原任大學士蔣廷錫所繪舊本」。

137 畫院供奉，滿文讀作“nirugan nirure bade yabure”，意即「在畫院行走」。

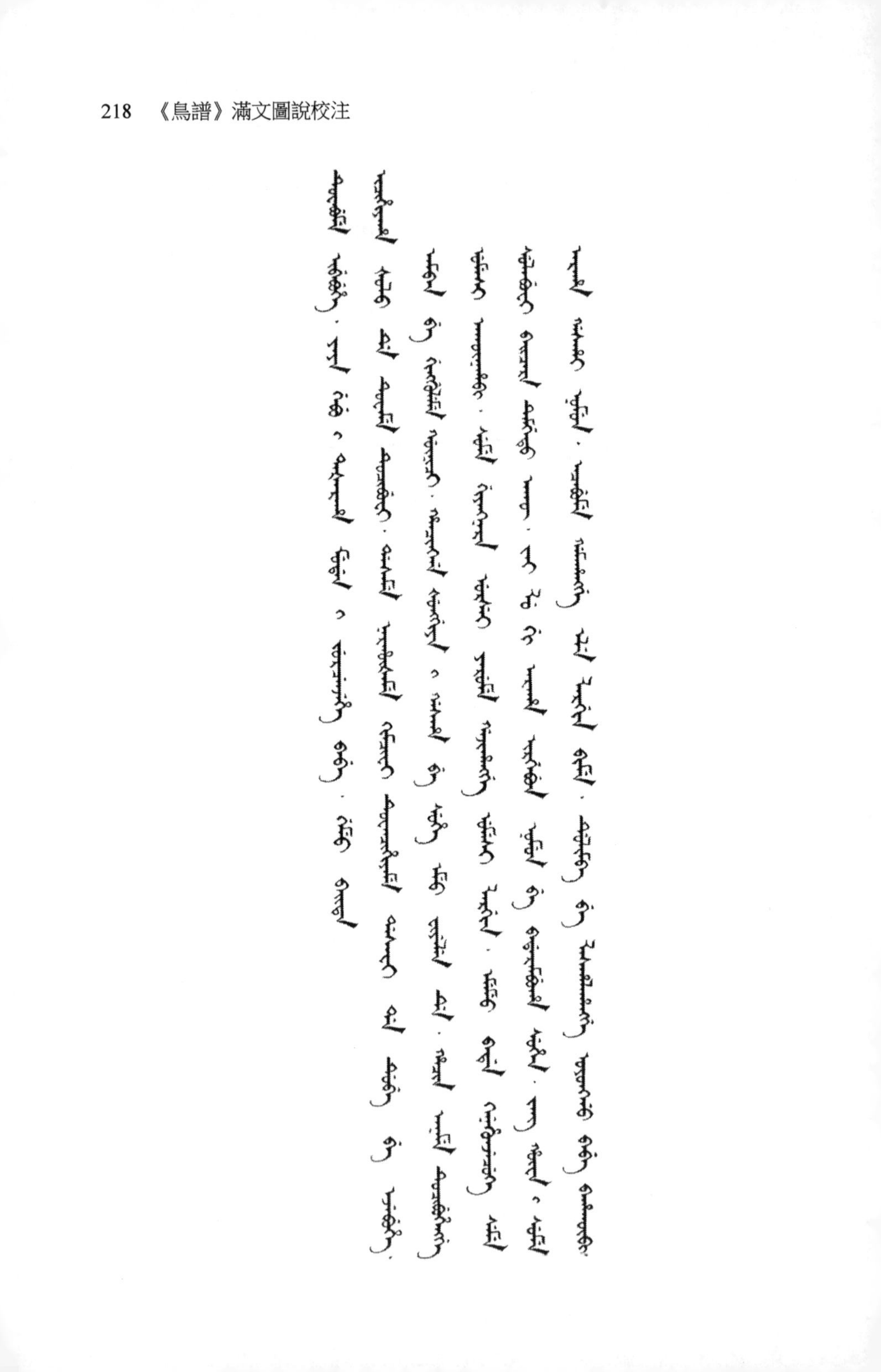

[illegible]

[illegible]

[illegible]

[illegible]

[illegible]

[illegible]

tuwabume ibebuhe, yaya gebu i tašaraha, mudan i jurcenjehe babe, gemu baita icihiyaha šolo de tuwame tucibufi, dasame narhūšame kimcifi tuwancihiyame dasafi da dube be ejebuhe. amban be gingguleme gūnici, hancingga šunggiya i gasha be suhe emu fiyelen de, hacin aname tucibuhengge umesi akūnahabi, sume giyangnara ursei yarume gajihangge umesi largin, ememu bade kenehunjecuke seme sulabufi baicara temgetu akū, jai lu gi araha irgebun nomun be badarambuha suhen, jang hūwa i sume araha gashai nomun, acabume gamahangge ele largin bime, dulimba be lashalahangge oyonggo babe bahakūbi,

---

裝潢上呈乙覽，凡名之譌者、音之舛者，悉於幾餘披閱舉示，復詳勘釐正，并識其始末。臣等竊惟《爾雅•釋鳥》一篇，列敘綦詳，注疏家据引紛如，往往闕疑莫考。他若陸璣之廣《詩疏》，張華之注《禽經》，傅會滋繁，折衷鮮要[138]，

---

138 折衷鮮要，句中「鮮要」，滿文讀作“oyonggo babe bahakūbi”，意即「未得要點」。

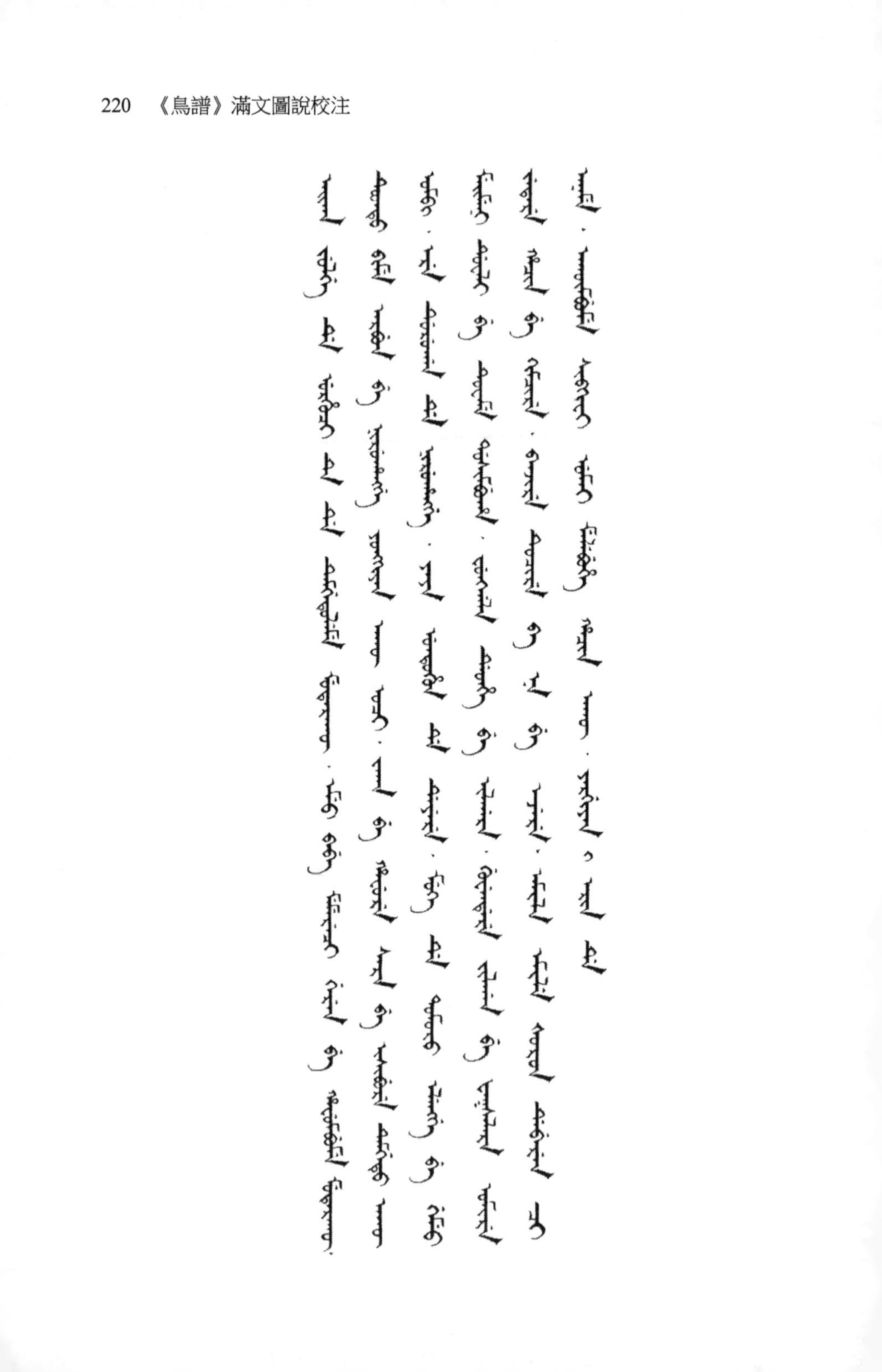

aika julge de urhuci te de temgetuleme muterakū, emu babe memereci geren be hafumbume muterakū, tuttu bime arbun be niruhangge yongkiyan akū oci, jaka be hafure sara be isibure temgetu akū ombi. ere durugan de niruhangge, yaya untuhun de deyere, muke de tomoro elengge be, gemu meimeni duwali be tuwame dosimbuha, funggala dethe be ilgara, guwendere jilgan be faksalara, omire jetere hacin be kimcire, banjire tucire ba na be ejere, amila emile šoron deberen ci aname, akūmbume sibkifi umai melebuhe hacin akū, yargiyan i erin de

---

蓋泥於古則無以證今，拘於方則不能通俗，且肖形未備，斯格致無徵焉。茲譜所錄，凡雲飛水宿之屬[139]，各以類聚，辨毛羽，誌鳴聲[140]，考飲啄之宜，紀職方之產，雌雄雛鷇，稽述靡遺，

---

139 凡雲飛水宿之屬，句中「雲飛」，滿文讀作"untuhun de deyere"，意即「飛在空中」。

140 誌鳴聲，滿文讀作"guwendere jilgan be faksalara"，意即「辨鳴聲」。

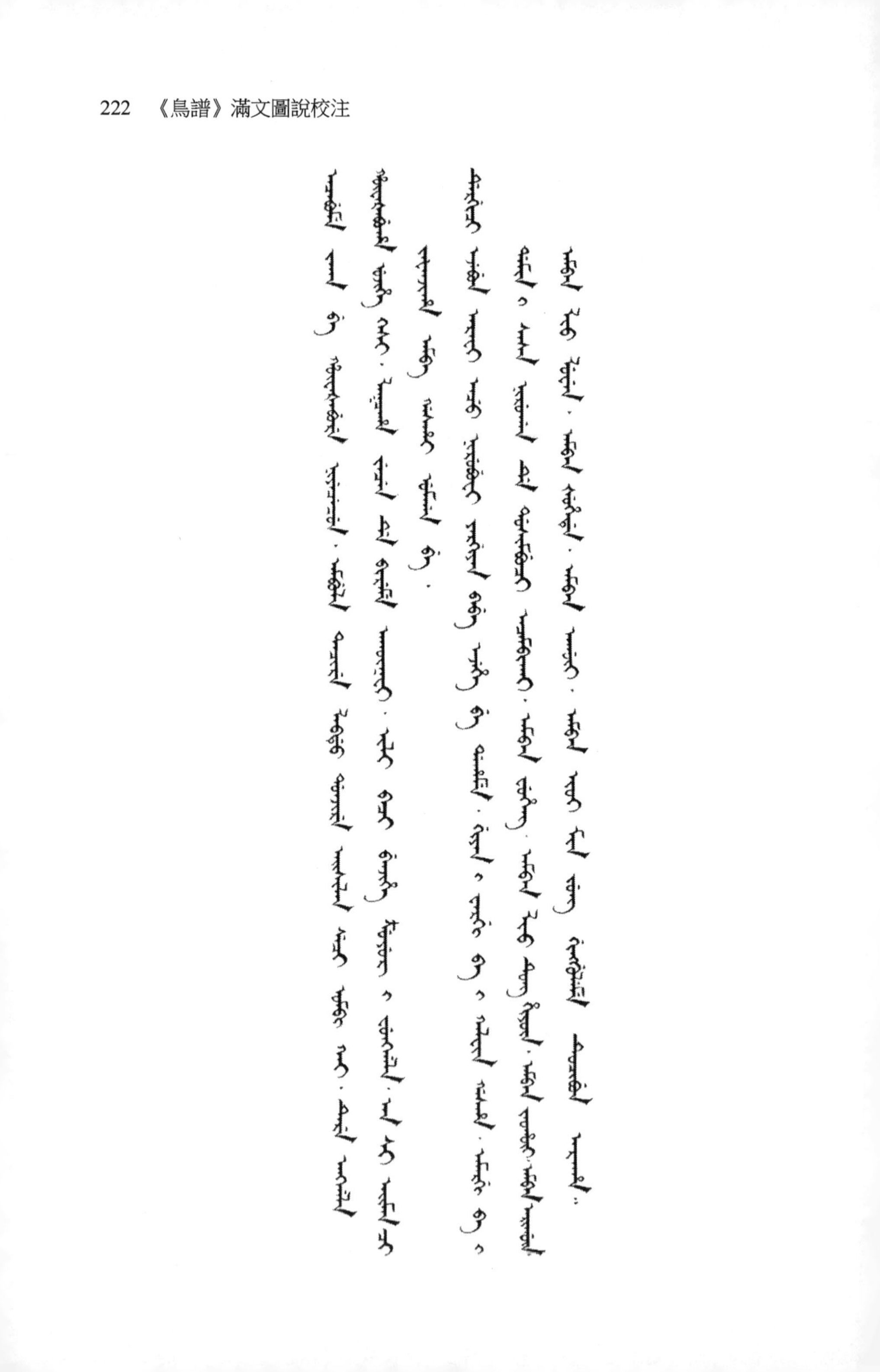

[illegible]

acabume jaka be hūwašabure niyececun, ambula tacire labdu donjire aisilan seci ombi kai. tere anggala hūwašabuha ujihe kesi, lakcaha jecen de bireme akūnafi, ili baci benjihe ts'uyur i funggala, an si aiman ci jafanjiha amba gashai umgan be, dergici ejebun arafi encu nirubufi yargiyan babe ejehe be dahame, giyan i wargi ba i kalfin gasha, amargi ba i damin i sasa nirugan de dosimbuci acambikai. amban fuheng, amban lio tung hiyūn, amban jaohūi, amban arigūn, amban lio luwen, amban šuhede, amban agūi, amban ioi min jung gingguleme tucibun araha.

洵足為對時育物之資，博考洽聞之助矣。矧夫亭育所周[141]，遠逮絕域，若鷟鸑爾之羽至自伊犁，大雀之卵來於安息，並獲紀自宸章，另圖誌實，故當與西鶼北隼同載幅員盛事云爾。臣傅恒、臣劉統勳、臣兆惠、臣阿里袞、臣劉綸、臣舒赫德、臣阿桂、臣于敏中恭跋。

141 矧夫亭育所周，滿文讀作"tere anggala hūwašabuha ujihe kesi"，意即「況且養育之恩」。漢語「亭育」，語出《梁書．武帝紀》，又作「亭毒」，語出《老子》，俱作「養育」解。

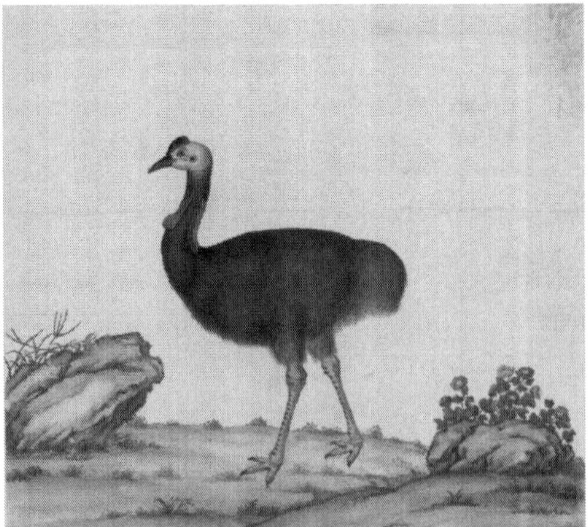

e mo gasha.

si yang ba i niyalmai ejeme araha e mo gasha i nirugan i gisun, e mo gasha, julge te i nirugan bithede umai ejeme araha ba akū, si yang ni bade, daci ere hacin i gasha akū bihe, tesu gurun i emu minggan sunja tanggū uyunju nadaci aniya, uthai ming gurun i wan lii forgon i fulahūn coko orin sunjaci aniya inu, hūng mao gurun i niyalma, teni g'alaba gurun i mederi tun de bahafi, si yang ni bade gajiha, hendure gisun, ceni gurun de inu tongga sabumbi sembi, amala ninggun aniya oho manggi, hūng mao gurun i niyalma, g'alaba gurun ci geli juwe baha gojime, gemu ujime mutehekū, daicing gurun i elhe taifin i šahūn ulgiyan juwanci aniya i teisu de, šeng loo leng dzo ba i mederi tun i data, hendustan ci jahūdai dekdeme baihai emke bahafi, foranggiya gurun i wang de

---

額摩鳥

西洋人所記《額摩鳥圖說》云：額摩鳥，古今圖籍未載，西洋舊無此種，於其國一千五百九十七年，當明萬歷二十五年丁酉，紅毛國人始得自嘎拉巴海島攜來西洋[142]，云即彼國亦罕覯也。後六年，紅毛國人復於嘎拉巴得二鳥，皆不能畜，當本朝康熙十年辛亥[143]，有勝老楞佐海島頭目自印度國估舶購得，獻之佛朗機亞國王[144]，

---

142 嘎拉巴，滿文讀作“g'alaba”，係馬來文“kelapa”借詞，意即「椰子」，位於爪哇島西北海岸，乃雅加達舊稱。

143 當本朝康熙十年辛亥，句中「本朝」，滿文讀作“daicing gurun”，意即「大清朝」。

144 勝老楞佐，滿文讀作“šeng loo leng dzo”，係葡萄牙文“são Lourenço”借詞，即今馬達加斯加島。佛朗機亞，滿文讀作“foranggiya”，係波斯文“Farangi”借詞，明朝稱葡萄牙為佛朗機。

[illegible]

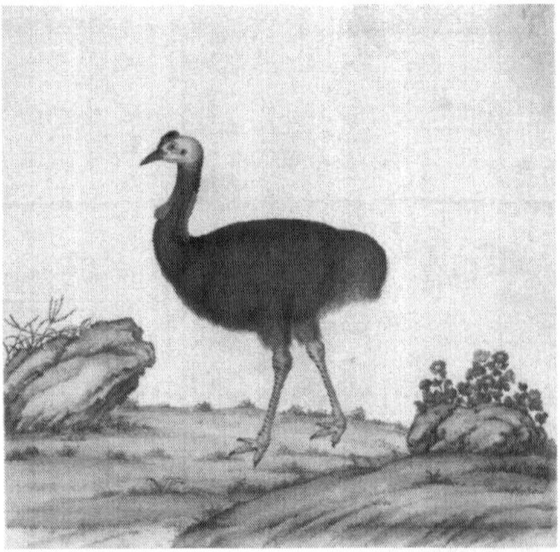

alibuha, duin aniya ujifi bucehe manggi, foranggiya gurun i wang faksi de afabufi, terei arbun be narhūšame nirubuhabi, gasha i beye, den sunja jušuru sunja jurhun, uju ci meifen de isitala, emu jušuru sunja jurhun, gemu funggaha akū, damu uju i amala seriken i foholon funggaha bi, uju niowanggiyan boco, meifen lamun boco, tereci huru, konggolo de isitala, gemu fulgiyakan šušu boco, tashū de tuheme banjiha juwe farsi sukū, golmin emu jurhun juwe fuwen, onco ninggun fuwen isimbi, dube ergi muheliyeken, mukei hasi i adali banjihabi, inu fulgiyakan šušu boco, engge i dergi fejergi, gūwa gasha de adalikan, senggele den ilan jurhun, uju de dukduhun i banjiha giranggi, engge de isiname hashū ici ilan fiyentehe hūwalame banjihabi, giru fiyan akdun fili, ihan i uihe i adali, engge i dalbade juwe oforo i sangga bi, yasa ninggun nadan fuwen amba, yasa faha umesi muheliyen, šurdeme suwayan kūwarahangge, fuhali arsalan i yasa de dursuki, wacir wehei gese elden bi, yasai dergi

---

畜之四年死，國王命工詳圖其狀。鳥高五尺五寸，自頂至頸一尺五寸，俱無毛，惟腦後短毛甚稀。頭綠頸翠，其連脊處及嗉皆紅紫色，嗉下垂贅肉兩片[145]，長寸二分，廣六分許，下圓如茄袋，亦紅紫色。嘴上下略同他鳥，頂冠高三寸，骨自頂棱起，至嘴左右三分如裂，形色堅緻若牛角，近嘴兩孔為鼻，其目大六、七分，睛正圓外黃暈，類獅子睛，其光色如金剛石也，

---

145 贅肉兩片，滿文讀作“juwe farsi sukū”，意即「皮兩片」，滿漢文義不合。

[illegible]

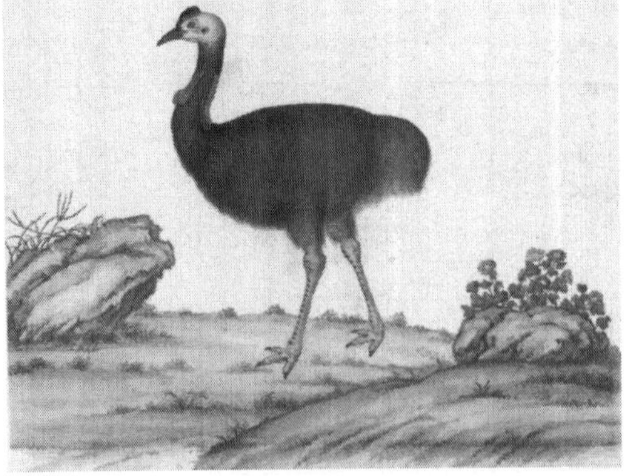

mudangga faitan, arganaha biyai gese, juwe šan de ilan duin fuwen i amba unggala, getuken iletu sabumbi, dalbade ser seme sahaliyan funggaha bi, ilenggu, bilha de šoyome banjihabi, golmin sunja fuwen isimbi, asha juwe ergi ebci i funggaha de dasibume, umesi ajigen, sunjata amba kitala bi, boco sahaliyan, dethe akū, uthai niyalmai simhun i adali adame banjihabi, golmin ilan duin jurhun, huru ci takiya de isitala, funggaha gemu muwa seri fulhūri boco, lefu, ulgiyan i funiyehe i gese, ududu jurhun golmin bime, emu kitala de juwe funggaha kamcime banjihabi, gūwa gasha de banjiha funggaha funggala ci encu ofi, arkan beyebe dalici ombi, debsime deyere de, hūsun baharakū, soiho i muru, bulehen de adali gojime, golmin fungglala akū, sira i sukū, esihe i adali banjihangge, muheliyen ici emu jurhun

---

目上眉彎如月，兩耳孔大三、四分，顯豁呈露，其旁微有黑毛。舌入喉間，長可五分許。翅藏兩脇毛下，甚小，有大管五，黑色而無翎，排次如人指，長約三、四寸，自脊至膝上毛皆粗散作黑絳色，彷彿熊豕毛，長數寸，兩毛生一管中，不類他鳥翎羽，故僅足蔽體，無助飛騰也[146]，尻形如鶴而不生長翎[147]，脛以下皮如鱗甲，圓徑寸許，

---

146 無助飛騰也，滿文讀作"debsime deyere de, hūsun baharakū"，意即「無力振翅飛騰」。

147 尻形如鶴，句中「尻」，滿文讀作"soiho"，意即「尾尖」

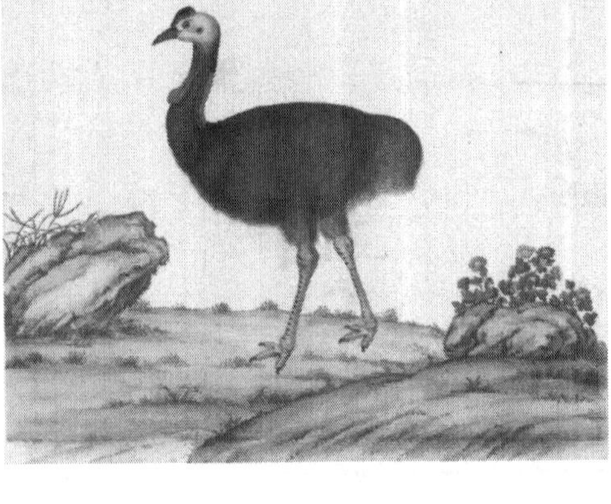

isimbi, bulehen i sira de adali bime amba, wasiha ilata, ferge akū, ošoho akdun fili bime hūsungge. hūng mao gurun i niyalma, erebe amasi jaka šoforome mutembi sembi, geli aniyadari gūn halara erinde, senggele inu suwaliyame halambi sembi, geli ilenggu akū, asha akū sembi, ubabe yargiyalaha de, gemu akdaci ojorakū. ere gasha be, g'alaba gurun de e mo gasha seme hūlambi, foranggiya gurun de gesur gasha seme hūlambi. banin umesi nomhon, galai bišuci, uthai niyalma de nikeme ilimbi, eiten jaka be buci, gemu jecibe, an i uleburengge, damu sogi jeku, geli nimaha jetere de amuran, omire congkire de, urunakū uju tukiyefi nunggerengge, cohome ilenggu foholon bilha i hanci bifi, ileme gaime muterakū turgun.

似鶴脛而大，足三趾，無距[148]，爪堅實有力。紅毛人言：能向後攫物，又言：每歲脫毛時，冠亦隨脫，又言：無舌、無翅。驗之，皆不足信也。此鳥在嘎拉巴名額摩，在佛朗機名格素爾。性極馴，以手撫之，輒依人而立，與以諸物皆就食，而常飼則惟蔬穀[149]，亦愛食魚，飲啄必仰首而吞，蓋以舌在喉間[150]，不能舐取耳。

---

148 無距，滿文讀作“ferge akū”，意即「無後趾」，此「距」，當作「趾」。

149 常飼則惟蔬穀，句中「常飼」，滿文讀作“an i uleburengge”，意即「平常餵食的」。

150 舌在喉間，滿文讀作“ilenggu foholon bilha i hanci bifi”，意即「舌短近於喉」。

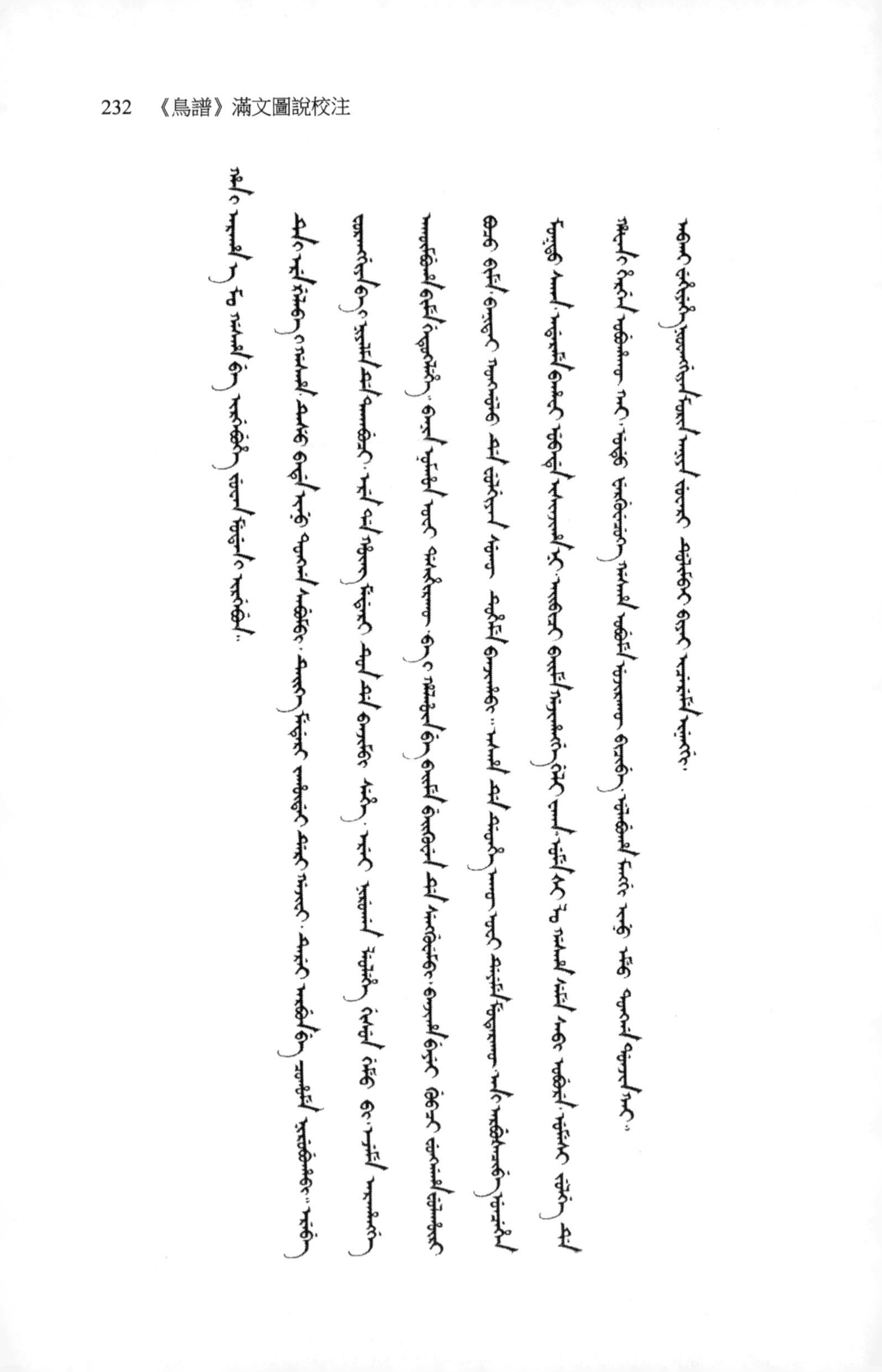

han i araha e mo gasha be irgebuhe juwan mudan i irgebun, te i ere g'alaba i gasha, tesu bade inu tongga sabumbi, teike mederi jahūdai deri gajifi, terei arbun be cohome nirubuhabi, erebe foranggiya ba i niyalma de takabuci, ere da hūng mederi tun de banjimbi sehe, erei nirugan leolehe gisun gemu bi, ejeme arahangge akūmbuha bime getukelehe, banin nomhon ofi dasihirakū, ba i halhūn be baime beikuwen de sengguwembi, banjiha beyei gubci funggaha fulahūri boco bime, banitai konggolo de fulgiyan sukū tuheme banjihabi. asha de dethe akū ofi deyeme muterakū, an i arbušacibe uncehen mokto saka, adarame bahafi ubade isinjiha ni, aibici baime gajihangge geli waka, ume ši lo gasha seme sabi obure, umesi julge de hafan i hergen obuhakū kai, udu ferguwecuke gasha obume ujirakū bicibe, ulabuha manggi inu emu tongga donjin kai. abkai wehiyehe niowanggiyan morin aniya juwari dulimbai biyai icereme inenggi.

御製詠額摩鳥十韻

嘎拉巴之鳥，其邦覯已難。忽隨番舶到，因命繪形看。佛朗機人識，大紅海島攢。具圖還具說，惟悉復惟殫。性善弗為猛，喜炎最畏寒。通身毛作絳，垂嗉肉標丹。翅禿那能翥，尻髡頗亦安。訝成無翼至，曾匪有心干。世樂休徵瑞，古初未紀官。珍禽雖不育，聊作異聞觀。乾隆甲午仲夏月上澣。

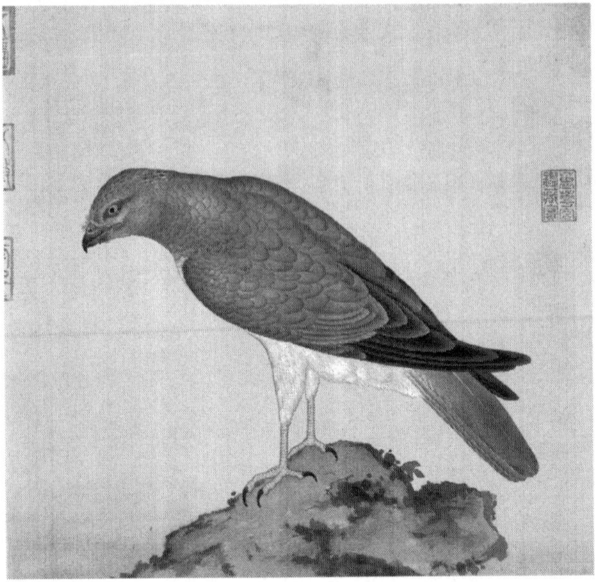

《鳥譜》第十二冊　白超

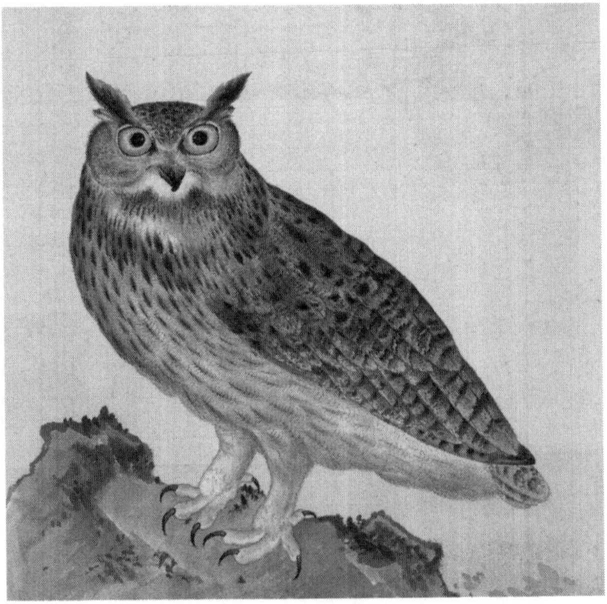

《鳥譜》第十二冊　狠鶻

附錄一：鳥身部位漢滿名稱對照表

順次	漢文	滿文	羅馬字轉寫	備註
1	冠	ᡤᡠᠩᡤᡠᠯᡠ	gunggulu	
2	毛	ᡶᡠᠩᡤᠠᡥᠠ	funggaha	
3	足	ᠪᡝᡨᡥᡝ	bethe	
4	距	ᡶᠠᡴᠵᡳᠨ	fakjin	
5	尾	ᡠᠨᠴᡝᡥᡝᠨ	uncehen	
6	頸	ᠮᡝᡳᡶᡝᠨ	meifen	
7	背	ᡥᡠᡵᡠ	huru	
8	項	ᠮᡝᡳᡶᡝᠨ	meifen	
9	膺	ᠠᠯᠠᠵᠠᠨ	alajan	
10	火眼	ᡝᠯᡩᡝᠩᡤᡝ ᠶᠠᠰᠠ	eldengge yasa	

順次	漢文	滿文	羅馬字轉寫	備註
11	翠髩	ᡶᡳᠶᠠᠩᡤᠠ ᠰᡝᠩᡤᡝᠯᡝ	fiyangga senggele	
12	翼	ᠠᠰᡥᠠ	asha	
13	睛	ᠶᠠᠰᠠᡳ ᡶᠠᡥᠠ	yasai faha	
14	觜	ᡝᠩᡤᡝ	engge	
15	頂	ᡨᠣᠰᡳ	tosi	
16	頰	ᡧᠠᡴᡧᠠᡥᠠ	šakšaha	
17	頷	ᠰᡝᠨᠴᡝᡥᡝ	sencehe	
18	頸	ᠮᠣᠩᡤᠣᠨ	monggon	
19	羽	ᡶᡠᠩᡤᠠᡥᠠ	funggaha	

順次	漢文	滿文	羅馬字轉寫	備註
20	翎	ᡩᡝᡨᡥᡝ	dethe	
21	翅	ᠠᠰᡥᠠ	asha	
22	脛	ᠰᡳᡵᠠ	sira	
23	趾	ᡶᠠᡨᡥᠠ	fatha	
24	爪	ᠣᡧᠣᡥᠣ	ošoho	
25	膺	ᡨᡠᠩᡤᡝᠨ	tunggen	
26	目	ᠶᠠᠰᠠ	yasa	
27	臆	ᠠᠯᠠᠵᠠᠨ	alajan	
28	喙	ᡝᠩᡤᡝ	engge	
29	喙	ᡝᠩᡤᡝ ᡳ ᡩᡠᠪᡝ	engge i dube	

順次	漢文	滿文	羅馬字轉寫	備註
30	嗉	ᡴᠣᠩᡤᠣᠯᠣ	konggolo	
31	胸	ᠠᠯᠠᠵᠠᠨ	alajan	
32	翮	ᠨᡳᠣᠩᠨᡳᠣ	niongnio	
33	懸爪	ᡶᠠᡴᠵᡳᠨ	fakjin	
34	後趾	ᡶᡝᡵᡤᡝ	ferge	
35	跂	ᠣᡧᠣᡥᠣ	ošoho	
36	觜根	ᡝᠩᡤᡝ ᡳ ᡩᠠ	engge i da	
37	頂	ᡠᠵᡠ	uju	
38	胸臆	ᠠᠯᠠᠵᠠᠨ	alajan	
39	首	ᡠᠵᡠ	uju	

順次	漢文	滿文	羅馬字轉寫	備註
40	脅	ᡝᠪᠴᡳ	ebci	
41	膊	ᠠᠰᡥᠠ ᡳ ᡩᠠ	asha i da	
42	白點	ᡧᠠᠨᠶᠠᠨ ᠮᡝᡵᠰᡝᠨ	šanyan mersen	
43	細毳	ᠨᠠᡵᡥᡡᠨ ᠨᡠᠩᡤᠠᡵᡳ	narhūn nunggari	
44	翅翎	ᠠᠰᡥᠠ ᡩᡝᡨᡥᡝ	asha dethe	
45	尾毛	ᡠᠨᠴᡝᡥᡝᠨ ᡳ ᡶᡠᠩᡤᠠᠯᠠ	uncehen i funggala	

順次	漢文	滿文	羅馬字轉寫	備註
46	肩	ᠠᠰᡥᠠᡳ ᡩᠠ	ashai da	
47	白尖	ᡧᠠᠨᠶᠠᠨ ᠰᠣᠯᠮᡳᠨ	šanyan solmin	
48	翅毛	ᠠᠰᡥᠠ ᡳ ᡩᡝᡨᡥᡝ	asha i dethe	
49	翠毛	ᠨᡳᠣᠸᠠᡵᡳ ᡶᡠᠩᡤᠠᠯᠠ	niowari funggala	
50	肩	ᠮᡝᡳᡵᡝᠨ	meiren	
51	白尖	ᡩᡠᠪᡝᡳ ᡝᡵᡤᡳ ᡧᠠᠨᠶᠠᠨ	dubei ergi šanyan	

順次	漢文	滿文	羅馬字轉寫	備註
52	黑斑	ᠰᠠᡥᠠᠯᡳᠶᠠᠨ ᠪᡝᡩᡝᡵᡳ	sahaliyan bederi	
53	黃紋	ᠰᡠᠸᠠᠶᠠᠨ ᠠᠯᡥᠠ	suwayan alha	
54	觜喙	ᡝᠩᡤᡝ ᡳ ᡩᡠᠪᡝ	engge i dube	
55	幘	ᡤᡠᠩᡤᡠᠯᡠ	gunggulu	
56	白尖	ᡧᠠᠨᠶᠠᠨ ᡩᡠᠪᡝ	šanyan dube	
57	白尖	ᡩᡠᠪᡝ ᡧᠠᠨᠶᠠᠨ	dube šanyan	

順次	漢文	滿文	羅馬字轉寫	備註
58	白莖尖	ᡩᡠᠪᡝ ᡧᠠᠨᠶᠠᠨ	dube šanyan	
59	白邊	ᡩᡠᠪᡝ ᡧᠠᠨᠶᠠᠨ	dube šanyan	
60	尾根	ᡠᠨᠴᡝᡥᡝᠨ ᡳ ᡩᠠ	uncehen i da	
61	毛根	ᡩᡝᡨᡥᡝ ᡳ ᡩᠠ	dethe i da	
62	白裹	ᡩᠣᡴᠣ ᡝᡵᡤᡳ ᡧᠠᠨᠶᠠᠨ	doko ergi šanyan	
63	喙尖	ᡝᠩᡤᡝᡳ ᡩᡠᠪᡝ	enggei dube	

順次	漢文	滿文	羅馬字轉寫	備註
64	脛	ᠪᡝᡨᡥᡝ	bethe	
65	離披	ᠯᠠᠪᡩᠠᡥᡡᠨ	labdahūn	
66	趾	ᠣᡧᠣᡥᠣ	ošoho	
67	趾	ᠸᠠᠰᡳᡥᠠ	wasiha	
68	毛末	ᡶᡠᠩᡤᠠᠯᠠ ᡳ ᡩᡠᠪᡝ	funggala i dube	
69	赤喙	ᡝᠩᡤᡝ ᡶᡠᠯᡤᡳᠶᠠᠨ	engge fulgiyan	
70	深目	ᠶᠠᠰᠠ ᡧᡠᠩᡴᡠᡨᡠ	yasa šungkutu	
71	紅觜	ᡝᠩᡤᡝ ᡶᡠᠯᡤᡳᠶᠠᠨ	engge fulgiyan	

順次	漢文	滿文	羅馬字轉寫	備註
72	黑觜	ᡝᠩᡤᡝ ᠰᠠᡥᠠᠯᡳᠶᠠᠨ	engge sahaliyan	
73	勾喙	ᡝᠩᡤᡝ ᡳ ᡩᡠᠪᡝ ᠸᠠᡨᠠᠩᡤᠠ	engge i dube watangga	
74	翠衿	ᡶᡠᠩᡤᠠᡥᠠ ᠨᡳᠣᠸᠠᡵᡳ	funggaha niowari	
75	丹觜	ᡝᠩᡤᡝ ᡶᡠᠯᡤᡳᠶᠠᠨ	engge fulgiyan	
76	蒼白斑	ᠰᠠᡥᠠᡥᡡᡴᠠᠨ ᡧᠠᠶᠠᠨ ᡴᡠᡵᡳ	sahahūkan šanyan kuri	

順次	漢文	滿文	羅馬字轉寫	備註
77	毛根	ᡶᡠᠩᡤᠠᡥᠠ ᡳ ᡩᠠ	funggaha i da	
78	茸毛	ᠨᡠᠩᡤᠠᡵᡳ	nunggari	
79	翅根	ᠠᠰᡥᠠᡳ ᡩᠠ	ashai da	
80	綠斑	ᠨᡳᠣᠸᠠᠩᡤᡳᠶᠠᠨ ᡴᡠᡵᡳ	niowanggiyan kuri	
81	赭黃紋	ᡶᡠᠯᡥᡡᡴᠠᠨ ᠰᡠᠸᠠᠶᠠᠨ ᠠᠯᡥᠠ	fulhūkan suwayan alha	
82	桃紅項	ᠮᡝᡳᡶᡝᠨ ᠵᠠᠮᡠ	meifen jamu	

順次	漢文	滿文	羅馬字轉寫	備註
83	翅尖	ᠠᠰᡥᠠ ᡳ ᡩᡠᠪᡝ	asha i dube	
84	頭頂	ᡠᠵᡠᡳ ᠨᡳᠩᡤᡠ	ujui ninggu	
85	表裏	ᡨᡠᡴᡠ ᡩᠣᡴᠣ	tuku doko	
86	裏	ᠨᡠᠩᡤᠠᡵᡳ	nunggari	茸毛
87	上咮	ᡝᠩᡤᡝ ᡳ ᡩᡝᡵᡤᡳ	engge i dergi	
88	下咮	ᡝᠩᡤᡝ ᡳ ᡶᡝᠵᡝᡵᡤᡳ	engge i fejergi	

順次	漢文	滿文	羅馬字轉寫	備註
89	丹首	ᡠᠵᡠ ᡶᡠᠯᡤᡳᠶᠠᠨ	uju fulgiyan	
90	紅臆	ᠠᠯᠠᠵᠠᠨ ᡶᡠᠯᡤᡳᠶᠠᠨ	alajan fulgiyan	
91	朱冠	ᡤᡠᠩᡤᡠᠯᡠ ᡶᡠᠯᡤᡳᠶᠠᠨ	gunggulu fulgiyan	
92	頭頂	ᡠᠵᡠ	uju	
93	青綠紋	ᠶᠠᠴᡳᡴᠠᠨ ᠨᡳᠣᠸᠠᠩᡤᡳᠶᠠᠨ ᠪᡝᡩᡝᡵᡳ	yacikan niowanggiyan bederi	
94	翠綠毛	ᠨᡳᠣᠸᠠᡵᡳ ᠨᡳᠣᠸᠠᠩᡤᡳᠶᠠᠨ ᡶᡠᠩᡤᠠᡥᠠ	niowari niowanggiyan funggaha	

順次	漢文	滿文	羅馬字轉寫	備註
95	黑喙	ᡝᠩᡤᡝ ᡳ ᡩᡠᠪᡝ ᠰᠠᡥᠠᠯᡳᠶᠠᠨ	engge i dube sahaliyan	
96	青紋	ᠶᠠᠴᡳᠨ ᠪᡝᡩᡝᡵᡳ	yacin bederi	
97	丹咮	ᡝᠩᡤᡝ ᡶᡠᠯᡤᡳᠶᠠᠨ	engge fulgiyan	
98	肉冠	ᠶᠠᠯᡳ ᠰᡝᠩᡤᡝᠯᡝ	yali senggele	
99	紅點	ᡶᡠᠯᡤᡳᠶᠠᠨ ᠮᡝᡵᠰᡝᠨ	fulgiyan mersen	

順次	漢文	滿文	羅馬字轉寫	備註
100	紅喙	ᡝᠩᡤᡝ ᡶᡠᠯᡤᡳᠶᠠᠨ	engge fulgiyan	
101	纖爪	ᠣᡧᠣᡥᠣ ᠨᠠᡵᡥᡡᡴᠠᠨ	ošoho narhūkan	
102	兩腮	ᠵᡠᠸᡝ ᡝᡵᡤᡳ ᠵᠠᠶᠠᠨ	juwe ergi jayan	
103	圓點	ᠮᡠᡥᡝᠯᡳᠶᡝᠨ ᠮᡝᡵᠰᡝᠨ	muheliyen mersen	
104	翅蒼黑色	ᠠᠰᡥᠠ ᠰᠠᡥᠠᡥᡡᡵᡳ ᠪᠣᠴᠣ	asha sahahūri boco	

順次	漢文	滿文	羅馬字轉寫	備註
105	翠白紋	ᠨᡳᠣᠸᠠᡵᡳ ᡧᠠᠨᠶᠠᠨ ᠪᡝᡩᡝᡵᡳ	niowari šanyan bederi	
106	黑斑	ᠰᠠᡥᠠᠯᡳᠶᠠᠨ ᠮᡝᡵᠰᡝᠨ	sahaliyan mersen	
107	白斕	ᡧᠠᠨᠶᠠᠨ ᠪᡝᡩᡝᡵᡳ	šanyan bederi	
108	黑斑	ᠰᠠᡥᠠᠯᡳᠶᠠᠨ ᡴᡠᡵᡳ	sahaliyan kuri	
109	赤點	ᡶᡠᠯᡤᡳᠶᠠᠨ ᠮᡝᡵᠰᡝᠨ	fulgiyan mersen	

順次	漢文	滿文	羅馬字轉寫	備註
110	吻間	ᡝᠩᡤᡝ ᡳ ᡥᠣᡧᠣ	engge i hošo	
111	細紋	ᠨᠠᡵᡥᡡᠨ ᠠᠯᡥᠠ	narhūn alha	
112	玉色觜	ᡝᠩᡤᡝ ᡧᡝᠶᡝᡴᡝᠨ ᠪᠣᠴᠣ	engge šeyeken boco	
113	朱咮	ᡝᠩᡤᡝ ᡶᡠᠯᡤᡳᠶᠠᠨ	engge fulgiyan	
114	蒼斑	ᠰᠠᡥᠠᡥᡡᡴᠠᠨ ᡴᡠᡵᡳ	sahahūkan kuri	

順次	漢文	滿文	羅馬字轉寫	備註
115	水紅斑	ᡶᡠᠯᠠᡥᡡᠨ ᡴᡠᡵᡳ	fulahūn kuri	
116	淡黃尖	ᡤᡝᠯᡶᡳᠶᡝᠨ ᠰᡠᠸᠠᠶᠠᠨ ᡳ ᠰᠣᠯᠮᡳᠨ	gelfiyen suwayan i solmin	
117	蒼翮	ᠨᡳᠣᠩᠨᡳᠣ ᠰᠠᡥᠠᠯᡳᠶᠠᠨ	niongnio sahaliyan	
118	蒼斑	ᠰᠠᡥᠠᠯᡳᠶᠠᡴᠠᠨ ᠪᡝᡩᡝᡵᡳ	sahaliyakan bederi	
119	蒼足	ᠪᡝᡨᡥᡝ ᠰᠠᡥᠠᠯᡳᠶᠠᠨ	bethe sahaliyan	

順次	漢文	滿文	羅馬字轉寫	備註
120	黑斑	ᠰᠠᡥᠠᠯᡳᠶᠠᠨ ᠪᡝᡩᡝᡵᡳ	sahaliyan bederi	
121	黑咮	ᡝᠩᡤᡝ ᠰᠠᡥᠠᠯᡳᠶᠠᠨ	engge sahaliyan	
122	黑觜	ᡝᠩᡤᡝ ᠰᠠᡥᠠᠯᡳᠶᠠᠨ	engge sahaliyan	
123	白根	ᡝᠩᡤᡝ ᡳ ᡩᠠ ᡧᠠᠶᠠᠨ	engge i da šayan	
124	玉觜	ᡝᠩᡤᡝ ᡧᠠᠶᠠᠨ	engge šayan	

順次	漢文	滿文	羅馬字轉寫	備註
125	黑蒼鴘	ᡝᠩᡤᡝ ᠰᠠᡥᠠᡥᡡᡴᠠᠨ ᠶᠠᠴᡳᠨ	engge sahahūkan yacin	
126	碎白點	ᠠᠵᡳᡤᡝ ᡧᠠᠶᠠᠨ ᠮᡝᡵᠰᡝᠨ	ajige šayan mersen	
127	角毛	ᡤᡠᠩᡤᡠᠯᡠ	gunggulu	
128	斑文	ᡴᡠᡵᡳ ᠪᡝᡩᡝᡵᡳ	kuri bederi	
129	黑睛	ᠶᠠᠰᠠᡳ ᡶᠠᡥᠠ ᠰᠠᡥᠠᠯᡳᠶᠠᠨ	yasai faha sahaliyan	

次	漢文	滿文	羅馬字轉寫	備註
130	長纓	ᡤᠣᠯᠮᡳᠨ ᡶᡠᠩᡤᠠᡥᠠ	golmin funggaha	
131	懸距	ᡶᠠᡴᠵᡳᠨ	fakjin	
132	咽	ᡴᠣᠩᡤᠣᠯᠣ	konggolo	嗉囊
133	肉綏	ᠶᠠᠯᡳ ᠰᡠᡳᡥᡝ	yali suihe	
134	丹頂	ᡨᠣᠰᡳ ᡶᡠᠯᡤᡳᠶᠠᠨ	tosi fulgiyan	
135	紅頂	ᡨᠣᠰᡳ ᡶᡠᠯᡤᡳᠶᠠᠨ	tosi fulgiyan	
136	黑莖	ᡴᡳᡨᠠᠯᠠ ᠰᠠᡥᠠᠯᡳᠶᠠᠨ	kitala sahaliyan	

順次	漢文	滿文	羅馬字轉寫	備註
137	頂花	ᡠᠵᡠ ᡳ ᠠᠯᡥᠠ ᡶᡠᠩᡤᠠᡥᠠ	uju i alha funggaha	
138	芒銛	ᠰᠣᠯᠮᡳᠨ	solmin	
139	籥口	ᡝᠩᡤᡝ ᠨᠠᡵᡥᡡᠨ	engge narhūn	
140	布翅	ᠠᠰᡥᠠ ᠣᠨᠴᠣ	asha onco	
141	紅綏	ᡶᡠᠯᡤᡳᠶᠠᠨ ᠰᡝᠩᡤᡝᠯᡝ	fulgiyan senggele	
142	白莖	ᡴᡳᡨᠠᠯᠠ ᡧᠠᠶᠠᠨ	kitala šayan	

順次	漢文	滿文	羅馬字轉寫	備註
143	纓毛	ᠰᠣᡵᠰᠣᠨ ᡳ ᡤᡝᠰᡝ ᡶᡠᠩᡤᠠᡥᠠ	sorson i gese funggaha	
144	懸胡	ᠯᠠᠪᡩᠠᡥᡡᠨ	labdahūn	
145	黑尻	ᠰᠣᡳᡥᠣ ᠰᠠᡥᠠᠯᡳᠶᠠᠨ	soiho sahaliyan	
146	蓋尾	ᡤᡳᡩᠠᠴᠠᠨ	gidacan	
147	黑尖	ᠰᠣᠯᠮᡳᠨ ᠰᠠᡥᠠᠯᡳᠶᠠᠨ	solmin sahaliyan	
148	翠鬣	ᠮᡝᡳᡶᡝᠨ ᡳ ᠨᡳᠣᠸᠠᡵᡳ	meifen i niowari	

順次	漢文	滿文	羅馬字轉寫	備註
149	趾間幕皮	ᡶᠠᡨᡥᠠ ᡳ ᡥᠣᠯᠪᠣᠮᡝ ᠪᠠᠨᠵᡳᡥᠠ ᠰᡠᡴᡡ	fatha i holbome banjiha sukū	
150	羅紋	ᠴᡝᡵᡳ ᠠᠯᡥᠠ	ceri alha	
151	朱目	ᠶᠠᠰᠠᡳ ᡶᠠᡥᠠ ᡶᡠᠯᡤᡳᠶᠠᠨ	yasai faha fulgiyan	
152	觜目	ᡝᠩᡤᡝ ᠶᠠᠰᠠ	engge yasa	
153	胸釜	ᠠᠯᠠᠵᠠᠨ ᠮᡠᡥᡝᠯᡳᠶᡝᠨ	alajan muheliyen	

順次	漢文	滿文	羅馬字轉寫	備註
154	背竈	ᡥᡠᡵᡠ ᠴᠣᡴᠴᠣᡥᠣᠨ	huru cokcohon	
155	幕皮	ᡥᠣᠯᠪᠣᡥᠣ ᠰᡠᡴᡡ	holboho sukū	
156	趾根	ᠸᠠᠰᡳᡥᠠ ᡳ ᡩᠠ	wasiha i da	
157	咽	ᠮᠣᠩᡤᠣᠨ	monggon	
158	胡袋	ᠠᠮᠪᠠ ᡴᠣᠩᡤᠣᠯᠣ	amba konggolo	
159	頸	ᠮᠣᠩᡤᠣᠨ	monggon	

順次	漢文	滿文	羅馬字轉寫	備註
160	長而瘦	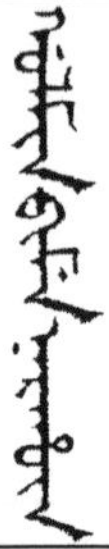	golmin bime narhūn	

資料來源：《故宮鳥譜》，臺北，國立故宮博物院，民國八十六年十月；《清宮鳥譜》，北京，故宮出版社，2014 年 10 月。

探討鳥類的特徵，不能忽視鳥身部位漢滿詞彙的涵義。人嘴，滿文讀作“angga”，鳥嘴，《鳥譜》作觜，滿文讀作“engge”。黑觜，滿文讀作“engge sahaliyan”。紅觜，滿文讀作“engge fulgiyan”。“engge fulgiyan”，漢文又作「丹觜」。玉色觜，滿文讀作“engge šeyeken boco”，意即「稍白觜」。玉觜，滿文讀作“engge šayan”，意即「白觜」。黑蒼觜，滿文讀作“engge sahahūkan yacin”，意即「淡黑青觜」。喙，是指鳥獸尖長的觜巴，滿文譯作“engge”，意即「觜」。《鳥譜》中「喙」，或譯作“engge”，或譯作“engge i dube”，句中“dube”，亦即「尖端」，“engge i dube”，意即「喙尖」。赤喙，滿文讀作“engge fulgiyan”，意即「紅觜」。觜喙，滿文讀作“engge i dube”，意即「觜」或「喙」的尖端。紅喙，滿文讀作“engge fulgiyan”，意即「紅觜」。黑喙，滿文讀作“engge i dube sahaliyan”，意即「黑喙尖」。鳥觜，又稱為「咮」，上咮，滿文讀作“engge i dergi”，意即「上觜」。下咮，滿文讀作“engge i fejergi”，意即「下觜」。丹咮，滿文讀作“engge fulgiyan”，意即「紅觜」。朱咮，滿文讀作“engge fulgiyan”，意即「紅觜」。

黑咮，滿文讀作“engge sahaliyan”，意即「黑觜」。籲口，滿文讀作“engge narhūn”，意即「細喙」。觜根，滿文讀作“engge i da”。白根，滿文讀作“engge i da šayan”，意即「白色觜根」。吻間，滿文讀作“engge i hošo”，意即「觜角」。通過滿文的繙譯，有助於了解漢文的詞義。

眼、目、睛、眼睛的詞義，頗為近似，滿文的繙譯，亦不規範。《鳥譜》中「眼」，滿文多譯作“yasa”，譬如：火眼，滿文讀作“eldengge yasa”，意即「光眼」，意思是「發光的眼」。目，滿文譯作“yasa”，意即「眼」，譬如：深目，滿文譯作“yasa šungkutu”，意即「凹陷的眼」。睛，滿文譯作“yasai faha”，意即「眼珠子」，朱目，滿文譯作“yasai faha fulgiyan”，意即「紅眼珠子」。黑目，滿文譯作“yasai faha sahaliyan”，意即「黑眼珠子」。

滿文“senggele”，意即「鳥冠」。“gunggulu”，意即「禽鳥的鳳頭」。《鳥譜》中鳥冠與鳳頭的滿文繙譯，並不規範。譬如：翠髻，滿文譯作“fiyangga senggele”，意即「彩冠」。肉冠，滿文譯作“yali senggele”。朱冠，滿文譯作“gunggulu fulgiyan”，意即「紅鳳頭」。幘，是包髮的巾，《鳥譜》滿文譯作“gunggulu”，意即「鳳頭」，或「鳥冠」。角毛，滿文譯作“gunggulu”，意即「鳳頭」，或「鳥冠」。

鳥頂，鳥首、頭頂、丹頂、紅頂、頂花等詞彙的滿文繙譯，亦不規範。其中「頂」，滿文譯作“uju”，又作“tosi”。首、頭頂，俱譯作“uju”。滿文“uju”，意即「頭」；“tosi”，意即「頂」，是指馬匹的毛色特點。丹首，滿文譯作“uju fulgiyan”，意即「紅頭」。頭頂，滿文譯作“ujui ninggu”，意即「頂端」。丹頂，滿文譯作“tosi fulgiyan”，意即「紅頂」。頂花，滿文譯作“uju i alha funggaha”，意即「頭頂的花羽毛」。

頸、項的部位不同，頭下、肩上的部分，就是頸。項，就是頸的後部。頸，又稱為「脖子」，前半部叫做「頸」，後半部叫做「項」。《鳥譜》中「頸」、「項」的滿文繙譯，並不規範。頸，滿文譯作“meifen”，又譯作“monggon”。滿文“meifen”，意即「脖頸」。“monggon”，意即「脖項」。項，滿文譯作“meifen”，又譯作“monggon”。譬如：桃紅項，滿文譯作“meifen jamu”，意即「桃紅色的頸項」。翠鬣，滿文讀作“meifen i niowari”，意即「翠項」。鳥獸頸項的毛，叫做「鬣」。此滿漢文義不合。

《鳥譜》中“meifen”與“monggon”的部位，混淆不清。咽喉，簡稱「咽」，在口腔的深處，在食道的上端，就是「喉嚨」。《鳥譜》中「咽」，滿文譯作“monggon”，文義不合。

頰，滿文譯作“šakšaha”，意即「面頰」，指面的兩旁，是顴骨以下的部分。頷，滿文譯作“sencehe”，意即「下巴」，指頦下頸上的部位。嗉，滿文譯作“konggolo”，意即「嗉囊」，是鳥類的食道中成為囊狀的一部分，是存留食物的器官。胡袋，滿文譯作“amba konggolo”，意即「大嗉囊」。「嗉」，《鳥譜》又譯作“monggon”，文義不合。頷下的垂肉，叫作「胡」。懸胡，《鳥譜》滿文譯作“labdahūn”，意即「下垂的」，文義相近。離披，又作「披離」，是分散的樣子。《鳥譜》「離披」，滿文譯作“labdahūn”，意即「下垂的」。

胸，是指身體前面腹上頸下的部分，叫做胸脯。臆是指前胸的部分，叫做胸臆，膺就是胸部。《鳥譜》中「胸」、「胸臆」「膺」，滿文俱譯作“alajan”，意即「禽鳥的胸脯」，其中「膺」，滿文又譯作“tunggen”，意即「胸脯」。漢文中相似詞彙頗多，滿文簡易。譬如：「紅臆」，滿文譯作“alajan fulgiyan”，意即「紅胸脯」。「胸釜」，滿文譯作“alajan muheliyen”，意即「胸圓」。

脅是胸腔兩旁的肋骨的部分，《鳥譜》中「脅」，滿文譯作“ebci”，意即「肋骨」，或「側翼」，文義相近。肩是軀幹和手臂相連的部分。翼、翅，滿文俱譯作“asha”，滿文“asha i da”，意即「翅根」。《鳥譜》漢文或作「膊」，或做「肩」。「膊」，是上肢，即胳臂。《鳥譜》中「肩」，滿文又譯作“meiren”，意即「肩膀」，滿漢文義相合。翅尖，《鳥譜》滿文譯作“asha i dube”，意即「翅的尖端」，或「翅的末端」，滿漢文義相合。布翅，滿文譯作“asha onco”，意即「寬翅」。

《鳥譜》中「白尖」、「白莖尖」、「白莖」、「黑尖」、「黑莖」、「芒銛」、「淡黃尖」等詞彙的滿文繙譯，並不規範。「白尖」，滿文或譯作“dubei ergi šanyan”，意即「尖端白的」；或譯作“šanyan solmin”，意即「白毛梢」；或譯作“šanyan dube”，意即「白尖端」；或譯作“dube šanyan”，意即「尖端白的」。「白莖尖」，滿文譯作“dube šanyan”，意即「尖端白的」。「白莖」，滿文譯作“kitala šayan”，意即「白翮」，「翮」是羽毛的莖，又作翎管、毛管，滿文又譯作“niongnio”。「黑尖」，滿文譯作“solmin sahaliyan”，意即「毛梢黑的」。「黑莖」，滿文譯作“kitala sahaliyan”，意即「黑翮」。「芒銛」，滿文譯作“solmin”，意即「毛梢」。「淡黃尖」，滿文譯作“gelfiyen suwayan i solmin”，意即「淡黃色的毛梢」。白尖或黑尖的「尖」，是指羽毛的尖端，滿文或譯作“dube”，或譯作“solmin”，並不規範。

滿文“asha”，意即「翅膀」。《鳥譜》漢文或作「翼」，或作「翅」。“asha i dethe”漢文作「翅毛」。“asha dethe”漢文作「翅翎」。“ashai da”，漢文作「翅根」。滿文“funggaha”，意即「羽毛」。《鳥譜》中“funggaha”，漢文或作「毛」，或作「羽」。譬如：「毛根」，滿文譯作“funggaha i da”；「翠綠毛」，滿文譯作“niowari niowanggiyan funggaha”；「長纓」，滿文譯作“golmin funggaha”，意即「長毛」。纓毛，滿文譯作“sorson i gese funggaha”，意即「似纓之毛」。頂花，滿文譯作“uju i alha funggaha”，意即「頭頂花毛」，滿漢文義頗有出入。翠衿，滿文譯作“funggaha niowari”，意即「翠毛」，滿漢文義不合。滿文“dethe”，意即「翎、羽」。毛根，滿文譯作“dethe i da”，意即「翅翎之根」，或「羽毛之根」，簡稱「翎根」、「羽根」。毛末，滿文譯作“funggala i dube”，意即「翎末」。“dethe”，指鳥的羽毛，“funggala”，則指「翎毛」。

花、紋、斑、點的滿文繙譯，也是混淆難分，其中「花」，滿文多譯作“alha”，意即「花白的」或「五顏六色的」。《鳥譜》中“alha”，漢文多作「紋」，譬如：“suwayan alha”，漢文作「黃紋」；“narhūn alha”，漢文作「細紋」；“ceri alha”，漢文作「羅紋」。“bederi”，意即「斑紋」，與“alha”詞義接近，以致「紋」，滿文又譯作“bederi”，譬如：「青紋」，滿文譯作“yacin bederi”；「青綠紋」，譯作“yacikan niowanggiyan bederi”；「翠白紋」，譯作“niowari šanyan bederi”。滿文“kuri”，意即「有斑紋的」。“kuri”與“bederi”，詞義相近，漢文中「斑」，滿文或譯作“bederi”，或譯作“kuri”。譬如：「蒼斑」，滿文或譯作“sahaliyakan bederi”，或譯作“sahahūkan kuri”；「水紅斑」，滿文譯作“fulahūn kuri”；「黑斑」，譯作 sahaliyan bederi”；「斑文」，譯作“kuri bederi”；「綠斑」，譯作“niowanggiyan kuri”；「蒼白斑」，譯作“sahahūkan šanyan kuri”。滿文“mersen”，意即「雀斑」，其詞義與“bederi”或“kuri”相近。《鳥譜》中“mersen”，漢文或作「斑」，或作「點」，譬如：“sahaliyan mersen”，漢文作「黑斑」；“fulgiyan mersen”，漢文作「赤點」；“muheliyen mersen”，漢文作「圓點」；“šanyan mersen”，漢文作「白點」；“fulgiyan mersen”，漢文作「紅點」。對照滿文，「點」就是「斑點」。《鳥譜》中「白襴」，「襴」，是衣和裳相連

的衣服。「白襴」，滿文譯作“šanyan bederi”，意即「白紋」或「白斑」。「碎白點」，滿文譯作“ajige šayan mersen”，意即「小白點」。

鳥足是禽鳥下肢的總名，又單指踝骨以下的部分，脛則指從腳跟到膝的小腿。《鳥譜》中「足」、「脛」，滿文俱作“bethe”，意即「足」、「腳」、「腿」。「蒼足」，滿文譯作“bethe sahaliyan”，意即「黑足」。「脛」，滿文又譯作“sira”，意即「小腿」。「爪」，滿文譯作“ošoho”，意即「爪指」。「纖爪」，滿文譯作“ošoho narhūkan”。「距」，是公雞或雄禽腳爪後面突出像腳趾的部分，滿文譯作“fakjin”。「懸距」，滿文亦譯作“fakjin”。「跂」，是腳上多出的趾，滿文譯作“ošoho”。「趾」是腳趾頭，《鳥譜》中滿文或譯作“fatha”，意即「鳥爪」。滿文又譯作“wasiha”，意即「爪子」，譬如：「趾根」，滿文譯作“wasiha i da”，意即「爪根」。「趾」，滿文又譯作“ošoho”，意即「爪指」。「後趾」，滿文譯作“ferge”，意即「後爪」。「幕皮」，滿文譯作“holboho sukū”，意即「連結的皮」。「表裏」，滿文譯作“tuku doko”。《鳥譜》中「裏」，滿文譯作“nunggari”，意即「茸毛」。「尾毛」，滿文譯作“uncehen i funggala”，意即「尾翎」。「翠毛」，滿文譯作“niowari funggala”，意即「翠翎」。「細毳」，滿文譯作“narhūn nunggari”，意即「細茸毛」。「茸毛」，《鳥譜》作「茸毛」（nunggari），意即「細的羊毛」。細毳與茸毛，詞義相近。「幕皮」是連結的皮，譬如：「趾間幕皮」，滿文譯作“fatha i holbome banjiha sukū”，意即「趾間連結生長的皮」。《鳥譜》漢文圖說，通過滿文的繙譯，確實有助於了解鳥身部位名稱的詞義。

附錄二：鳥類色彩漢滿名稱對照表

順次	漢文	滿文	羅馬字轉寫	備註
1	金翠色	ᡤᡳᠨᠴᡳᡥᡳᠶᠠᠨ ᠨᡳᠣᠸᠠᡵᡳ ᠪᠣᠴᠣ	gincihiyan niowari boco	
2	金碧色	ᠰᡠᠸᠠᠶᠠᠨ ᠨᡳᠣᠸᠠᠩᡤᡳᠶᠠᠨ ᠪᠣᠴᠣ	suwayan niowanggiyan boco	
3	青黑	ᠶᠠᠴᡳᡴᠠᠨ ᠰᠠᡥᠠᠯᡳᠶᠠᠨ	yacikan sahaliyan	
4	丹	ᡶᡠᠯᡤᡳᠶᠠᠨ	fulgiyan	
5	朱	ᡶᡠᠯᡤᡳᠶᠠᠨ	fulgiyan	
6	赤色	ᡶᡠᠯᡤᡳᠶᠠᠨ ᠪᠣᠴᠣ	fulgiyan boco	

順次	漢文	滿文	羅馬字轉寫	備註
7	純白	ᠪᡠᠯᠵᡳᠨ ᡧᠠᠨᠶᠠᠨ	buljin šanyan	
8	灰色	ᡶᡠᠯᡝᠩᡤᡳ ᠪᠣᠴᠣ	fulenggi boco	
9	灰白色	ᡧᠠᠨᠶᠠᡴᠠᠨ ᡶᡠᠯᡝᠩᡤᡳ ᠪᠣᠴᠣ	šanyakan fulenggi boco	
10	深灰色	ᡨᡠᠮᡳᠨ ᡶᡠᠯᡝᠩᡤᡳ ᠪᠣᠴᠣ	tumin fulenggi boco	
11	慘灰色	ᡤᡝᠯᡶᡳᠶᡝᠨ ᡶᡠᠯᡝᠩᡤᡳ ᠪᠣᠴᠣ	gelfiyen fulenggi boco	
12	深黑	ᡨᡠᠮᡳᠨ ᠰᠠᡥᠠᠯᡳᠶᠠᠨ	tumin sahaliyan	
13	黑	ᠰᠠᡥᠠᠯᡳᠶᠠᠨ	sahaliyan	

順次	漢文	滿文	羅馬字轉寫	備註
14	青灰色	ᠶᠠᠴᡳᡴᠠᠨ ᡶᡠᠯᡝᠩᡤᡳ ᠪᠣᠴᠣ	yacikan fulenggi boco	
15	白灰色	ᡧᠠᠨᠶᠠᡴᠠᠨ ᡶᡠᠯᡝᠩᡤᡳ ᠪᠣᠴᠣ	šanyakan fulenggi boco	
16	粉紅	ᡤᡝᠯᡶᡳᠶᡝᠨ ᡶᡠᠯᠠᡥᡡᠨ	gelfiyen fulahūn	
17	米白色	ᡧᠠᠨᠶᠠᡴᠠᠨ ᠰᡠᡥᡠᠨ ᠪᠣᠴᠣ	šanyakan suhun boco	
18	蒼色	ᠰᠠᡥᠠᡥᡡᡴᠠᠨ ᠪᠣᠴᠣ	sahahūkan boco	
19	暗白	ᠪᠣᡥᠣᡴᠣᠨ ᡧᠠᠨᠶᠠᠨ	bohokon šanyan	

順次	漢文	滿文	羅馬字轉寫	備註
20	淺碧色	ᡤᡝᠯᡶᡳᠶᡝᠨ ᠨᡳᠣᠸᠠᡵᡳ ᠪᠣᠴᠣ	gelfiyen niowari boco	
21	深藍色	ᡨᡠᠮᡳᠨ ᠯᠠᠮᡠᠨ ᠪᠣᠴᠣ	tumin lamun boco	
22	瓦灰色	ᡨᡠᠮᡳᡴᠠᠨ ᡶᡠᠯᡝᠩᡤᡳ ᠪᠣᠴᠣ	tumikan fulenggi boco	
23	淺白色	ᡤᡝᠯᡶᡳᠶᡝᠨ ᡧᠠᠨᠶᠠᠨ ᠪᠣᠴᠣ	gelfiyen šanyan boco	
24	紅藕色	ᡶᡠᠯᡤᡳᠶᠠᡴᠠᠨ ᡤᡝᠯᡶᡳᠶᡝᠨ ᡶᠠᡥᠠᠯᠠ ᠪᠣᠴᠣ	fulgiyakan gelfiyen fahala boco	

順次	漢文	滿文	羅馬字轉寫	備註
25	黑翠	ᠰᠠᡥᠠᠯᡳᠶᠠᡴᠠᠨ ᠨᡳᠣᠸᠠᡵᡳ	sahaliyakan niowari	
26	翠碧色	ᠨᡳᠣᠸᠠᠩᡤᡳᠶᠠᡴᠠᠨ ᠨᡳᠣᠸᠠᡵᡳ ᠪᠣᠴᠣ	niowanggiyakan niowari boco	
27	文彩	ᠠᠯᡥᠠ ᠪᡠᠯᡥᠠ	alha bulha	
28	藕紅灰白色	ᡶᡠᠯᡤᡳᠶᠠᡴᠠᠨ ᡤᡝᠯᡶᡳᠶᡝᠨ ᡶᠠᡥᠠᠯᠠ ᡧᠠᠨᠶᠠᡴᠠᠨ ᡶᡠᠯᡝᠩᡤᡳ ᠪᠣᠴᠣ	fulgiyakan gelfiyen fahala šanyakan fulenggi boco	
29	斑	ᠪᡝᡩᡝᡵᡳ	bederi	
30	蒼灰色	ᠰᠠᡥᠠᡥᡡᡴᠠᠨ ᡶᡠᠯᡝᠩᡤᡳ ᠪᠣᠴᠣ	sahahūkan fulenggi boco	

順次	漢文	滿文	羅馬字轉寫	備註
31	蒼褐色	ᠰᠠᡥᠠᡥᡡᡴᠠᠨ ᡶᡠᠨᡳᠶᡝᠰᡠᠨ ᠪᠣᠴᠣ	sahahūkan funiyesun boco	
32	緗白	ᡧᠠᠨᠶᠠᡴᠠᠨ	šanyakan	
33	縹青色	ᡤᡝᠯᡶᡳᠶᡝᠨ ᠶᠠᠴᡳᠨ ᠪᠣᠴᠣ	gelfiyen yacin boco	
34	白質	ᡧᠠᠨᠶᠠᠨ ᠪᠣᠴᠣ	šanyan boco	
35	青色	ᡶᡠᠯᠠᠪᡠᡵᡠ ᠪᠣᠴᠣ	fulaburu boco	
36	青黑色	ᠶᠠᠴᡳᡴᠠᠨ ᠰᠠᡥᠠᠯᡳᠶᠠᠨ ᠪᠣᠴᠣ	yacikan sahaliyan boco	
37	青翠色	ᠨᡳᠣᠸᠠᡵᡳ ᡶᡠᠯᠠᠪᡠᡵᡠ ᠪᠣᠴᠣ	niowari fulaburu boco	

順次	漢文	滿文	羅馬字轉寫	備註
38	光彩	ᡤᡳᠨᠴᡳᡥᡳᠶᠠᠨ ᡝᠯᡩᡝᠩᡤᡝ	gincihiyan eldengge	
39	粉綠	ᡤᡝᠯᡶᡳᠶᡝᠨ ᠨᡳᠣᠸᠠᠩᡤᡳᠶᠠᠨ	gelfiyen niowanggiyan	
40	沉香色	ᠰᠣᠪᠣᡵᠣ ᠪᠣᠴᠣ	soboro boco	
41	米色	ᠰᡠᡥᡠᠨ ᠪᠣᠴᠣ	suhun boco	
42	秋香色	ᠰᠣᡥᠣᡴᠣᠨ	sohokon	
43	牙色	ᠰᡠᡥᡠᡴᡝᠨ ᠪᠣᠴᠣ	suhuken boco	
44	米黃色	ᠰᡠᠸᠠᠶᠠᡴᠠᠨ ᠰᡠᡥᡠᠨ ᠪᠣᠴᠣ	suwayakan suhun boco	

順次	漢文	滿文	羅馬字轉寫	備註
45	醬紅色	ᡶᡠᠯᡤᡳᠶᠠᡴᠠᠨ ᠮᡳᠰᡠᠨ ᠪᠣᠴᠣ	fulgiyakan misun boco	
46	深赭色	ᡨᡠᠮᡳᠨ ᡶᡠᠯᠠᡥᡡᡴᠠᠨ ᠪᠣᠴᠣ	tumin fulahūkan boco	
47	蒼黑	ᠰᠠᡥᠠᡥᡡᡵᡳ	sahahūri	
48	縹青色	ᡤᡝᠯᡶᡳᠶᡝᠨ ᠶᠠᠴᡳᡴᠠᠨ ᠪᠣᠴᠣ	gelfiyen yacikan boco	
49	茶綠色	ᠨᡳᠣᡥᠣᡴᠣᠨ ᠪᠣᠴᠣ	niohokon boco	
50	深綠色	ᡨᡠᠮᡳᠨ ᠨᡳᠣᠸᠠᠩᡤᡳᠶᠠᠨ ᠪᠣᠴᠣ	tumin niowanggiyan boco	
51	殷紅	ᡨᡠᠮᡳᠨ ᡶᡠᠯᡤᡳᠶᠠᠨ	tumin fulgiyan	

順次	漢文	滿文	羅馬字轉寫	備註
52	水紅	ᡶᡠᠯᠠᡥᡡᠨ ᠪᠣᠴᠣ	fulahūn boco	
53	蒼淺	ᡤᡝᠯᡶᡳᠶᡝᠨ ᠰᠠᡥᠠᡥᡡᡴᠠᠨ	gelfiyen sahahūkan	
54	淺黃	ᡤᡝᠯᡶᡳᠶᡝᠨ ᠰᡠᠸᠠᠶᠠᠨ	gelfiyen suwayan	
55	微紅色	ᠮᠠᠵᡳᡤᡝ ᡶᡠᠯᡤᡳᠶᠠᠨ ᠪᠣᠴᠣ	majige fulgiyan boco	
56	鮮紅	ᡠᠮᡝᠰᡳ ᡶᡠᠯᡤᡳᠶᠠᠨ	umesi fulgiyan	
57	翠斑	ᠨᡳᠣᠸᠠᡵᡳ ᡴᡠᡵᡳ	niowari kuri	
58	翠青色	ᠨᡳᠣᠸᠠᡵᡳ ᠶᠠᠴᡳᠨ ᠪᠣᠴᠣ	niowari yacin boco	

順次	漢文	滿文	羅馬字轉寫	備註
59	嫩綠	ᡤᡝᠯᡶᡳᠶᡝᠨ ᠨᡳᠣᠸᠠᠩᡤᡳᠶᠠᠨ	gelfiyen niowanggiyan	
60	柳綠	ᠨᡳᠣᠸᠠᠩᡤᡳᠶᠠᠨ	niowanggiyan	
61	蓮青	ᡧᡠᠯᠠᠪᡠᡵᡠ	šulaburu	
62	鷹灰	ᡶᡠᠯᡝᠩᡤᡳ	fulenggi	
63	嬌黃	ᡠᠮᡝᠰᡳ ᠰᡠᠸᠠᠶᠠᠨ	umesi suwayan	
64	茄花色	ᡥᠠᠰᡳ ᠪᠣᠴᠣ	hasi boco	
65	脆綠	ᡠᠮᡝᠰᡳ ᠨᡳᠣᠸᠠᠩᡤᡳᠶᠠᠨ	umesi niowanggiyan	
66	金紅	ᠰᡠᠸᠠᠶᠠᡴᠠᠨ ᡶᡠᠯᡤᡳᠶᠠᠨ	suwayakan fulgiyan	

順次	漢文	滿文	羅馬字轉寫	備註
67	鮮紅	ᡠᠮᡝᠰᡳ ᡶᡠᠯᡤᡳᠶᠠᠨ	umesi fulgiyan	
68	黃質	ᠰᡠᠸᠠᠶᠠᠨ ᠪᠣᠴᠣ	suwayan boco	
69	淡綠色	ᡤᡝᠯᡶᡳᠶᡝᠨ ᠨᡳᠣᠸᠠᠩᡤᡳᠶᠠᠨ ᠪᠣᠴᠣ	gelfiyen niowanggiyan boco	
70	淡黃	ᡤᡝᠯᡶᡳᠶᡝᠨ ᠰᡠᠸᠠᠶᠠᠨ	gelfiyen suwayan	
71	土白色	ᡧᠠᠨᠶᠠᡴᠠᠨ ᠪᠣᡳᡥᠣᠨ ᠪᠣᠴᠣ	šanyakan boihon boco	
72	牙紅色	ᠰᡠᡥᡠᡴᡝᠨ ᡶᡠᠯᡤᡳᠶᠠᠨ ᠪᠣᠴᠣ	suhuken fulgiyan boco	

順次	漢文	滿文	羅馬字轉寫	備註
73	葵黃色	ᠰᠣᡥᠣᠨ ᠪᠣᠴᠣ	sohon boco	
74	鷟黃色	ᡠᠮᡝᠰᡳ ᠰᡠᠸᠠᠶᠠᠨ ᠪᠣᠴᠣ	umesi suwayan boco	
75	色玉雪	ᠪᠣᠴᠣ ᡩᡝᡵ ᠰᡝᠮᡝ ᡧᡝᠶᡝᠨ	boco der seme šeyen	
76	粉白	ᡤᡝᠯᡶᡳᠶᡝᠨ ᡧᠠᠨᠶᠠᠨ	gelfiyen šanyan	
77	菊黃色	ᡠᠮᡝᠰᡳ ᠰᡠᠸᠠᠶᠠᠨ	umesi suwayan	
78	雜色	ᡥᠠᠨᠴᡳᠩᡤᠠ ᠪᠣᠴᠣ	hancingga boco	
79	深青	ᡨᡠᠮᡳᠨ ᠯᠠᠮᡠᠨ	tumin lamun	

順次	漢文	滿文	羅馬字轉寫	備註
80	殷黑色	ᡨᡠᠮᡳᠨ ᠰᠠᡥᠠᠯᡳᠶᠠᠨ ᠪᠣᠴᠣ	tumin sahaliyan boco	
81	純紅	ᠪᡠᠯᠵᡳᠨ ᡶᡠᠯᡤᡳᠶᠠᠨ	buljin fulgiyan	
82	藍翠	ᠯᠠᠮᡠᡴᠠᠨ ᠨᡳᠣᠸᠠᡵᡳ	lamukan niowari	
83	青蓮色	ᡧᡠᠯᠠᠪᡠᡵᡠ ᠪᠣᠴᠣ	šulaburu boco	
84	甘黃色	ᠰᡠᠸᠠᠶᠠᡴᠠᠨ ᠪᠣᠴᠣ	suwayakan boco	
85	柳黃	ᠰᠣᡥᠣᠨ	sohon	
86	柳綠	ᠨᡳᠣᡥᠣᠨ	niohon	

順次	漢文	滿文	羅馬字轉寫	備註
87	嫩綠色	ᠠᡵᡩᠠᠰᡥᡡᠨ ᠨᡳᠣᠸᠠᠩᡤᡳᠶᠠᠨ ᠪᠣᠴᠣ	ardashūn niowanggiyan boco	
88	紺黑色	ᠰᠠᡥᠠᠯᡳᠶᠠᡴᠠᠨ ᡶᡠᠯᠠᠪᡠᡵᡠ ᠪᠣᠴᠣ	sahaliyakan fulaburu boco	
89	翠青	ᠶᠠᠴᡳᡴᠠᠨ ᠨᡳᠣᠸᠠᡵᡳ	yacikan niowari	
90	石綠色	ᠨᡳᠣᠸᠠᠩᡤᡳᠶᠠᡴᠠᠨ ᠪᠣᠴᠣ	niowanggiyakan boco	
91	天青色	ᡤᡝᠩᡤᡳᠶᡝᠨ ᠪᠣᠴᠣ	genggiyen boco	
92	米紅色	ᡶᡠᠯᡤᡳᠶᠠᡴᠠᠨ ᠰᡠᡥᡠᠨ ᠪᠣᠴᠣ	fulgiyakan suhun boco	

順次	漢文	滿文	羅馬字轉寫	備註
93	黑碧	ᠰᠠᡥᠠᠯᡳᠶᠠᠨ ᠨᡳᠣᠸᠠᠩᡤᡳᠶᠠᠨ	sahaliyan niowanggiyan	
94	紅褐色	ᡶᡠᠯᡤᡳᠶᠠᡴᠠᠨ ᡶᡠᠨᡳᠶᡝᠰᡠᠨ ᠪᠣᠴᠣ	fulgiyakan funiyesun boco	
95	青米色	ᠶᠠᠴᡳᡴᠠᠨ ᠰᡠᡥᡠᠨ ᠪᠣᠴᠣ	yacikan suhun boco	
96	黃色嬌倩	ᠰᡠᠸᠠᠶᠠᠨ ᠪᠣᠴᠣ ᠠᡵᡩᠠᠰᡥᡡᠨ ᠰᠠᡳᡴᠠᠨ	suwayan boco ardashūn saikan	
97	純黑	ᠪᡠᠯᠵᡳᠨ ᠰᠠᡥᠠᠯᡳᠶᠠᠨ	buljin sahaliyan	
98	柿黃色	ᠮᠣᠣᡳ ᡥᠠᠰᡳ ᠪᠣᠴᠣ	mooi hasi boco	

順次	漢文	滿文	羅馬字轉寫	備註
99	赤褐色	ᡶᡠᠯᡥᡡᡴᠠᠨ ᡶᡠᠨᡳᠶᡝᠰᡠᠨ ᠪᠣᠴᠣ	fulhūkan funiyesun boco	
100	赭色	ᡝᡳᡥᡝᠨ ᠪᠣᠴᠣ	eihen boco	
101	嬌黃	ᠠᡵᡩᠠᠰᡥᡡᠨ ᠰᡠᠸᠠᠶᠠᠨ	ardashūn suwayan	
102	杏黃	ᡤᡠᡳᠯᡝᡥᡝ ᠪᠣᠴᠣ	guilehe boco	
103	鮮紅	ᡶᡠᠯᠠᡥᡡᡵᡳ	fulahūri	
104	丹	ᠸᡝᡥᡝ ᠴᡳᠨᡠᡥᡡᠨ	wehe cinuhūn	

順次	漢文	滿文	羅馬字轉寫	備註
105	丹砂	ᠸᡝᡥᡝ ᠴᡳᠨᡠᡥᡡᠨ	wehe cinuhūn	
106	薑黃	ᡤᡝᠯᡶᡳᠶᡝᠨ ᠰᠣᡥᠣᠨ	gelfiyen sohon	
107	純黃	ᠪᡠᠯᠵᡳᠨ ᠰᡠᠸᠠᠶᠠᠨ	buljin suwayan	
108	赭黃色	ᠰᡠᠸᠠᠶᠠᡴᠠᠨ ᡝᡳᡥᡝᠨ ᠪᠣᠴᠣ	suwayakan eihen boco	
109	香色	ᠰᠣᠪᠣᡵᠣ ᠪᠣᠴᠣ	soboro boco	
110	蒼褐色	ᠰᠠᡥᠠᠯᡳᠶᠠᠨ ᡶᡠᠨᡳᠶᡝᠰᡠᠨ ᠪᠣᠴᠣ	sahaliyan funiyesun boco	

順次	漢文	滿文	羅馬字轉寫	備註
111	靛花色	ᡤᡳᠶᡝᠨ ᡳ ᠪᠣᠴᠣ	giyen i boco	
112	紅質黑章	ᡶᡠᠯᡤᡳᠶᠠᠨ ᠪᡝᡩᡝᡵᡳ ᠰᠠᡥᠠᠯᡳᠶᠠᠨ ᠪᡝᡩᡝᡵᡳ	fulgiyan bederi sahaliyan bederi	
113	甘黃	ᡨᡠᠮᡳᠨ ᠰᡠᠸᠠᠶᠠᠨ	tumin suwayan	
114	粉紅	ᡤᡝᠯᡶᡳᠶᡝᠨ ᡶᡠᠯᡤᡳᠶᠠᠨ	gelfiyen fulgiyan	
115	甘草黃色	ᡨᡠᠮᡳᠨ ᠰᡠᠸᠠᠶᠠᠨ ᠪᠣᠴᠣ	tumin suwayan boco	
116	黧色	ᠰᠠᡥᠠᡥᡡᡵᡳ ᠪᠣᠴᠣ	sahahūri boco	
117	薑黃色	ᡤᡝᠯᡶᡳᠶᡝᠨ ᠰᡠᠸᠠᠶᠠᠨ ᠪᠣᠴᠣ	gelfiyen suwayan boco	

順次	漢文	滿文	羅馬字轉寫	備註
118	黑粉	ᠰᠠᡥᠠᠯᡳᠶᠠᡴᠠᠨ ᡧᠠᠨᠶᠠᠨ	sahaliyakan šanyan	
119	淺黑色	ᡤᡝᠯᡶᡳᠶᡝᠨ ᠰᠠᡥᠠᠯᡳᠶᠠᠨ ᠪᠣᠴᠣ	gelfiyen sahaliyan boco	
120	淺朱色	ᡤᡝᠯᡶᡳᠶᡝᠨ ᡶᡠᠯᡤᡳᠶᠠᠨ ᠪᠣᠴᠣ	gelfiyen fulgiyan boco	
121	朱標色	ᡠᠮᡝᠰᡳ ᡶᡠᠯᡤᡳᠶᠠᠨ ᠪᠣᠴᠣ	umesi fulgiyan boco	
122	粉褐色	ᡤᡝᠯᡶᡳᠶᡝᠨ ᡶᡠᠨᡳᠶᡝᠰᡠᠨ ᠪᠣᠴᠣ	gelfiyen funiyesun boco	
123	粉黃	ᡤᡝᠯᡶᡳᠶᡝᠨ ᠰᡠᠸᠠᠶᠠᠨ	gelfiyen suwayan	
124	縹白	ᡤᡝᠯᡶᡳᠶᡝᠨ ᡧᠠᠨᠶᠠᠨ	gelfiyen šanyan	

順次	漢文	滿文	羅馬字轉寫	備註
125	牙黃	ᠰᡠᡥᡠᡴᡝᠨ ᠰᡠᠸᠠᠶᠠᠨ	suhuken suwayan	
126	黑蒼	ᠰᠠᡥᠠᠯᡳᠶᠠᡴᠠᠨ ᠶᠠᠴᡳᠨ	sahaliyakan yacin	
127	玉色	ᡧᠠᡥᡡᠨ ᠪᠣᠴᠣ	šahūn boco	
128	蒼黑色	ᠰᠠᡥᠠᡥᡡᠨ ᠰᠠᡥᠠᠯᡳᠶᠠᠨ ᠪᠣᠴᠣ	sahahūn sahaliyan boco	
129	米紅	ᠰᡠᡥᡠᡴᡝᠨ ᡶᡠᠯᡤᡳᠶᠠᠨ	suhuken fulgiyan	
130	極鮮	ᡠᠮᡝᠰᡳ ᡤᡳᠨᠴᡳᡥᡳᠶᠠᠨ	umesi gincihiyan	
131	赤紅	ᡶᡠᠯᠠᡥᡡᡵᡳ	fulahūri	

順次	漢文	滿文	羅馬字轉寫	備註
132	紅藕色	ᡶᡠᠯᡤᡳᠶᠠᡴᠠᠨ ᡶᠠᡥᠠᠯᠠ ᠪᠣᠴᠣ	fulgiyakan fahala boco	
133	赤黃	ᡶᡠᠯᡤᡳᠶᠠᡴᠠᠨ ᠰᡠᠸᠠᠶᠠᠨ	fulgiyakan suwayan	
134	赤赭色	ᡶᡠᠯᡳᠶᠠᡴᠠᠨ ᡝᡳᡥᡝᠨ ᠪᠣᠴᠣ	fuliyakan eihen boco	
135	甚有文彩	ᠪᠣᠴᠣ ᡠᠮᡝᠰᡳ ᡤᡳᠨᠴᡳᡥᡳᠶᠠᠨ	boco umesi gincihiyan	
136	粉青	ᡤᡝᠯᡶᡳᠶᡝᠨ ᠶᠠᠴᡳᠨ	gelfiyen yacin	
137	紅翠色	ᡶᡠᠯᡤᡳᠶᠠᠨ ᠨᡳᠣᠸᠠᠩᡤᡳᠶᠠᠨ ᠪᠣᠴᠣ	fulgiyan niowanggiyan boco	

順次	漢文	滿文	羅馬字轉寫	備註
138	閃爍	ᡤᡳᠯᡨᠠᡵᡳ ᠨᡳᠣᠸᠠᡵᡳ	giltari niowari	
139	紅赤	ᡶᡠᠯᠠᡥᡡᡵᡳ	fulahūri	
140	珠點	ᠮᡝᡵᠰᡝᠨ	mersen	
141	紅碧色	ᡶᡠᠯᡤᡳᠶᠠᠨ ᠨᡳᠣᠸᠠᠩᡤᡳᠶᠠᠨ ᠪᠣᠴᠣ	fulgiyan niowanggiyan boco	
142	蒼綠	ᠰᠠᡥᠠᡥᡡᡴᠠᠨ ᠨᡳᠣᠸᠠᠩᡤᡳᠶᠠᠨ	sahahūkan niowanggiyan	
143	全黑	ᠪᡠᠯᠵᡳᠨ ᠰᠠᡥᠠᠯᡳᠶᠠᠨ	buljin sahaliyan	

順次	漢文	滿文	羅馬字轉寫	備註
144	柳綠色	ᡤᡝᠯᡶᡳᠶᡝᠨ ᠨᡳᠣᠸᠠᠩᡤᡳᠶᠠᠨ ᠪᠣᠴᠣ	gelfiyen niowanggiyan boco	
145	赭土色	ᡝᡳᡥᡝᠨ ᠪᠣᠴᠣ	eihen boco	
146	赭色	ᡝᡳᡥᡝᠨ ᠪᠣᠴᠣ	eihen boco	
147	微白	ᠮᠠᠵᡳᡤᡝ ᡧᠠᠨᠶᠠᠨ	majige šanyan	
148	甚鮮	ᡠᠮᡝᠰᡳ ᡤᡳᠨᠴᡳᡥᡳᠶᠠᠨ	umesi gincihiyan	
149	鉗背色	ᡥᡠᡵᡠ ᡶᡠᠯᠠᡥᡡᡵᡳ ᠪᠣᠴᠣ	huru fulahūri boco	
150	踈白色	ᡤᡝᠯᡶᡳᠶᡝᠨ ᡧᠠᠨᠶᠠᠨ ᠪᠣᠴᠣ	gelfiyen šanyan boco	

順次	漢文	滿文	羅馬字轉寫	備註
151	紫赤	ᡶᡠᠯᡤᡳᠶᠠᡴᠠᠨ ᡧᡠᡧᡠ	fulgiyakan šušu	
152	紫紅	ᡶᡠᠯᡤᡳᠶᠠᡴᠠᠨ ᡧᡠᡧᡠ	fulgiyakan šušu	
153	粉紫	ᡤᡝᠯᡶᡳᠶᡝᠨ ᡧᡠᡧᡠ	gelfiyen šušu	
154	米黃	ᠰᡠᡥᡠᠨ ᠰᡠᠸᠠᠶᠠᠨ	suhun suwayan	
155	深紅色	ᡶᡠᠯᠠᡥᡡᡵᡳ ᠪᠣᠴᠣ	fulahūri boco	
156	暗赤	ᠪᠣᡥᠣᡴᠣᠨ ᡶᡠᠯᡤᡳᠶᠠᠨ	bohokon fulgiyan	
157	紫粉	ᡧᠠᠩᠶᠠᡴᠠᠨ ᡧᡠᡧᡠ	šanyakan šušu	

順次	漢文	滿文	羅馬字轉寫	備註
158	蘆花	ᠴᠠᡴᡳᡵᡳ	cakiri	
59	天青	ᡨᡠᠮᡳᠨ ᠯᠠᠮᡠᠨ	tumin lamun	
160	慘綠	ᠪᠣᡥᠣᡴᠣᠨ ᠨᡳᠣᠸᠠᠩᡤᡳᠶᠠᠨ	bohokon niowanggiyan	
161	白章	ᡧᠠᠨᠶᠠᠨ ᠠᠯᡥᠠ	šanyan alha	
162	老米色	ᡥᡠᠮᠰᡠᡵᡳ ᠰᡠᡥᡠᠨ ᠪᠣᠴᠣ	humsuri suhun boco	
163	藻翰	ᠠᠯᡥᠠ ᡩᡝᡨᡥᡝ	alha dethe	
164	頸纏素	ᠮᡝᡳᡶᡝᠨ ᠴᠠᡴᡡ	meifen cakū	
165	成章	ᠠᠯᡥᠠ ᠪᡠᠯᡥᠠ	alha bulha	

順次	漢文	滿文	羅馬字轉寫	備註
166	白文	ᡧᠠᠨᠶᠠᠨ ᠠᠯᡥᠠ	šanyan alha	
167	莎青	ᡨᡠᠮᡳᠨ ᠶᠠᠴᡳᠨ	tumin yacin	
168	白紋	ᡧᠠᠨᠶᠠᠨ ᠠᠯᡥᠠ	šanyan alha	
169	淺栗色	ᡤᡝᠯᡶᡳᠶᡝᠨ ᠶᠠᠴᡳᠨ ᠪᠣᠴᠣ	gelfiyen yacin boco	
170	赤文	ᠠᠯᡥᠠ ᡶᡠᠯᡤᡳᠶᠠᠨ	alha fulgiyan	
171	殷丹	ᡨᡠᠮᡳᠨ ᡶᡠᠯᡤᡳᠶᠠᠨ	tumin fulgiyan	

順次	漢文	滿文	羅馬字轉寫	備註
172	洒紅	ᡶᡠᠰᡠᡵᡝ ᡶᡠᠯᡤᡳᠶᠠᠨ	fusure fulgiyan	
173	色花	ᠪᠣᠴᠣ ᠠᠯᡥᠠᡨᠠ	boco alhata	
174	茶色	ᡧᠠᠩᡴᡡᡵᠠ ᠪᠣᠴᠣ	šangkūra boco	
175	深白	ᡨᡠᠮᡳᠨ ᡧᠠᠨᠶᠠᠨ	tumin šanyan	
176	深蒼	ᡨᡠᠮᡳᠨ ᠰᠠᡥᠠᡥᡡᡴᠠᠨ	tumin sahahūkan	
177	雜花	ᠰᡠᠸᠠᠯᡳᠶᠠᡨᠠ ᠠᠯᡥᠠ	suwaliyata alha	

順次	漢文	滿文	羅馬字轉寫	備註
178	花色	ᠠᠯᡥᠠ ᠪᠣᠴᠣ	alha boco	
179	細花紋	ᠨᠠᡵᡥᡡᠨ ᠠᠯᡥᠠ	narhūn alha	
180	沙背	ᡧᠠᡥᡡᠨ ᡥᡠᡵᡠᠩᡤᡝ	šahūn hurungge	
181	紺黑	ᡶᡠᠯᠠᠪᡠᡵᡠ ᠰᠠᡥᠠᠯᡳᠶᠠᠨ	fulaburu sahaliyan	
182	羅紋	ᠠᠯᡥᠠᠴᠠᠨ	alhacan	
183	糠頭	ᡧᡠᡧᡠ ᡠᠵᡠᠩᡤᠠ	šušu ujungga	

順次	漢文	滿文	羅馬字轉寫	備註
184	天藍色	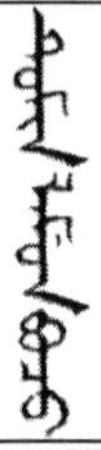	tumin lamun boco	

資料來源：《故宮鳥譜》，臺北，國立故宮博物院，民國八十六年十月；《清宮鳥譜》，北京，故宮出版社，2014 年 10 月。

天干甲（niowanggiyan），意即綠色的。乙（niohon），意即淺綠的，嫩綠的。丙（fulgiyan），意即紅的。丁（fulahūn），意即淡紅色的。戊（suwayan），意即黃色的。己（sohon），意即淡黃的。庚（šanyan），又作“šanggiyan”，意即白色的。辛（šahūn），意即淡白的。壬（sahaliyan），意即黑的。癸（sahahūn），意即淡黑色的。《鳥譜》中的禽鳥色彩，除了天干十位色彩外，還有其他多種色彩。

《鳥譜》中的綠色系列，詞彙頗多。表中「金碧」，滿文讀作“suwayan niowanggiyan boco”，意即黃綠色。「翠碧色」，滿文讀作“niowanggiyakan niowari boco”，意即翠綠色。「淺碧色」，滿文讀作“gelfiyen niowari boco”，意即淺綠色。“niowari”，漢文又作「翠」，“gelfiyen niowari”，又譯作「淺翠色」。“gincihiyan niowari boco”，漢譯作「金翠」。“gincihiyan”，意即光潔的，「金翠」，就是「光翠」。「黑翠」，滿文讀作“sahaliyakan niowari”。「青翠色」，滿文讀作“niowari fulaburu boco”。「翠斑」，滿文讀作“niowari kuri”。「翠青」，滿文讀作“niowari yacin boco”，或作“yacikan niowari”。「藍翠」，滿文讀作“lamukan niowari”。「紅翠」，滿文讀作“fulgiyan niowanggiyan”。大致而言，漢字「翠」，滿文多譯作“niowari”。

綠色（niowanggiyan），因濃淡不同，而有粉綠、嫩綠、柳綠、脆綠、茶綠、深綠、淡綠、石綠、紅碧、蒼綠、慘綠等等的差異，從滿文的繙譯，有助於了解《鳥譜》中禽鳥的膚色，或羽毛色彩的變化。粉綠，滿文讀作"gelfiyen niowanggiyan"，意即「淺綠」，或「淡綠」。嫩綠，滿文讀作"gelfiyen niowanggiyan"，意即「淺綠」。嫩綠，滿文又讀作"ardashūn niowanggiyan"，意即「嬌嫩的綠色」。柳綠，滿文讀作"niowanggiyan"，意即「綠色的」。柳綠，滿文又讀作"niohon"，意即「淺綠的」、「嫩綠的」。柳綠，滿文亦讀作"gelfiyen niowanggiyan"，意即「淺綠」，或「淡綠」，與粉綠雷同。脆綠，滿文讀作"umesi niowanggiyan"，意即「鮮綠色的」。茶綠，滿文讀作"niohokon"，意即「淡綠」。案茶色，滿文讀作"šangkūra"，茶綠，滿文似當譯作"šangkūra niowanggiyan"。深綠，滿文讀作"tumin niowanggiyan"，意即「濃綠」。淡綠，滿文讀作"gelfiyen niowanggiyan"，意即「淺綠」。粉綠、嫩綠、柳綠、淡綠，滿文俱譯作"gelfiyen niowanggiyan"，都是淺綠（niohon）的同義詞彙。石綠，滿文讀作"niowanggiyakan boco"，意即「略綠色的」，或「蘋果綠」。紅碧，滿文讀作"fulgiyan niowanggiyan boco"，意即「紅綠色」。黑碧，滿文讀作"sahaliyan niowanggiyan"，意即「黑綠」。蒼綠，滿文讀作"sahahūkan niowanggiyan"，意即「淡黑綠」。慘綠，滿文讀作"bohokon niowanggiyan"，意即「暗綠」，是暗淡的綠色。慘，通「黲」，意即「色暗」或「淺青黑色」。通過滿文的繙譯，較易掌握鳥類羽毛色彩的差異。

《鳥譜》中紅色（fulgiyan）系列的詞彙，也是不勝枚舉。丹、朱、赤，滿文俱讀作"fulgiyan"，意即「紅色」。滿文"wehe cinuhūn"，漢文或作「丹砂」，或作「丹」，意即「朱砂」。《鳥譜》中鳥身紅色系列常見的詞彙頗多，包括：粉紅、紅藕色、醬紅色、殷紅、水紅、微紅、鮮紅、金紅、牙紅、純紅、米紅、紅褐色、赤褐、淺朱色、朱標色、赤紅、紅赤、紫赤、紫紅、深紅、暗赤、赤文、殷丹、洒紅等等。其中粉紅，滿文或作“gelfiyen fulgiyan”，意即「淡紅」，或「淺紅」。滿文或作“gelfiyen fulahūn”，意即「淺淡紅色」。水紅，滿文讀作“fulahūn”，意即「淡紅色」。鮮紅，滿文讀作“umesi fulgiyan”，意即「很紅」。鮮紅，滿文又讀作“fulahūri”，意即「火焰紅色」，又作「赤紅色」。赤紅、紅赤，滿文俱作“fulahūri”，意即「火焰紅色」。深紅，滿文讀作“fulahūri”，意即「赤紅色」。微紅，滿文讀作“majige fulgiyan”，意即「稍紅」。金紅，滿文讀作“suwayakan fulgiyan”，意即「黃紅」。牙紅，滿文讀作“suhuken fulgiyan”，意即「牙色紅」。純紅，滿文讀作“buljin fulgiyan”，意即「未經加工的原色紅」。紅藕色，滿文讀作“fulgiyakan fahala boco”，意即「略紅青蓮紫色的」。紅藕色，滿文又作“fulgiyakan gelfiyen fahala boco”，意即「略紅淺青蓮紫色」。醬紅色，滿文讀作“fulgiyakan misun boco”，意即「略紅絳色」。殷紅，滿文讀作“tumin fulgiyan”，殷丹，滿文亦讀作“tumin fulgiyan”，意即「深紅色」。米紅，滿文讀作“suhuken fulgiyan”，意即「牙紅」。紅褐色，滿文讀作“fulgiyakan funiyesun boco”，意即「略紅褐色」。赤褐，滿文讀作“fulhūkan funiyesun boco”，句中“fulhūkan”，疑誤，應作“fulahūkan”，“fulahūkan funiyesun”，意即「銀紅褐色」。淺朱色，滿文讀作“gelfiyen fulgiyan boco”，意即「淺紅色」。朱標色，滿文讀作“umesi fulgiyan boco”，意即「鮮紅色」。紫赤、紫紅，滿文俱作“fulgiyakan šušu”。深紅，滿文讀作“fulahūri boco”，意即「赤紅色」。暗赤，滿文讀作“bohokon fulgiyan”，意即「暗紅」。洒紅，滿文讀作“fusure fulgiyan”，意即「噴洒的紅」。《鳥譜》中紅色系列詞彙，同義異名的變化，通過滿文繙譯後，較易掌握。

天干戊（suwayan）、己（sohon），在《鳥譜》中，屬於黃色系列，其詞彙頗多，包括：米黃、淺黃、嬌黃、黃質、淡黃、葵黃、鵝黃色、菊黃色、甘黃色、柳黃、柿黃色、杏黃、薑黃、純黃、赭黃色、甘草黃色、粉黃、牙黃、赤黃等等。其中米黃，滿文讀作“suwayakan suhun boco”，或作“suhun suwayan”，意即「米色黃」。淺黃、粉黃，滿文俱作“gelfiyen suwayan”，意即「淺黃」。薑黃，滿文或作“gelfiyen suwayan”，意即「淺黃」。或作“gelfiyen sohon”，意即「淺淡黃」。淡黃，滿文讀作“gelfiyen suwayan”，意即「淺黃」。葵黃、柳黃，滿文俱作“sohon”，意即「淡黃」。鵝黃、菊黃、嬌黃，滿文俱作“umesi suwayan”，意即「鮮黃」。黃質，滿文讀作“suwayan boco”，意即「黃色」。甘黃、甘草黃，滿文讀作“tumin suwayan”，意即「深黃」。甘黃，滿文又作“suwayakan”，意即「稍黃」。柿黃，滿文讀作“mooi hasi boco”，意即「柿子色」，習稱「柿黃色」。杏黃，滿文讀作“guilehe boco”，意即「杏子色」，習稱「杏黃色」。純黃，滿文讀作“buljin suwayan”，意即「未經加工的原色黃」。赭黃，滿文讀作“suwayakan eihen”，意即「絳黃」。牙黃，滿文讀作“suhuken suwayan”，意即「牙色黃」。赤黃，滿文讀作“fulgiyakan suwayan”，意即「略紅色的黃」。將鳥身色彩的滿漢文互相對照後，可以了解《鳥譜》中黃色系列的常用詞彙。

天干庚（šanyan）、辛（šahūn）白色系列的詞彙，也值得重視。“šanyan”，又作“šanggiyan”，意即「白色的」。“šahūn”，意即「淡白的」，又作「月白的」。《鳥譜》中常見的白色系列詞彙，包括：白質、純白、灰白、白灰、米白、淺白、暗白、緗白、土白、粉白、縹白、玉色、微白、踈白、白章、白文、深白等等。其中白質，滿文讀作“šanyan boco”，意即「白色」。純白，滿文讀作“buljin šanyan”，意即「未經加工的原色白」。灰白、白灰，滿文俱讀作“šanyakan fulenggi”，意即「稍白灰」。緗白，滿文讀作“šanyakan”，意即「稍白」。淺白、粉白、縹白、踈白滿文俱讀作“gelfiyen šanyan”，意即「淺白」。暗白，滿文讀作“bohokon šanyan”，意即「暗淡的白」。土白，滿文讀作“šanyakan boihon boco”，意即「稍白土色」。玉色，滿文讀作“šahūn boco”，意即「淡白色」。米白，滿文讀作“šanyakan suhun boco”，意即

「稍白米色」。微白，滿文讀作“majige šanyan”，意即「稍微白」。白章，滿文讀作“šanyan alha”，意即「白紋」。白文，滿文亦作“šanyan alha”，意即「白紋」。深白，滿文讀作“tumin šanyan”，意即「深濃的白」。對照滿文的繙譯，有助於了解漢文詞彙的意涵。

天干壬（sahaliyan）、癸（sahahūn），黑、淡黑色系列的詞彙，變化頗多。《鳥譜》中黑色系列的詞彙，包括：青黑、深黑、黑翠、蒼黑、殷黑、紺黑、黑碧、純黑、紅質黑章、黧、黑粉、黑蒼、全黑等等。壬，滿文讀作“sahaliyan”，意即「黑的」。癸，滿文讀作“sahahūn”，意即「淡黑的」。青黑，滿文讀作“yacikan sahaliyan”。滿文“yacin”，漢譯或作「黑的」，或作「青的」。“yacikan”，漢譯或作「略黑的」，或作「微青的」。“yacikan sahaliyan”，意即「微青黑的」。深黑、殷黑，滿文俱作“tumin sahaliyan”，意即「深黑」。蒼色，滿文讀作“sahahūkan”，意即「淡黑的」。蒼灰，滿文讀作“sahahūkan fulenggi”，意即「淡黑灰色」。蒼褐，滿文讀作“sahahūkan funiyesun boco”，意即「淡黑褐色」。蒼淺，滿文讀作“gelfiyen sahahūkan”，意即「淺淡黑」。蒼綠，滿文讀作“sahahūkan niowanggiyan”，意即「淡黑綠」。蒼黑，滿文讀作“sahahūri”，意即「烏黑的」或「純黑的」。黑蒼，滿文讀作“sahaliyakan yacin”，意即「淡黑青色」。黧，滿文讀作“sahahūri boco”，意即「烏黑色」，或「純黑色」。黑翠，滿文讀作“sahaliyakan niowari”，意即「淺黑嫩綠」。紺黑，滿文讀作“sahaliyakan fulaburu”，意即「淺黑紅青色」或「淺黑石青色」。黑碧，滿文讀作“sahaliyan niowanggiyan”，意即「黑綠」。純黑，滿文讀作“buljin sahaliyan”，全黑，滿文亦讀作“buljin sahaliyan”，意即「未經加工的黑色」。黑章，滿文讀作“sahaliyan bederi”，意即「黑斑紋」。黑粉，滿文讀作“sahaliyakan šanyan”，意即「淺黑白」。黑色的深淺濃淡，變化頗多。

《鳥譜》中禽鳥羽毛膚色的變化，除了天干十位的色彩外，還有頗多常見的其他顏色。譬如：翠，滿文讀作“niowari”，意即「嫩綠的」。天干乙，滿文讀作“niohon”，意即「淺綠的」。深藍色，滿文讀作“tumin lamun boco”。天藍色，滿文亦讀作“tumin lamun boco”。青出於藍，天青色，滿文讀作“tumin lamun”，意即「天藍色」，或「深藍色」。《鳥譜》中的「天青色」，滿文又譯作“genggiyen boco”，意即「石青色」。滿文“yacin”，意即「烏黑的」，或「黝黑的」。《鳥譜》中的“yacin”，漢文多作「青」。「莎青」，滿文讀作“tumin yacin”，意即「深青」。縹青，滿文讀作“gelfiyen yacin”，意即「淺青」。粉青，滿文亦讀作“gelfiyen yacin”，意即「淺青」。淺栗色，滿文讀作“gelfiyen yacin boco”，意即「淺青色」。翠青，滿文或譯作“niowari yacin”，或譯作“yacikan niowari”。青色，又譯作“fulaburu boco”，意即「石青色」。青翠，滿文又譯作“niowari fulaburu”。在《鳥譜》中紫色（šušu）系列的詞彙，亦屬常見，譬如：糠頭，滿文譯作“šušu ujungga”，意即「紫色頭」。紫粉，滿文讀作“gelfiyen šušu”，意即「淺紫」。紫赤、紫紅，滿文讀作“fulgiyakan šušu”，意即「略紅紫」。滿文“eihen”，意即「驢」。“eihen boco”，意即「絳色」，又作「醬色」（misun boco）。“eihen boco”，《鳥譜》作「赭色」，又作「赭土色」。深赭色，滿文讀作“tumin fulahūkan boco”，意即「深銀紅色」。滿文“hasi”，意即「茄子」。茄花色，滿文讀作“hasiri”，《鳥譜》作“hasi boco”，異。灰色，滿文讀作“fulenggi boco”。《鳥譜》中，「鷹灰」，滿文讀作“fulenggi”，意即「灰」。褐，滿文讀作“funiyesun”，粉褐色，滿文讀作“gelfiyen funiyesun boco”，意即「淺褐色」。淺褐色，《鳥譜》滿文作“gelfiyen sahaliyan boco”，意即「淺黑色」，疑誤。柿黃色，《鳥譜》滿文讀作“mooi hasi boco”，意即「柿色」。秋香色，滿文讀作“soboro boco”，《鳥譜》滿文作“sohokon”，異。“soboro boco”，意即「秋香色」，《鳥譜》漢文作「沉香色」。對照滿漢文詞彙，有助於了解《鳥譜》鳥身色彩的特色。

致謝

本書滿文羅馬拼音及漢文，由國立中正大學博士班林加豐同學、中國文化大學博士班簡意娟同學打字排版，原任駐臺北韓國代表部連寬志先生、國立臺灣師範大學碩士班趙冠中同學協助校對，並承國立臺灣大學中文學系滿文班同學的熱心支持，在此一併致謝。